신화 · 꿈 · 신비

Mythes, Rêves et Mystères by Mircea ELIADE ⓒ Editions Gallimard, Paris, 1957
Korean Translation Copyright ⓒ Dong Yeon Press, 2024
All rights reserved.
This Korean edition was published by arrangement with Editions Gallimard (Paris)
through Bestun Korea Agency Co., Seoul
이 책의 한국어판 저작권은 베스툰 코리아 에이전시를 통해 저작권자와의 독점계약으로
도서출판 동연에 있습니다.

신화·꿈·신비

2024년 2월 22일 처음 펴냄

지은이	미르체아 엘리아데
옮긴이	강응섭 · 고승미
펴낸이	김영호
펴낸곳	도서출판 동연
등 록	제1-1383호(1992년 6월 12일)
주 소	서울시 마포구 월드컵로 163-3, 2층
전화/팩스	(02) 335-2630 / (02) 335-2640
이메일	yh4321@gmail.com
인스타그램	https://www.instagram.com/dongyeon_press

Copyright ⓒ 도서출판 동연 Dong Yeon Press, 2024

ISBN 978-89-6447-815-8 93100

Mythes, Rêves et Mystères

신화
꿈
신비

미르체아 엘리아데 지음

강응섭·고승미 옮김

동연

옮긴이의 말

　이 책은 1957년 프랑스 갈리마르 출판사에서 출간된 미르체아 엘리아데(1907. 3. 9.~1986. 4. 22.)의 『신화, 꿈 그리고 신비』(*Mythes, rêves et mystères*)를 완역한 것이다.[1]

　머리말에서 저자가 밝히듯이 이 책은 1948년에서 1955년 사이에 프랑스 파리, 스위스 제네바 · 뇌샤텔 · 취리히, 영국 런던, 네덜란드 니즈케르크 등에서 출판하는 학술지에 게재한 9개의 논문을 모아 한 권의 책으로 만든 것이다. 원본에 실린 순서대로 논문 제목, 게재학술지, 게재 연도는 아래와 같다.

1. "Les mythes du monde moderne"(근대 세계의 신화들), *Nouvelle Revue française* (Paris, 1953.9.)

2. "Le mythe du bon sauvage ou les prestiges de l'origine"(행복한 미개인의 신화 또는 기원의 마력), *Nouvelle Revue française* (Paris, 1955.8.)

---

1 이 책은 1960년 영어로 번역되었다(Mircea Eliade, trans. Philip Mairet., *Myths, Dreams and Mysteries: The Encounter between Contemporary Faiths and Archaic Realities* [London: Harvill Press, 1960, New York: Harper & Row, 1960]). 영어판본은 원본의 목차를 바꾸었다. 즉, 세 부분으로 나누고 그 안에 9편을 둔다. "Contemporary Faiths"(1장, 2장), "Archaic Realities"(4장, 5장, 6장, 7장, 8장, 9장), "The Encounter: A Test-Case"(3장). 괄호 안의 장 번호는 프랑스어판본의 장 번호다. 프랑스어판본은 총 291페이지, 영어판은 총 256페이지다. (옮긴이 주)

3. 1953년 9월 4일 학술대회에서 발표한 글을 1954년 공저로 출간함.
발표 논문: "종교적 상징과 불안의 가치," Conférence de 'Rencontres internationales de Genève' (1953.9.4.)
공저: "Le symbole religieux et la valorisation de l'angoisse," *l'Angoisse du temps présent et les devoirs de l'esprit* (Neuchâtel, Ed. de la Baconnière, 1954.)

4. "La nostalgie du Paradis dans les traditions primitives"(원시 전통에서 낙원에 대한 향수), *Diogène*, n° 3 (1953.7.)

5. "Expérience sensorielle et expérience mystique"(원시인들에게서 감각기관 경험과 신비주의 경험), *Nos sens et Dieu* (Etudes carmelitaines, 1954.)

6. "Symbolisme de l'ascension et ≪rêves éveillés≫"(승천의 상징체계와 '각성몽') (이 논문은 아래의 세 논문집에 게재한 글을 통합하여 하나로 만든 것임, *Numen*, 1956.1., "l'Hommage Van der Leew," *Nijkerk*, 1950., "l'Hommage Ananda K. Coomaraswamy," *Art and Thought* Londres, 1948.)

7. "Puissance et sacralité dans l'histoire des religions"(종교사에서 권력과 신성함), *Eranos-Jahrbücher*, vol. XXI (Zurich, 1953.)

8. "La terre-Mère et les hiérogamies cosmiques"(대지-어머니와 우주적 히에로가미), *Eranos-Jahrbücher*, vol. XXII (Zurich, 1954.)

9. "Mystères et régénération spirituelle"(신비와 영적인 재생), *Eranos-Jahrbücher*, vol. XXIII (Zurich, 1954.)

본 번역은 내용 면에서 볼 때, 원문에 충실하게 했고 필요할 경우 의역했다. 형식 면에서 볼 때, 프랑스어 원본의 단락 및 형식을 그대로 유지했고 239개의 원주도 원본에 있는 그대로 실었다. 원주에는 엘리아데 자신의 글, 참고 자료, 용어 설명 등의 내용이 있다. 원주 외에도 본문에서 직접 인용한 다수의 문헌이 소개되어 있다. 엘리아데가 인용한 2차 문헌들은 가깝게는 50년(1900년경), 멀게는 150년(1800년경)의 간격이 있다. 독립된 9개의 논문을 모은 원본과 영어번역본에는 '참고문헌'과 '찾아보기'가 없다. 그래서 번역본에는 원서의 본문이나 각주 등에 나오는 책들을 모아 '참고문헌'을 만들었고 '찾아보기'도 넣었다. 본문에 나오는 낯선 용어들을 설명하기 위해 본문이나 각주에 '옮긴이 주'를 추가로 넣었다.

루마니아 출신의 엘리아데는 루마니아 부쿠레슈티대학교에서 철학 석사(1928년)와 철학 박사(1933년) 학위를 취득하고 그곳에서 교수로서 활동했다. 그는 1945년 이후 프랑스 소르본대학교 고등연구원에서 강의와 연구를 하면서 글을 펴냈는데, 그중 1948~1955년에 쓴 아홉 편의 글을 모아 출판한 것이 본서다.

이 책은 '한 처음'(초기)으로 돌아가는 세 가지 방식, 신화·꿈·신비를 보여준다. 신화, 꿈 그리고 신비(불가사의)는 반복되는 행위를 담고 있고, 이런 반복 행위는 모두 한 처음으로 되돌아가는 기능을 한다고 볼 수 있다. 엘리아데가 말하는 한 처음은 몸과 정신을 구별하지도, 구분하지도, 단절하지도 않았던 시기를 말한다.

엘리아데가 서술하는 것으로 볼 때, 1950년 전후 상황에서 종교학자나 신화학자가 심층심리학이나 정신분석학 등 다른 분야의 관점을 이용하여 자신들이 갖고 있는 방대한 자료를 또 다른 방식으로 해석하는 태도에 관해 이견이 있었던 것 같다. 그 이유는 우선 서로 다른 분야를 결합하는 그 자체가 안고 있는 염려 때문이다. 이런 염려는 한편으로 종교학자나 신화학자가 정신의학, 심층심리학, 정신분석학에 대한 지식을 자신의 전공처럼 해박하게 갖출 수 없다는 데서 나오고, 또 한편으로 그 반대의 경우에서 나온다.

이런 분위기에서 쓰인 엘리아데의 글은 그때의 분위기를 잘 담고 있다. 가령 19세기 중반만 해도 샤먼이 입문의례 중에 내는 기괴한 소리는 정신적 불균형을 표현하는 것이라는 주장이 우세했는데, 20세기 중반에 와서는 그 소리와 행위가 낙원에 대한 향수, 낙원으로의 회귀 등을 모방하는 것이라는 주장이 우세하게 되었다. 이런 과정을 살피면서 엘리아데는 우선 입문의례 자체의 이데올로기를 바로 이해하는 것이 중요하다고 보고, 이 이후에 인접 학문과 연결하는 것이 좋다는 관점으로 글을 써 간다.

종교학자로서 엘리아데는 자신의 분야에 관해서는 자신의 선행 연구와 다수의 1, 2차 참고문헌을 소개하지만, 정신의학, 심층심리학, 정신분석학에 관해서는 상세한 문헌을 소개하지 않는다. 그는 몇 군데서 지그문트 프로이트(1856. 5. 16.~1939. 9. 23.)와 칼 구스타브 융(1875. 7. 26.~1961. 6. 6.)의 의견을 제시하는데도, 그 출처를 밝히지 않는다.

엘리아데의 글을 한줄 한줄 읽어 내려가다 보면 그와 묘한 교감을 하게 된다. 지금 읽고 있는 글이 신화인지, 종교인지, 정신분석 사례인지 경계가 사라지는 듯하다. 엘리아데에 따르면, '한 처음'에는 '일체'(unity)가 있었다. 성스러운 것이 세속적인 것의 역이라고 한다면, '역의 합일'은 '일체'의 다른 표현이다. 엘리아데에게서 '역의 합일'은 계통발생적 측면에서는 일체에서 분리로의 이행(고대에서 오늘날로)이고, 개체발생적 측면에서는 분리에서 일체로의 이행(오늘날에서 고대로)이다. 그래서 그가 사용하는 용어 회귀, 회귀반복, 퇴행은 분리, 분화, 단절이라는 용어와 연결된다. '역의 합일'은 분리, 분화, 단절된 현재의 상황을 극복하기 위해 처음의 일체를 향해 회귀하고 퇴행한다는 의미를 지닌다. 이런 과정을 개체발생 측면에서 보면 퇴행이고, 계통발생 측면에서 보면 진행이다. 퇴행과 진행은 인간 내면 깊은 곳에 있는 충동(impulsion)에 의해 작용한다. 이런 관점을 담고 있는 이 책을 간략하게 소개하면 이러하다.

첫 장에서 엘리아데는 불안에 대하여 연구하거나 사전 편찬에 목을 매는 유럽인(1장)을 두고 '한 처음'을 회복하고자 하는 시도(2장) 또는 분열이 없었던 온전한 전체로 복귀하려는 시도 그 자체(4장)라고 말하며, 이런 문화적 흐름이 '치료 행위'(9장)라고 말한다. 그리고 절대적 존재에서 분리된 후 환상의 세계에 감금되는 것과 이를 벗어나고자 철학적 근거를 마련한 인도 철학에 관한 담론에서(3장), 추방되었던 낙원으로 돌아가기 위해서는 낙원을 지키는 불을 통과해야 하고, 불을 통과한다는 것은 죄를 정화시킨다는 의미라고 말하는 것에서(5장) 그의 입담을 느끼게 된다.

반복되는 입문의례의 구성 요소 하나하나는 합리적이거나 일상적이지 않다. 입문의례는 발생-죽음-부활이 반복되는 곳이다. 입문의례에 담겨 있는 인류의 소망은 이런 반복의 틀 이전의 상태로 복귀하는 데 있다. 이런 복귀를 꿈꾸는 인간은 '주술 비행'을 통해 인간의 한계상황을 벗어난다. 최근에 이뤄지는 '주술 비행'이 영매 상태에서 '영으로'(en esprit) 하는 것이라면, 초기에는 몸 자체(뼈와 정신)가 하는 것이었다. 초기의 모든 신화에서 보여주는 '주술 비행'은 몸과 영이 분리되기 전의 상황을 보여준다고 말한다(5장, 6장).

엘리아데가 사용하는 퇴행이란 단어는 세계의 주요한 종교에서 주장하는 '한 처음'으로 돌아가는 것에 연결된다. 몸과 영이 분리되지 않았던 때로 돌아가는 것이다. 태어나고 살아가는 중에 거치게 되는 입문의례는 이생에서 경험하는 죽음이자 이생에서 획득한 '한 처음'으로의 복귀이다. 그래서 생활이 이루어지는 이생이라는 곳은 인과관계에 따라 예정된 대로 보응 받고 죽는 곳이면서도 인과응보의 틀을 깰 수 있는 곳이 되기도 한다. 그래서 이생은 다시 재생되는 기회의 장소이기도 하다는 것이다. 엘리아데는 이런 희망을 입문의례에서 찾음으로 초기 인류에서부터 시작된 인류의 소망을 발견한다. 이런 인류의 소망은 애당초 있었던 것의 희망이기도 하다. 퇴행은 이미 진행되어 온 것에 의한 응답이다. 이것은 프로이트가 『인간 모세와 유일신교』에 남긴 과거를 복원하기(restaurations du passé), 망각된 것의 회귀(retours de l'oublié), 과거에 망각했던 것의 현재에서의 재현과 상응한다. 또한 프로이트가 『꿈의 해석』을 매듭지으면서 했던 말, "꿈은 소원을 성취된 것으로 보여주면서 우리를 미래로 인도한다. 그러나 꿈을 꾸는 사람이 현재의 것으로 받아들이는 미래는 소멸될 수 없는 소원에 의해 과거와 닮은 모습으로 형성된다"와도 상응한다. 헬레나 노르베리 호지가 『오래된 미래』라는 말로 '라다크'를 표현했듯이, 과거 현재 미래라는 시간은 연대기적으로만 이해해서는 안 될 요소를 갖고 있다. 오늘날 우리가 시작하는 새로운 일들은 최초의 입문의례와 닮은 모습을 하고 있지 않은가!

이런 의미에서 엘리아데의 회귀, 회귀반복은 정신분석의 퇴행, 반복 개념과 연결된다. 엘리아데가 제시하는 예에서 볼 때, 꿈-증상-입문의례의 반복은 퇴행을 반복하는 것으로 볼 수 있다. 개인에게서 '꿈을 통한 퇴행', '증상을 통한 퇴행'과 한 집단에게서 '반복되는 입문의례' 등은 퇴행이라는 구조와 상응한다. 엘리아데가 이런 상응 내용을 구체적으로 비교하여 기술하지는 않지만, 책 뒷부분으로 갈수록 그런 내용을 확인할 수 있다. 그렇기 때문에 글을 읽는 데 깊이와 재미를 느낄 수 있다(3장, 9장).

엘리아데가 말하는 '지금 이곳'이란 자신의 모든 것을 다해 가장 이상적인 곳인 한 처음의 낙원으로 가는 도중에 신화-꿈-입문의례의 신비가 행해지고 기록되는 곳이다. 세상에서 구전되고 기록되어 있는 신화-꿈-입문의례의 신비가 말해주는 것은 초기 인류의 소망이 그다음 세대의 소망이 되고, 그 소망이 이어져 오늘날 우리의 것이 되고 있다는 것이다.

오늘날의 신화-꿈-입문의례의 신비는 고대의 아프리카, 그리스, 인도 등의 행복한 초기인들이 지녔던 것과는 다른 내용과 형식을 갖고 있지만, 그것이 의미하는 바는 초기 인류의 것과 다른 것이 아니라고 엘리아데는 말한다. 이 책을 읽다 보면 오늘날의 신화-꿈-입문의례의 신비가 어떤 형식으로 계속되고 있는지, 그 형식 속에 담긴 내용은 무엇인지, 그것이 의미하는 바를 우리는 알고 접하고 있는지 질문을 받게 된다.

20세기 초중반에 신화가 되고자 했던 것이 공산주의였다면, 21세기 초반에는 생명공학이, 최근에는 사이버네틱스(인공두뇌학,

인공지능학)가 그 자리를 점하려 한다고 볼 수 있다. 현시점에서 현대인은 "치료는 완벽하게 된다"는 생명공학의 약속 앞에 서 있다. 이런 명제가 신화가 되기 위해서는 기술이 뒷받침되어야 하고, 기술은 입문의례로서 불가사의한 것을 갖고 있어야 한다. 많은 사람들은 완벽한 치료를 제공하는 기술을 기대하고 있다. 그리고 최근에 부상하고 있는 AI나 Chat GPT의 경우도 그러하다. "인류의 기록유산은 공유된다"는 정보기술의 시혜(施惠)는 어떠할까? 엘리아데가 『신화, 꿈 그리고 신비』를 비롯하여 많은 저서에 남긴 인류의 기록들, 당시에 발견한 과거의 유산들, 그 외에도 여러 학자의 수고들, 이런 방대한 것들이 빅데이터 기술을 통해 서버에 저장되어 동시성의 효과를 드러내고 있다.

엘리아데가 신화, 꿈, 신비를 설명하면서 그 이면에 있는 사람들의 관심을 보았듯이, 오늘날 우리는 기술과 기술 이면에 있는 사람들의 관심을 어떻게 볼 수 있을까? 엘리아데에 의하면 신화는 처음부터 주어진 것이 아니라 당대의 철저한 노력에 의해 정합된 보석과도 같은 결정체이다. 오늘날 학문/과학 공동체는 이런 결정체를 이루기 위해, 이런 결정체의 허구성을 말하기 위해 함께 힘을 모으고 있다. 이런 힘은 글을 통해서 전달된다. 지난 20여 년간 예명대학원대학교에서 글의 힘을 키울 수 있도록 이끌어주신 이명범 총장님, 윤혜진 부총장님, 정신분석 전공 학생들께 고마운 마음을 전한다. 해마다 다수의 우수학술도서를 내는 도서출판 동연의 글 힘을 통해 엘리아데의 1957년 저서가 새롭게 한글로 나오게 되었다. 이 책의 출간을 위해 애써주신 김영호 대표님과 동연출판사 관계자분들께 감사드린다. 번역의 완성도를 높이는 데 도움을 준 국립현대미술관 강보경

코디네이터에게 고마움을 전한다.

　좋은 글을 읽고 사유할 수 있게 해주신 미르체아 엘리아데 님께 고맙고도 죄송한 마음으로 이 책을 바친다.

치개슬에서
강웅섭 · 고승미

머리말

　이 책에 수록된 글들이 신화 및 신비 등 종교적인 분야와 꿈의 세계가 갖는 구조 사이에 존재하는 관계들을 체계적으로 설명하지는 않는다. 심리학자와 철학자에게 그와 같은 연구는 흥미진진한 주제일 수 있지만, 아직 종교사학자에게는 그렇지 못하며, 이 책은 이런 분위기에서 쓰여진 것임을 밝혀둔다. 그렇다고 심층심리학에서 발견한 자료들이 종교사학자에게 아무런 도움도 주지 못한다고 이해해서는 안 된다. 그 자료들을 통해 종교를 바라보는 새로운 관점이 생길 수 있다는 것을 부인할 사람은 없을 것이다. 이런 방면의 연구를 하려는 종교사학자라면 마치 심리학자가 되려는 것처럼 온 힘을 쏟아야 한다. 그리고 이런 노력은 결코 무의미하지 않다. 하지만 이런 연구가 종교사학자의 학문에 더 많은 도움을 주리라고 믿고 연구 대상을 사회학자나 인류학자의 영역에서 검토할 때 종교사학자는 난관에 부딪히게 된다. 왜냐하면 아무리 최선을 다해 연구한다 해도 종교사학자가 사회학과 인류학의 본류에 도달하기는 어렵기 때문이다. 확실한 것은 정신과 인간에 관한 학문은 모두 똑같이 귀중하고, 그것이 발견한 것은 상호 연대적이라는 것이다. 상호 연대적이라는 의미는 뒤섞는다는 것과는 다르다. 중요한 것은 뒤섞는 것이 아니라 정신의 여러 가지 진행 과정의 결과들을 통합하는 것이다. 다른 모든 것들도 그렇지만 종교사에서 가장 확실한 방법은 더 넓은 관점으로 진행 과정의 결과들을 통합하고 종교사의 참고문헌으로부터 현상을 연구하는 것이다.

이 책은 무의식의 활동과 종교적인 사실 간의 관계를 단순하게 대조하지 않는다. 이 책의 6장(승천의 상징체계와 '각성몽')에서 서술했듯이 무의식의 역동성과 종교 세계의 구조들 사이의 관계들을 끌어내고자 노력했다. 그리고 나머지 글들에서는 그 관계를 규명하고자 했다. 이런 작업이 가능한 것은 이런저런 방식을 통해 꿈과 상상적인 플롯 속에 드러나지 않는 신화적 동기와 통과의례적 시나리오는 없다고 보기 때문이다. 우리는 꿈의 세계에서 상징들, 이미지들, 형태들 그리고 신화학을 이루는 사건들을 발견한다. 프로이트의 천재적인 발견과 그 토대 위에서 형성된 심층심리학은 지난 세기 이래로 연구를 심화시켜왔다. 그 연구의 의도는 야심찬 것이었으며, 대부분의 심리학자들은 별다른 이의 없이 신화학에 나오는 인물과 사건을 무의식의 내용들과 역동성에서 나오는 것이라고 보았다. 어느 측면으로는 심리학자들의 주장이 옳다고 할 수도 있다. 왜냐하면 무의식적인 활동과 종교 그리고 신화학과 대응하는 측면에서 인물의 역할과 사건의 결과 사이에는 유사성이 있기 때문이다. 그러나 우리는 유사하다는 것과 환원된다는 것을 혼동해서는 안된다. 심리학자가 무의식의 과정에 환원시키면서 신화적 인물 또는 사건을 설명할 때, 종교사학자는 그러한 시도를 망설일 것이다. 아마도 다른 사람도 그럴 것이다. 가령 이런 접근은 보바리 부인을 간통죄로 설명하는 것과 유사한 일이 될 것이다. 보바리 부인1은

---

1 프랑스 사실주의 문학의 창시자라고 알려진 귀스타브 플로베르(1821~1880)의 대표작 『보바리 부인』의 주인공. 1851년부터 쓰기 시작한 작품으로, 1856년 탈고 『파리평론』에 발표했다. 이 작품은 당대 부르주아 계층의 생활을 사실적으로 묘사해 대중적 · 종교적 도덕과

문학 창작물이자 정신의 산물인 소설 속에서만 존재한다. 간통죄가 독특한 문제로 여겨지던 19세기 서구 부르주아 사회에서 쓰일 수 있었으며, 이것은 소설의 미학이 아닌 문학사회학에 관계되는 완전히 별개의 문제다.

신화는 존재의 방식에 따라 정의된다. 신화란 완전히 드러난 무엇을 폭로할 때만 신화가 된다. 그리고 이 드러남은 창조적인 동시에 모범적이기 때문에 인간행동뿐 아니라 실재(réel)의 구조를 떠받치는 근거가 된다. 신화는 언제나 무엇인가가 실제로 일어났고, 어떤 사건이 강력한 의미를 지니는 용어 속에 머물러 있고, 세계 창조 또는 보잘것없는 동식물이나 제도의 형성 과정에 대해 말하고 있다. 발생했던 일을 말하는 것만으로도 현실이 어떻게 형성되었는지를 알 수 있는 단서가 된다(그리고 여기서 '어떻게'는 '왜'를 설명하는 자리이기도 하다). 그러나 존재의 도래는 현실의 출현인 동시에 그 근본적인 구조를 공개하는 것이다. 우주론적 신화가 창조된 세계의 경위를 설명할 경우 드러난 현실은 우주요, 이 우주는 존재론적 근거가 된다.

신화는 어떤 의미로 세계가 존재하는가를 말해준다. 우주발생론은 또한 존재론적 현현(顯現)이며 존재의 완전한 드러남이다. 그리고 모든 신화는 일종의 우주 개벽설적인 형태를 띠기 때문에 신화는

미풍양속을 해친다는 이유로 기소된 후 무죄 판결을 받는다. 그는 부르주아 집안에서 태어났으나 부르주아를 '천박한 사고방식을 가진 모든 사람'이라고 비난했다. 작품 속 보바리 부인이 가지고 있는 캐릭터를 간통으로 환원시켜 이야기할 수 없는 것처럼 신화적 인물과 행동을 무의식의 과정으로 환원 시 논할 수 없는 종교사학자로서의 엘리아데의 입장이 드러나는 대목이다. (옮긴이 주)

존재론적 현현이라고 말할 수 있다. '그때' 일어난 것을 기술한 역사들은 어떻게 이 세계가 존재하게 되었는가에 대해 각각 다른 방식으로 답변을 제시한다. 신화는 세상 속에서 다중적인 존재의 방식과 실재의 구조를 드러낸다. 그렇기 때문에 신화는 인간행동의 전거가 되는 것이다. 신화는 현실을 반영하는 참된 역사를 드러내는 것이다. 그러나 존재론적 현현은 항상 신현 또는 성현을 내포한다. 신들 또는 반신적 존재는 세상을 창조하고 세상에 있는 수많은 존재방식(인간에서 벌레에 이르는 존재방식)의 근거가 된다. '그때' 발생한 것들의 역사를 드러내면서 세계 속에 신성이 끼어들었음을 밝힌다. 신 또는 선구자적인 영웅이 행동 — 가령 존재하는 양식을 개시할 때 그들은 이 행동을 할 수 있는 현실을 확보하지 못했다(왜냐하면 이때까지 이 몸짓은 존재하지 않고 그것은 행해지지 않았기 때문이다. 그것은 아직 '비현실적'이다). 그래서 그들은 이런 행동을 고안했다. 그것은 신현이며 신적인 창조다. 신들 또는 선구자적인 영웅의 방식에 따라 행동양식을 고려하면서 인간은 그들의 몸짓을 반복하고 어떤 식으로든지 그들 앞에 모습을 드러낸다.

이 책에서는 신화의 구조와 기능에 대해 충분하게 강조할 것이다. 그래서 이 머리말에서는 몇 가지만 부연하고자 한다. 나는 앞서 신화와 꿈은 존재론적으로 완전히 다른 분야라고 말했다. '신비'를 벗기는 것이 아니라면, 실재의 구조나 인간의 행동을 지탱하는 최초의 사건을 드러내지 않는다면 그것은 신화가 아니다. 신화는 개체적이거나 개인적인 것이 아니다. 신화가 되려면 모범적인 행동을 하는 초인간적인 존재들의 실존과 활동이 드러나야 한다. 보편적인 관점에서 볼 때 신화는 '전 세계'를 위한 모델(그 이유는 우리가 사회에 속해 있기 때문이다)과 '영원'을 위한 모델(그 이유는 초기에 있었던 것이지 현 시간에 속한 것이 아니기 때문이다)이 된다. 결론적으로 인간 전체의 지지가 있을 때만 신화는 가능하다. 신화는 인간의 지성 또는 상상력에 호소하지 않는다. 신화가 '신비'를 계시하는 것으로 이해되지 않는다면 신화는 그 가치가 떨어지고, 모호해지고, 콩트 또는 전설이 될 것이다.

꿈이 존재론적 국면을 드러내지 않는다는 것을 밝히기 위해 긴 분석을 시도할 필요는 없다. 그것은 모든 인간에 의해 경험되지 않으며 특수한 상황을 보편적 가치를 지닌 모범적 상황으로 변화시키지도 못한다. 물론 꿈은 해독될 수도 있고 해석될 수도 있다. 그래서 명확하게 의미를 밝힐 수도 있다. 그러나 꿈은 신화가 품고 있는 요소들(모범틀과 보편성)을 가지고 있지 않다. 꿈은 실재의 구조를 밝힐 수도 없고 신들 또는 선구자적인 영웅들의 행동을 계시할 준거도 될 수 없다.

앞서 나는 신화의 형태 및 사건과 꿈의 인물 및 사건 각각이 의미하는 바를 설명하면서 꿈의 세계와 신화의 세계 각각이 지금도 계속되고 있다고 지적했다. 마찬가지로 꿈에서 시간과 공간의 범주는 신화에서 볼 수 있는 시간과 공간의 소멸을 상기시키는 방식으로 변형된다는 것을 밝혔다. 꿈과 무의식의 다양한 절차는 '종교적 영기(氣)'처럼 나타난다. 꿈의 구조는 신화의 구조와 비교되는데, 심층심리학자들이 볼 때 무의식의 내용으로부터 경험한 것은 성(聖)에 대한 경험과 유사하다. 무의식의 피조물들은 종교와 그 종교가 담고 있는 상징, 신화 그리고 의례 등의 '제1 질료'라고 할 수 있다. 그러나 앞서 나는 『보바리 부인』 경우를 들면서 신화가 내포하고 가정하는 '제1 질료'를 통해 현실을 설명할 수 없는 이유를 설명했다. 신화와 꿈이 가지고 있는 인물과 사건 간에 어떤 유사성으로 인해 신화와 꿈이 동일한 정체성을 갖는 것은 아니다. 우리가 여기서 이런 자명한 사실에 대해 더 이상 부연하지 않는 이유는 영적 세계를 영적인 것의 '기원' 이전 단계로 축소시켜 설명하려는 시도가 바람직하지 않기 때문이다.

　무의식의 어떤 요소에 대한 '종교적 영기'는 종교사학자에게 그리 놀라운 것이 아니다. 왜냐하면 종교학에서 볼 때 종교적 경험은 한 인간을 전체, 즉 자기 존재의 심오한 지점으로 끌어들인다고 보기 때문이다. 이 말은 종교를 비합리적인 요소를 가진 것으로 가치 절하하는 것이 아니라 단지 종교 경험이란 것이 인간으로 하여금 세상 속에서 존재방식을 취하는 것을 깨닫게 하는 포괄적인 실존 경험이라는 의미다. 모든 실존적 위기는 세상의 현실과 세상 속에서 인간의 생존에 관해 질문한다. 이 위기는 '종교적'이다. 고대 문화의 단계에서 존재는 성(聖)과 섞여 있었다. 모든 초기 인간들에게 세상의 토대는 종교적 경험이다. '카오스'를 '코스모스'로 변형시키고 인간 실존을 가능하게 하는 것(동물 실존의 단계로 퇴행하는 것을 막는 것)은 그 경험이 드러내는 성스러운 공간 구조를 담고 있는 의례적 의식이었다. 모든 종교, 특히 최상의 종교 모형은 존재론이다. 종교는 신성화된 사물의 존재와 신적인 형태의 존재를 드러낸다. 종교는 실재하는 것을 보여준다. 종교는 이렇게 더 이상 소멸하지 않는 세상을 구성한다.

　모든 종교는 가장 기본적인 면에서 볼 때 존재론이다. 그것은 신성한 사물과 신성한 형상의 존재를 드러내고 실제로 존재하는 것을 보여준다. 그렇게 함으로써 덧없고 이해할 수 없는 세계를 건설한다. 이 세계는 방향을 제시해 주는 어떤 '중심'이 나타나지 않을 때 악몽 속에 있는 것이고, 실존이 완전히 상대적인 '혼돈' 속으로 몰락하는 위협 상황에서 도래하는 것이다.

무의식은 무수히 제한된 상황의 '침전물'이라는 측면에서 종교적 세계와 유사하다. 왜냐하면 종교는 모든 실존적 위기 상황의 모범적인 해결책이기 때문이다. 종교는 완전한 계시가 이루어지는 현실에서 시작된다. 이 계시는 성스럽고 우수하며 소멸하지도 속이지도 않는 것에서 비롯되고, 다른 한편 인간과 성(聖)의 관계는 항상 실재의 중심부에 인간을 위치시키면서 다형적이고 변화하며 양면적이다. 이런 이중적 계시는 동시에 정령의 효력을 감지한 인간 실존을 보여준다. 한편으로 성스러움은 우수한 타자로, 개인적인 차원을 넘어서며 '선험적'이다. 그리고 다른 한편으로 성스러움은 아래에서 설명할 모델을 구성한다는 의미에서 범례가 된다. 이렇게 선험과 범례는 개인적 상황에서의 탈출을, 우연과 개별성의 극복을 유도하며, 일반적 가치와 보편적 가치에 근접하도록 종교적 인간을 부추긴다.

이런 의미에서 무의식의 내용으로서 '종교적 영기'를 이해해야 할 것이다. 종교적 경험은 실존의 완전한 위기인 동시에 이 위기에서 벗어날 수 있는 해결책이다. 이런 해결책은 더 이상 개인적이지도 모호하지도 않은 세상-선험적이고, 의미심장하고, 성스러운 신의 작품으로서의 세상을 드러낸다. 무의식적 우주와 종교적 우주의 구분은 종교적 해결책으로서 범례를 필요로 한다. 종교가 제시하는 해결책은 범례가 되는 행동을 마련하며, 결과적으로 실재와 우주를 동시에 드러내도록 인간에게 요구한다. 우리가 종교에 대해 말한다는 것은 모든 인간에게 주어진 계시에서부터 출발한다. 모든 종교의 구조와 형태는 존재론적 영역에 개입한다. 초기 사회에서 어떤 나무가 '세상의 나무'라고 지칭되고 성스러움으로 생각되었다면, 그러한 믿음을 가지게 했던 종교적 경험 덕분에 이 사회의 구성원들은 우주의 형이상학적 이해에 접근할 수 있는 가능성을 열었다. 왜냐하면 세상의 나무라는 상징은 특별한 대상이 우주 전체를 의미할 수 있음을 보여주기 때문이다. 그러므로 개인적 경험은 영적 행위로 변환되고 더 활발하게 된다. 세상의 나무라는 종교적 상징 덕분에 인간은 우주에서 살아남는 데 성공했다. 그래서 총체적인 경험이 중요하다. 세상에 대한 종교적 환상과 거기서 파생된 이데올로기로 인해 인간은 개인적인 경험을 얻게 된다. 나무의 이미지로 이야기를 풀어왔으니 이제 무의식의 세계에서 그것의 기능이 무엇인지 알아보자. 우리는 어떤 이미지들이 꿈에 자주 나타나는지를 알고 있다. 이 이미지들이 심층적인 삶의 암호를 구성한다. 무의식에서 전개되는 드라마는 긍정적 해결책을 발견하는 과정이다. 꿈속의 경험이나 상상적 경험을 해독하여 얻어진 의미는 종교적 경험의 틀에서 나무의 상징을 밝히는 효력과 유사하다. 결국 신화학과 종교에서 나무라는 상징의 주요한 의미는 주기적이며 무한한 갱생, 재생, '생명과 청춘의 원천', 불사, 절대적 현실이란 관념과 연관된다. 나무 이미지가 상징으로 드러나지 않는다면, 즉 인간의 의식 전체를 일깨우지 않는다면 그 이미지는 그 기능을 온전하게 채울 수 없을 것이다. 꿈에 등장하는 나무 이미지는 개인적 상황으로부터 인간을 부분적으로 구원한 것이다. 상징으로서 받아들여지지 않은 나무 이미지는 우주를 계시하는 데 성공하지 못하고 인간을 정령의 국면으로 끌어올리지 못한다. 종교사학자와 심층심리학자가 가지고 있는 우주에 대한 서로 다른 관념에서 발생하는 마찰이 어떤 관점에서 유용하고 생산적인지 우리는 알고 있다. 그들 간의 준거틀, 가치의 차이, 특히 방법론의 혼선은 큰 문제가 되지 않는다. 이런 것을 통해 우리는 종교사학자와 심층심리학자 양측이 생각하는 우주를 유용하고도 생산적으로 알게 된다. 그러나 그들 양측의 참고 도면, 가치의 차이, 특히 방법론을 뒤섞어 생각해서는 안될 것이다.

이 책에 실린 글은 1948년에서 1955년 사이에 외국의 학술지에 발표된 것이다. 다시 교정을 보고 각주를 단순화시키고 가능한 한 내용이 중복되지 않게 했다. 다른 작업과 마찬가지로 이번에도 사랑하는 친구 장 구이라(Jean Gouillard) 박사가 원고를 읽고 교정해주었다. 그에게 감사의 마음을 전한다. 올가 프뢰브 캅테인(Olga FroebeKapteyn), 르네 라포르그(Rene Laforgue) 박사와 델리아 라포르그(Delia Laforgue), 로제 고델(Roger Godel) 박사와 알리스 고델(Alice Godel)에게도 감사의 뜻을 표한다. 그리고 1950년 이후 우리가 강의를 계속할 수 있었던 것은 아스코나, 파리, 발도르 병원의 세심한 배려 속에서 가능했음을 이 자리를 빌려 밝힌다.

1956년 6월 발 도르에서

미르체아 엘리아데

차례

1장
—

근대 세계의
신화들

I

　‘신화’란 무엇인가? 19세기의 일상 언어에서 신화는 ‘현실’에 반하는 모든 것을 의미했다. 즉, 줄루족(les Zoulous)[1]이 이야기하는 세상의 역사 또는 헤시오도스의 『신통기』, 아담의 창조 또는 창조되지는 않았으나 존재했던 인간들은 ‘신화’였다. 천계설과 실증주의에 대한 상이한 통념을 가지고 접근해본다면 그리스도교의 구조와 기원에도 실증주의는 스며들어 있다. 원시 그리스도교[2]에서 구약성서와 신약성서에 의해 실증되지 않는 모든 것은 거짓이고 ‘우화’에 불과했다. 이러한 것들은 인류학자들의 연구를 통해 밝혀진 것이다.

---

1 줄루족 남아프리카 공화국 나탈 주에 사는 종족으로 19세기에 계속된 전쟁으로 유럽 이주민들에게 목초지와 수원지를 빼앗겼다. 여기서 줄루족은 창조된 인간의 계보를 제시하는 『신통기』와 달리 창조되지 않은 인간을 대표하지만, 둘 다 비현실적인 신화의 예로써 제시되었다. (옮긴이 주)

2 원시 그리스도교 성서가 정경화 과정을 거치던 기원후 1~3세기의 그리스도교 구약성서는 90년 아브네 랍비회의에서 39권으로, 신약성서는 397년 카르타고 교부회의에서 27권으로 최종 결정되었다. 참고로 예수와 그의 제자들이 사용한 구약성서는 기원전 3세기경 그리스어로 번역된 70인경으로 추정된다. 엘리아데는 신화의 가치를 원시 그리스도교의 정경화 과정과 대등하게 비교하고 있다. (옮긴이 주)

다시 말해 이교도 세상에 대항하며 그리스도교가 생존할 수 있었던 것은 이 두 성서에 근거했기 때문이다. 그래서 이것은 신화가 되었다. 이렇듯 신화의 가치는 '원시' 사회와 고대 사회에 의해 형성되었다는 것, 즉 신화가 사회생활과 문화의 토대라고 생각하는 사람들에 의해 형성되었다는 것을 인식하고 이해하게 된다. 그런데 한 가지 사실이 줄곧 우리를 놀라게 한다. 어떤 사회에서는 신화가 '절대적 진실'을 표현한 것처럼 간주되었다는 것이다. 왜냐하면 신화는 '성스러운 이야기', 즉 원초의 성스러운 시간에 인간 저편에서 온 계시를 이야기하기 때문이다. 실재와 성(聖)을 나타내는 신화는 범례가 되고, 그 범례는 '반복'된다. 그것은 모든 인간 행위의 모델일 뿐 아니라 증거로 사용되는 것이다. 달리 말하면 신화는 초기로부터 생겨났고, 인간 행위의 모델로 사용되는 '진실한 역사/이야기'다. 신이나 신화적 영웅들의 모범적인 행동을 '모방하면서' 또는 단순히 그들의 모험을 이야기하면서 고대인은 세속적인 시간으로부터 분리되어 위대한 시간, 성스러운 시간에 기묘하게 합류했던 것이다.

우리가 알고 있듯이 가치가 전적으로 뒤바뀌는 것이 문제가 된다. 일상 언어에서는 신화와 '우화'를 혼동했으며, 이와 반대로 전통 사회의 인간은 신화에서 '현실에 유효한 유일한 계시'를 발견한다. 이로부터 우리는 재빨리 결론을 끌어냈다. 점차 우리는 신화가 불가능하거나 증명할 수 없는 것을 이야기한다는 사실을 더 이상 고집하지 않고 다만 우리와 다른 사고방식으로 구성되어 있다는 것을 인정하는 것으로 만족했다. 신화를 더 이상 선험적인 것, 상궤를 벗어난 것으로 취급해서도 안 된다. 오히려 집단 사고의 뛰어난 한 형태였던 신화가 일반적인 사고의 틀로 통합된 것으로 보아야 한다. 그러나 '집단 사고'가 한 사회에서 결코 완전히 폐지되지 않았기 때문에 변화의 정도가 어떻든 우리는 근대 세계가 여전히 어떤 신화적인 행동을 지니고 있음을 간과하지 않았다. 예를 들어 어떤 상징에 대한 사회 전체의 참여는 '집단 사고'의 결과라고 해석되었다. 가령 국기의 기능은 그것이 포함하는 감정적인 모든 경험과 아울러 고대 사회에서처럼 어떤 상징에 대한 '동참'을 보여준다. 그러나 사회생활 단계에서 고대 세계와 근대 세계 사이에 연속성은 존재하지 않는다. 이들 세계의 중요한 차이점은 전통 사회의 구성원에게는 거의 부재했던 개인적인 사고가 근대 사회를 구성하는 대부분의 개인들에게 존재한다는 것이다.

여기서 '집단 사고'에 관한 일반적인 관찰을 시도하지는 않을 것이다. 우리의 문제는 이보다 단순하다. 만일 신화가 '원시' 인류의 상궤를 벗어난 유치함 속에 만들어진 것이 아니라 '세계 속에서의 한 존재방식'의 표현이라고 한다면 근대 사회에서 신화는 어떻게 되었는가? 단도직입적으로 말해 전통 사회에서 신화가 차지하고 있던 '본질적인' 자리를 지금은 어떤 것들이 차지하고 있는가? 집단적인 신화와 상징에 대한 '동참'은 근대 사회에도 여전히 유지되고 있지만, 전통 사회에서 신화가 차지했던 중요한 역할과는 거리가 멀기 때문에 전통 사회와 견준다면 근대 사회에는 신화가 없는 것처럼 보인다. 심지어는 근대 사회의 불편함과 그 위기를 우리 사회에 적합한 신화의 부재로 설명할 수 있다는 주장도 있다. 융이 자신의 저서 가운데 한 권을 "영혼을 발견한 인간"이라고 이름 붙인 것은 그리스도교와의 깊은 분열 이후 위기에 직면한 근대 세계가 창조주에게 권위를 부여하고 새로운 영적 근원을 찾기 위해

새로운 신화를 찾고 있음을 암시한다.[3]

결과적으로 근대 세계에서 신화는 풍부하게 발견되지 않는 듯하다. 예를 들어 우리는 총파업을 근대 서양 사회에 의해 만들어진 흔하지 않은 신화 중의 하나처럼 말한다. 그러나 이것은 오해다. 우리는 상당수 개인들이 끌리기 쉬운 생각, 그러니까 대중적인 생각은 그 역사적인 실현이 머지않은 미래에 반영되리라는 단순한 이유로 신화가 될 수 있다고 믿었다. 그러나 신화는 그런 식으로 창조되는 것이 아니다. 총파업은 정치적인 투쟁의 도구는 될 수 있지만, 신화적인 전례를 포함하지 않는다. 그래서 이것은 신화학으로부터 제명되기에 충분하다.

또 다른 예로 마르크스의 공산주의가 있다. 여기서는 마르크스주의의 철학적인 가치와 역사적 운명은 접어두고 공산주의의 신화적 구조와 대중적인 성공의 종말론적인 의미를 살펴보자. 우리가 마르크스의 학문에 대해 어떤 평가를 내린다 할지라도 『공산당선언』의 저자가 아시아-지중해 세계의 위대한 종말론적인 신화들 가운데 하나를 취해 그것을 연장하려고 한 것은 틀림이 없는 사실이다. 고통받는 의인(선민, 군주, '죄 없는 사람', '선지자', 오늘날의 프롤레타리아)에게 부여된 속죄양 역할은 세상의 존재론적 위상을 변화시키는 것이

---

3 '근대 세계'를 통해 르네상스와 종교개혁 이후 일궈진 충적토(충적지)가 동시대(현대)의 서양 사회와 정신 상태에 어떤 영향을 주었는지 이해할 수 있다. 도시 사회의 활동적인 계층, 다시 말해 교육에 의해 그리고 공식적인 문화에 의해 직접적인 영향을 받았던 대다수의 사람들은 '근대적'이다. 나머지 사람들, 특히 중앙 유럽과 남동 유럽의 절반은 여전히 전(前)-기독교적인 전통의 영적 지평에 결부되어 있다. 일반적으로 농경 사회는 역사 속에서 수동적이다. 대부분의 시기 동안 농경 사회는 역사를 감내하고(참고 견디고), 농경 사회가 커다란 역사적인 긴장 속에(예를 들어 고대 후기의 야만인 침입) 직접적으로 연루될 때, 그들의 행동은 수동적인 저항의 행동이다.

다. 결국 마르크스의 계급 없는 사회와 역사적인 긴장으로부터 일어난 전복은 다양한 전통에 따라 역사의 시작과 종말을 특징짓는 황금시대의 신화에서 꼭 맞는 선례를 찾는다. 마르크스는 유대-그리스도교의 메시아적 이데올로기의 경애로운 신화를 풍요롭게 했다. 프롤레타리아에게 허락된 구원자적 기능과 예언자적 역할이 그러하며, 다른 한편으로는 계시록에 나오는 그리스도와 적그리스도 사이의 싸움(종국에는 그리스도의 승리)과 쉽게 비교할 수 있는 선과 악의 종말론적인 싸움이 그러하다. 마르크스가 유대-그리스도교의 종말론적인 희망을 역사의 절대적인 종말이라고 이해했다는 것은 의미심장한 일이다. 그는 이로써 크로체, 오르테가 이 가세트 같은 역사실증주의적 철학자들과는 구분되는데, 그 이유는 역사의 긴장은 인간의 상황에 따라 유동적이고, 따라서 결코 완전히 폐지될 수 없기 때문이다.

　공산주의 신화[4]의 위용과 불굴의 낙관주의에 비하면 국가사회주의에 차용된 신화학은 다소 서툴러 보인다. 국가사회주의에 사용된 신화학이 서툴러 보이는 이유는 민족 차별 신화의 한계(유럽의 모든 민족이 하나님이 선택한 민족인 유대인에게 굴복하여 선민사상을 받아들인다는 것을 어떻게 이해할 수 있을까)뿐 아니라 게르만 신화학의 근본적인 염세주의 때문이다. 그리스도교의 가치를 폐지하고 '민족'(가령 북유럽 스칸디나비아의 이교도)의 영적인 근원을 되찾으려고 노력하는 가운데 국가사회주의는 게르만 신화학을 소생시키려 했다. 그러나 심층심

---

4 엘리아데가 이 책을 쓴 1950년대의 정치 상황에서 공산주의자들은 계급 없는 사회가 실현될 것으로 전망했다. 그리고 이를 기대하던 사람들에게 공산주의는 신화와 다름없는 위력을 발휘했다. 그러나 엘리아데에 따르면 신화는 그런 식으로 '창조'되는 것이 아니다. (옮긴이 주)

리학의 관점에서 보면 이러한 시도는 특이하게도 집단 자살로의 초대였다. 왜냐하면 고대 게르만족이 알고 기다린 종말은 라그나록,5 즉 파국적인 '세계의 종말'이기 때문이다. 그것은 모든 신들과 영웅들의 죽음으로 끝나는 그리고 카오스 안으로 세계가 퇴행하는 것으로 끝나는 신들과 악마들의 거대한 싸움을 포함한다. 라그나록 이후 세계는 다시 태어나고 재생될 것이다(왜냐하면 고대 게르만족 역시 우주의 주기론, 계절에 따른 세계의 창조와 파괴 신화를 알고 있었기 때문이다). 그럼에도 그리스도교를 스칸디나비아의 신화학으로 대체하는 것은 약속과 위로로 풍부한 종말론(그리스도교에서 '세계의 종말'은 역사를 마치는 동시에 재생시킨다)을 염세적인 종말론으로 대체하는 것을 의미했다. 정치적인 용어로 번역된 이러한 대체는 대략 다음과 같은 것을 의미한다. 유대-그리스도교의 오래된 역사를 거부하라. 그리고 당신의 영혼 깊숙이에 당신의 선조인 게르만족의 믿음을 소생시켜라. 그 후 우리의 신들과 악마적인 힘들(forces)6 사이의 마지막 대전투를 준비하라. 이러한 계시록의 전투에서 우리의 신들과 영웅들 그리고 우리 또한 생명을 잃게 될 것이고, 이것은 라그나록이 될 것이다. 그러나 새로운 세계는 그 이후에 생겨나는 것이다. 우리는 역사의 종말에 대한 그토록 염세적인 시각이 왜 독일 민족의

---

5 라그나록(ragnarok)은 독일어로 '세계의 종말'을 의미한다. 1933년 히틀러가 정권을 잡으며 폭발한 반유대주의가 독일에서 맹위를 떨치며 유대-그리스도교 시대가 종말을 맞이하면 새로운 게르만족의 시대가 열릴 것이라는 믿음이 확산되었고, 공식 정책으로 유대인 말살을 시도했다. 엘리아데는 신화를 만들어내고자 했지만, 신화가 될 수 없었던 사례로 독일의 국가사회주의를 거론한다. (옮긴이 주)

6 엘리아데는 force, pouvoir, puissance, capacité 등의 용어를 사용한다. 본 번역에서는 각각 힘, 권능, 권력, 능력으로 옮겼고, 경우에 따라서는 괄호 안에 원어를 넣었다. (옮긴이 주)

일부분을 불타오르게 했는지를 자문해본다. 이것은 명백한 사실이므로 심리학자들은 이 문제를 진지하게 검토해야 할 것이다.

II

이런 종류의 정치적인 신화를 제외하고는, 근대 사회는 비교할 만한 풍부한 다른 신화들을 알고 있는 것 같지 않다. 우리는 전통 사회에서 만나는 신화를 인간행동처럼 생각하는 동시에 문화적 요소로 생각한다. 왜냐하면 개인의 경험 단계에서 볼 때 신화는 결코 완전히 사라지지 않았기 때문이다. 근대를 사는 인간의 꿈에서, 공상에서, 향수에서 신화가 느껴진다. 우리는 많은 심리 문학을 통해 모든 개인의 무의식적이고 반의식적인 활동 속에서 크고 작은 신화학을 발견하는 데 익숙하다. 그러나 우리가 흥미를 갖는 것은 전통 사회에서 주요한 자리를 차지했던 신화가 근대 세계에서는 어떤 자리를 차지하고 있는가이다. 달리 말하면 우리는 위대한 신화의 주제들이 영혼의 어느 부분에서 계속 회복(復)되고 있다는 것을 인식하면서 인간행동의 모범적인 모델로 신화가 근대인에게 다소 훼손된 형태로라도 남아 있지 않을까를 자문할 수 있다. 하나의 신화는 그것이 사용된 상징들처럼 심적 활동으로부터 결코 사라지지 않는 듯하다. 단지 모습을 바꾼 채 그 기능을 위장할 뿐이다. 그래서 사회 영역에서 위장을 벗기고 계속해서 신화를 탐구해야 한다.

여기 한 예가 있다. 겉으로 보기에는 근대 사회에서 세속적으로 보이는 축제들이지만, 그것들은 여전히 신화의 구조와 기능을 보존하고 있다. 신년을 맞이하는 축하연이나 아기가 태어났을 때의 축제, 집을 건축할 때나 새로운 건물을 신축할 때 지내는 고사는 새 생명의 시작, 즉 완전한 재생의 절대적인 되풀이를 드러내는 것이다. 이러한 세속적인 축연과 그것들의 신화적 원형—계절에 따라 계속되는 창조의 회복7— 사이에 분명한 거리가 느껴진다 해도 근대인이 이미 신성성을 상실한 이런 시나리오로부터 계절에 따라 다시 신성성을 느끼는 것만큼은 분명해 보인다. 근대인의 축연을 신화와 연관시켜 검토하는 것은 그다지 중요하지 않을 수 있다. 중요한 사실은 이러한 축연들이 근대인의 삶 자체에서 어둡지만 심오한 반향을 여전히 지니고 있다는 점이다.

하나의 예에 지나지 않지만, 이것은 일반적으로 보이는 한 상황을 명확히 해준다. 신화의 어떤 주제들은 여전히 근대 사회에 살아남아 있지만, 그것을 알아보기란 쉽지 않다. 속화의 긴 과정을 겪었기 때문이다. 결국 근대 사회는 아주 멀리, 그러니까 생명과 우주의 신성성을 빼앗는 데까지 뻗어나갔다는 사실에 의해 정확하게 정의될 수 있다. 근대 사회의 새로움은 신성한 옛 가치들이 세속적인 수준으로 가치 회복된 것이다.8

그렇다고 해서 근대 세계에서 '신화적'으로 살아남은 모든 것이

---

7 cf. Mircea Eliade, *Mythe de l'éternel retour* (1949), 83.

8 그 과정은 '자연'에 부여된 가치들의 변환에 의해 매우 분명해졌다. 우리는 인간과 자연 사이의 교감 관계를 무너뜨리지 않았다. 사람들은 그것을 만들 수 없었다. 그러나 이 관계들은 가치와 방향을 변화시켰다. 주술 종교적인 교감은 미학적이거나 단순히 감정적인 감정, 운동 혹은 위생적인 사건 등을 대체했다. 명상(주시)은 관찰, 경험, 계산에 의해 제거(박탈)되었다. 우리는 르네상스의 물리학자나 오늘날의 자연주의자가 "자연을 좋아하지 않는다"고 말할 수 없다. 단지 이 '사랑' 속에서 우리는 고대 사회의 인간의 영적인 위치, 예를 들어 유럽 농경 사회 속에서 차지하고 있는 위치를 더 이상 발견하지 않는다.

오로지 세속적인 수준에서 재해석된 도식과 가치의 형태로만 나타나는지 살펴볼 필요가 있을 것이다. 만일 이 현상이 도처에서 증명된다면 우리는 근대 세계가 선행된 모든 역사적인 형태에 근원적으로 반대한다는 것을 인정해야 할 것이다. 그러나 그리스도교의 현존성은 이 가설을 용납하지 않는다. 그리스도교는 모든 '근대' 문화의 특징적인 지평인 우주와 생명의 탈신성화된 지평을 조금도 받아들이지 않는다.

문제는 간단하지 않다. 서양 세계는 여전히 그리고 대부분이 그리스도교를 표방하기 때문에 그리스도교를 회피하고 지나갈 수는 없다. 나는 역사 속에서 그리스도교의 '신화적 요소들'을 환기시켜 보자고 주장하지는 않을 것이다. '신화적 요소들'이 어떻든, 그것들은 오래전에 그리스도교화되었다. 그리스도교의 중요성은 또 다른 관점에서 판단할 문제다. 그러나 때때로 근대 세계가 더 이상 혹은 여전히 그리스도교가 아니라고 주장하는 목소리들도 있다. 하지만 우리는 그리스도교에 진정한 본질을 돌려주기 위해 그리스도교에서 모든 '신화적 요소를 제거'해야 한다고 생각하는 사람들과 그리스도교의 신화적 요소를 염두에 두자는 사람들에게 몰두해서는 안 된다. 어떤 사람들은 정반대로 생각한다. 예를 들어 융은 근대의 위기는 그리스도교의 상징들과 '신화들'이 인류 전체에 의해 더 이상 체험되지 않는다는 사실에 기인한다고 믿는다.

우리에게 문제는 다르게 제기된다. 신성성을 잃은 세속화된 근대 사회에서 그리스도교는 지금까지 신화에 의해 지배되어왔던 고대 사회의 지평에 견줄 만한 영적인 지평을 어떤 범위 내에서 지속시키고 있는가? 그리스도교는 이러한 비교를 조금도 두려워하지 않는다. 그리스도교의 특수성은 보장되었다. 특수성은 신앙 속에서 그리고 역사에 가치를 부여하면서 종교적 경험의 범주로서 수용된다. 유대교를 제외한 그리스도교 이전의 어떤 종교도 세계 속에서 신이 직접 역사에 구원의 유일한 수단인 신앙 ─ 아브라함에 의해 시작된 신앙이란 의미 안에서의 가치를 부여하지 않았다. 따라서 이교도 세계에 대항한 그리스도교의 논증법은 역사적으로 말하자면 폐기되었다. 그리스도교는 어떠한 영지나 종교와 조금도 혼동되지 않는다. 최근의 발견을 고려한다면, 이것은 신화가 세계 속에서 어떤 존재방식을 대표한다는 것을 말해주는 것이다. 하나의 종교로 간주한다면 적어도 그리스도교가 신화적인 행동을 간직하고 있어야 한다는 지적은 옳다. 즉, 의례에는 시간 개념이 내포된다. 다시 말해 의례는 세속적인 시간을 거부하며 '시작' 또는 세계가 처음 창조되었던 '그때'의 장엄한 시간을 의례를 통해 주기적으로 회복한다.

그리스도교인에게 예수 그리스도는 신화적인 인물이 아니라 역사적인 인물이다. 그의 위대성은 역사적 인물로 믿는 역사 안에서 발견된 흔적을 통해 입증된다. 그리스도는 스스로 '보통 사람'이 되었을 뿐 아니라 그가 태어나기로 했던 시기에 민중의 역사적인 조건을 받아들였다. 또한 다른 이들의 '역사적인 상황'을 변화시키기 위해 많은 이적을 일으키면서도(중풍 환자를 치료하면서, 나사로를 다시 살리면서 등) 역사적 진실성을 피하려고 이적을 사용하지는 않았다. 그래서 그리스도교인에게 종교 경험은 '모범적인 모델'로 제시된 그리스도를 '모방'하는 것에 근거하고, 구세주의 삶과 죽음 그리고 부활의 의례를 '반복'하는 것에 근거하고, 베들레헴의 성탄절에서 시작하고, 승천으로 거의 성취를 경험한 '그때' 그리스도교인과의

'동시대성'에 근거한다. 그러나 우리는 인간을 능가하는 모델을 모방하고, 모범적인 시나리오를 회복하고, 장엄한 시간과 비교되는 세속적 시간을 폐기하는 '신화적 행동'을 통해 존재의 근원을 발견하면서 고대 사회에서 말하는 인간의 본질을 정립한다. 신화에 등장하는 인물의 행동을 이야기하거나 모방할 때 우리는 이미 신화와 동시대인이 된다. 키에르케고르는 진정한 그리스도교인이라면 그리스도와 동시대적인 사람이 되라고 요구했다. 그러나 키에르케고르의 의미에서 '진정한 그리스도교인'이 되지 않고서도 그리스도와 동시대적인 사람이 될 수 있으며 되지 않을 수도 없다. 왜냐하면 그리스도교인이 종교적인 의례를 행하는 가운데 경험하는 시간은 더 이상 세속적인 의미의 시간이 아니라 진정한 의미의 성스러운 시간, 신이 성육신한 시간, 복음서에 있었던 바로 그 시간이기 때문이다. 참된 그리스도교인은 7월 14일[9]이나 11월 11일[10] 기념식에 참석하듯이 연례적인 그리스도 수난 기념 예배에 참석하지 않는다. 진정한 그리스도교인은 사건을 기념하는 것이 아니라 신비를 재현실화하는 것이다. 그리스도교인에게 예수는 죽었다가 부활했다. 예수 수난극과 부활 비의를 통해 그리스도교인은 세속적인

9 7월 14일은 1789년 바스티유 감옥을 습격하면서 시작된 프랑스대혁명일이다. (옮긴이 주)

10 11월 11일은 제1차 세계대전 휴전 기념일이다. 프랑스대혁명일과 함께 프랑스인이 기리는 중요한 기념일이다. 그러나 이런 기념일과 예수가 십자가에서 고난 받은 날을 기념하는 것은 전혀 다른 의미를 갖는다고 엘리아데는 보고 있다. 그가 사용하는 성과 속이라는 주요 개념에 따르면 주일 예배는 일상적인 시간 속의 행위(속, 俗)가 아니라 시간과 공간을 뛰어넘어 예수의 죽음과 부활을 체험하는 경험(성, 聖)인데, 신화라는 것이 바로 이런 의미를 갖는 것임을 보여주고 있다. 신화는 지어낸 이야기, 돌발적인 행위라고 생각하기 쉬우나 지속적으로 처음으로 되돌아가려는 의지와 행동, 그래서 계속해서 대물림되는 일종의 세계관을 일컫는다. (옮긴이 주)

시간을 폐지하고 가장 의미심장한 신성한 시간 속에 통합된다.

그리스도교를 고대 세계로부터 분리해내기 위해 근원적인 차이를 주장할 필요는 없다. 차이점들이 오해를 불러일으킨다는 것은 너무도 자명하다. 그러나 그것은 우리가 막 떠올렸던 행동의 동일성을 유지한다. 그리스도교인에게서 시간은 고대 사회의 사람들과 같은 의미를 갖지 않는다. 시간은 '세속적인 기간(durée)'과 '신성한 시간(temps)'을 나누는 주기적인 분열을 포함한다. 신성한 시간은 무한히 발전 가능한 시간이다. 이 시간은 무한히 회복되지만, 결코 같은 시간이 되지는 않는다. 그리스도교가 고대 종교와 달리 시간의 종말을 선포하고 기다린다고 할 때, 이것은 그야말로 세속적인 기간 그러니까 역사적 시간이지, 그리스도의 성육신에 의해 시작된 의례적인 시간이 아니다. 그리스도의 세계가 처음 창조되었을 '그때'는 역사의 종말에 의해서도 폐기되지 않을 것이다.

지금까지 살펴본 것을 정리해보면 어떤 의미에서 그리스도교가 근대에서 '신화적인 행동'을 연장하고 있는지 알 수 있다. 신화의 진정한 속성과 기능에 비추어볼 때 그리스도교가 고대인의 존재방식을 뛰어넘은 것 같지는 않다. 그리스도교는 그것을 뛰어넘을 수 없었다. 인간은 그리스도교를 박제화했다. 그리스도교의 죽은 문자만을 지키는 근대인은 그리스도교가 신화의 위치를 차지하고 있다는 것을 이해해야 할 것이다.

III

신화로부터 완전히 해방된 사회는 있을 수 없을 것이다. 왜냐하면 신화적인 행동의 본질적인 특성—모범적인 모델, 회복(復), 세속적인 기간의 폐기, 초기의 시간으로의 복귀— 가운데 적어도 앞의 두 가지 특성은 모든 인간 조건에 동일하게 적용되기 때문이다. 근대인이 경험하는 지도, 교육, 교훈적인 교양 등에서 고대 사회 구성원들이 경험한 신화적 요소를 발견하는 것은 그리 어려운 일이 아니다. 이것은 진실이다. 왜냐하면 신화들은 변형되지 않고 내려오는 규범과 전통의 총체이고, 전승되는 신화들(회복되는 신성한 시간, 입문의례)은 어느 정도는 근대 사회의 공식적인 '교육'과 대등하기 때문이다. 또한 신화와 교육의 기능은 사회에 의해 인정되고, 유럽 교육에 의해 제안된 모범적인 모델의 기원이 된다. 고대 사회에서 신화학과 역사 사이에 간극은 없었다. 역사적인 인물들은 그들의 원형인 신들과 신화의 영웅들을 모방하기 위해 노력한다.[11]

이 역사적 인물들의 생애와 공적은 원형이 되었다. 이미 티투스 리비우스[12]는 젊은 로마인들에게 선망의 대상이었다. 플루타르코스[13]는 다가올 세기의 진정한 모범적인 대전이 될 만한 『영웅전』을

---

11 Georges Dumézil의 연구 주제 참조. Cf. Eliade, *Mythe de l'éternel retour*, 72.

12 티투스 리비우스(Titus Livius) 살루스티우스, 타키투스와 함께 로마의 3대 역사가로 손꼽히는 인물(기원전 59년~기원후 17년)이다. 그는 『로마사』(*Ab urbe Condita Libri*)를 집필하여 당대에 이미 고전의 반열에 올려놓았으며, 18세기에 이르기까지 역사 서술의 방식과 원칙에 큰 영향을 미쳤다. 아우구스투스 황제의 관심을 끈 그는 클라디우스의 문필 교육을 지도하는 스승으로 있으면서 제국의 보호 아래 로마 제국의 역사를 기록할 수 있는 기반을 마련했다. 헤로도토스와 견줄 만큼 웅변에도 능했다. 142권을 저술했지만 35권만 전한다. (옮긴이 주)

13 플루타르코스(Ploutarchos)는 그리스의 작가(기원후 50년 이전~120년 이후)이다. 그리스 카이로네이아 태생으로 플라톤 학파 철학자인 암모니오스 문하에서 철학을 공부했다. 나중에 로마의 실력자들과 교분을 갖게 되면서 로마의 시민권자가 되어 우리에게는 '영웅전'이란 이름으로 널리 알려진 『비교 열전』(*Bioi paralleloi*)을 집필했다. 이 책

집필했다. 도덕적이며 공민의 미덕을 갖춘 이 인물들은 유럽의 교육학에, 특히 르네상스 이후 교육에서 최상의 모델이 된다. 19세기 말까지 유럽의 공민 교육은 고전적인 고대의 원형, 즉 유럽을 문명화시킨 그리스-라틴 문화의 절정기에 나타났던 모델을 따른다.

우리는 신화의 기능을 교육의 역할과 동일선상에서는 생각하지 않았었다. 신화의 특성 중 하나를 소홀히 보았던 것이다. 즉, 사회 전반에 통용되는 모범적인 모델을 창조하고자 하는 신화의 특성을 소홀히 했다. 그뿐 아니라 우리가 일반적으로 인간적인 것이라고 부를 수 있는, 다시 말해 현실을 패러다임화시키고 역사적 인물을 원형이라고 조작할 가능성이 있다는 것을 확인했다. 이 경향은 근대 정신을 이끈 탁월한 대표자들에게서조차 발견된다. 앙드레 지드가 지적한 것처럼 괴테는 스스로가 모든 인간에게 공유되는 모범 인생을 제시해야 한다고 자각했다. 저술한 모든 작품 속에서 그는 모델을 창조하려고 노력했다. 그는 자신의 삶에서 신들과 신화의 영웅들의 삶 자체는 아니더라도 그들의 행동을 모방했다. 폴 발레리는 1932년에 다음과 같이 썼다. "괴테는 신들과 닮은 것들을 보여주기 위해 우리가 가지고 있는 가장 좋은 에세이 중의 하나인 『인간 제군』(*Messieurs les humains*)을 발표했다."

이러한 모델들의 모방은 학교 교육을 통해서만 이루어지는 것은

에는 23쌍의 그리스 영웅과 로마 영웅의 비교 열전과 4편의 단독 전기가 실려 있는데, 문학사와 고대사에서 매우 중요한 사료적 가치를 지닌다. 아테네를 세운 민주주의의 창시자 테세우스, 로마를 건국한 로물루스, 법을 새롭게 고쳐 나라를 안정시킨 솔론과 포플리콜라 등 그리스와 로마의 군인, 입법자, 웅변가, 정치가 등의 고상한 행동과 일화, 성격 등을 밀도 있게 소개하고 있다. 플루타르코스는 교육자로서의 그리스와 통치자로서의 로마가 상호 보완적인 이상적인 관계를 유지해야 한다고 믿었던 듯하다. (옮긴이 주)

아니다. 공식적인 교육이 활발할 때나 그렇지 못한 오랜 세월 동안 근대인은 유포된 신화학의 영향하에서 모방할 다수의 모델을 갖고 있었다. 상상의 인물이거나 그렇지 않거나, 영웅들은 유럽의 청소년 교육에서 중요한 역할을 한다. 가령 모험 소설의 인물들, 전쟁영웅들, 영화의 주인공 등이 그렇다. 이 신화학은 세월의 흐름에 따라 풍부해질 뿐이다. 우리는 유행에 따라 바뀌어온 모범적인 모델을 차례차례 발견한다. 그리고 우리는 그들을 닮으려고 노력한다. 그래서 우리는 돈 주앙, 전쟁 혹은 정치 영웅들, 불행한 사랑에 빠진 연인들, 견유학과 철학자들과 허무주의자들, 멜랑콜리한 시인 등의 근대적 모델을 자주 강조한다. 그러나 이 모든 모델은 신화학을 연장하고 그들의 현실은 신화학적인 행동을 폭로한다. 원형을 모방한다는 것은 한 개인이 갖고 있는 치부를 드러내는 것이고, 한 지역의 역사적 상황을 극복하고 도래할 위대한 시간을 맞이하려는 일종의 몸부림이다. 그러한 신화적 시간은 최초의 초현실주의적 또는 실존주의적 선언에 해당한다.

근대인에 의해 확산된 신화학을 적절하게 분석하려면 많은 작업이 뒤따라야 한다. 우리가 만나는 신화들과 신화적인 이미지들이 속화되고 훼손되고 위장되었기 때문이다. 그것을 식별할 수 있으면 된다. 우리는 신년 축제 혹은 새로운 시작을 반기는 의식들을 보며 신화학적인 구조를 추측할 수 있다. 이러한 구조를 연구함으로써 재생에 대한 향수, 쇄신된 세계, 다시 말해 새로운 시작을 통해 새로운 역사를 맞이하려는 사람들의 희망을 해독한다. 이러한 예들은 흔히 찾을 수 있는 것이다. 잃어버린 낙원의 신화는 낙원의 섬과 에덴 풍경의 이미지 속에 아직 남아 있다. 그곳은 법률이 폐지되고 시간이 정지된 구별된 땅이다. 여기서 시간에 대한 근대인의 태도를 분석하는 것이 필요한데, 위장된 신화적 행동은 시간 개념 속에 그 모습을 잘 드러내기 때문이다. 신화의 본질적인 기능 중 하나는 위대한 시대를 향한 열림과 초기의 때로 돌아가는 주기적 회복이라는 관점임을 잊어서는 안 된다. 이것은 종종 역사적 순간이라고 부르는 시간 즉, 현재의 시간을 경시해도 된다는 오해를 불러일으킨다.

웅대한 항해의 모험 속에 던져진 폴리네시아인들은 모험을 통해 얻을 수 있는 '새로움'이나 알려지지 않은 특성 그리고 모험의 만끽 등을 부정하려고 애쓴다. 모험에 대한 이러한 태도는 신화의 영웅들이 모델을 창조하기 위해 그리고 '인간에게 길을 보여주기' 위해 초기의 때에 시도된 여행을 회복하려는 것과 같다. 이렇듯 신화적 행동에 심취함으로써 개인적인 모험을 시도하는 것은 현재를 묘하게 벗어나는 것과 같다. 완전하고 영광스러운 초기의 시간에 참여할 때 생기는 어두운 욕망과 그에 따른 불안, 역사적인 시간 앞에서의 근대인의 불안은 근대의 역사와는 질적으로 다른 시간을 향하거나 현재를 뛰어넘거나 이러한 시간의 차이를 해소시키거나 하는 힘겨운 시도를 통해 사라진다. 이런 시점에서 우리는 근대 세계 안에서 작용하는 신화들의 기능을 더 잘 이해하게 된다. 다양한 그러나 비슷한 수단들을 통해 근대인은 '역사'로부터 빠져나오기 위해 그리고 질적으로 다른 현실적인 리듬을 살리기 위해 노력한다. 이리하여 그는 그 자신도 이해하지 못한 신화적인 행동을 되풀이한다.

근대인에 의해 차용된 '탈주'[14]의 주요한 방법들인 스펙터클과 독서를 가까이에서 살펴본다면 우리는 근대인을 더 잘 이해할 수 있을 것이다. 우리는 대부분의 스펙터클이 가진 신화학적 선례들을 주장하지는 않을 것이다. 단지 투우, 경마, 스포츠 시합의 의례적인 기원을 회상하는 것만으로도 충분하다. 모든 것들은 주술적·종교적인 시간의 잔여물이나 대용품인 '집중된 시간' 속에서 커다란 강도로 전개된다는 공통점을 가진다. 마찬가지로 '집중된 시간'은 연극과 영화의 특별한 차원이기도 하다. 드라마와 영화의 의례적인 기원들과 신화학적인 구조를 고려하지 않더라도 이 두 종류의 스펙터클은 모든 미학적인 논리적 귀결 이외에도 '세속적인 기간'과는 완전히 다른 시간, 관객들에게 심오한 반향을 불러일으키는 집중된 동시에 깨어진 현세의 리듬을 사용하는 특성이 있다.

IV

독서에 관해서라면 문제는 더욱 미묘하다. 독서에는 문학의 신화적인 구조와 기원이라는 문제가 있고, 다른 한편으로는 독서를 통해 신화학적인 기능을 사람들의 의식 속에 형성시켜온 측면이 있다. 빛을 발하며 신화-전설-서사시-근대 문학으로 이어진 연속성 속에서 우리는 잠시 그것을 살펴볼 것이다. 신화의 원형들이 근대의

---

14 현재의 시간을 떠나 신화의 때로 돌아가듯, 지금 이 시간을 떠나 영화나 책 속의 세계로 빠져든다는 의미로 쓰이고 있다. 신화적 행동의 주된 기능은 속의 세계를 떠나 성의 세계로 들어가는 데 있다. 엘리아데가 이 글을 쓴 당시나 21세기 오늘날이나 영화는 일상사를 잊고 영화 속의 세계로 몰입시키는 힘을 가지고 새로운 시공간으로 사람들을 이동시키고 집중하게 한다. 뿐만 아니라 책이 만들어진 이래로 독서는 계속해서 신화적 행동을 회복시키는 매체의 역할을 해왔다. 이렇게 엘리아데는 신화적 행동을 종교적인 의례에서뿐 아니라 일상적인 영상매체와 문자 매체에서도 찾아냄으로써 광범위한 신화적 행동양식을 드러내고자 한다. (옮긴이 주)

유명한 소설 속에서 어떤 방법으로 살아남았는가를 간단하게 회상해보자. 신화 속 영웅들의 모험은 소설의 인물들이 극복해야 하는 시험 모델이 된다. 또한 우리는 초기의 물, 낙원의 섬, 성배 등을 찾는 영웅적이면서도 신비적인 입문의례와 같은 신화적인 주제들이 지금까지 유럽의 근대 문학을 어떻게 지배하고 있는지를 설명할 수 있다. 초현실주의는 신화적인 주제들과 중요한 상징들을 비약하여 강조했다. 유포 문학[15]에서 신화학적 구조는 분명하게 드러난다. 모든 대중소설은 선과 악, 영웅들과 악당들(악의 근대적인 화신) 사이의 전형적인 싸움을 소개한다. 여기서 찾을 수 있는 민속학적 주제는 박해받는 어린 소녀, 구출자의 사랑, 알려지지 않은 보호자 등이다. 로제 카이와(Roger Caillois)가 여러 저서에서 잘 밝힌 것처럼 신화학적인 주제들은 얼마든지 많다. 또 서정시가 신화 속에서 다시 취해 확장시킨 주제들이 얼마나 많은지 일일이 열거할 필요가 있을까? 모든 시는 언어를 재창조하기 위해, 달리 말해 일상 언어를 파괴하고 새로운 언어를 만들어 내기 위해 노력한다. 시적 창작은 언어학적인 창작처럼 언어 속에 농축된 역사와 시간의 폐지를 내포하며 초기의 낙원 상황을 회복하기 위해 나아간다. 시적 창작에서는 우연적인 창조도 과거도 존재하지 않는데, 그 이유는 시간의 길이를 기억하거나 시간을 의식할 수 있는 것이 아니기 때문이다. 마찬가지로 오늘날 우리는 이렇게 말할 수 있다. 위대한 시인에게 과거는 존재하지

---

15 유포 문학은 중세 행상인들이 유포하기 시작한 문학으로 행상 문학, 방랑 문학으로 부르기도 한다. 14세기 행상인들은 경건과 교육에 관한 책(교회력, 의학, 농업 관련)과 콩트, 노래, 연애, 민담, 공포 등에 관한 책을 가지고 다니면서 신화학적 주제를 대중에게 널리 유포시켰다. (옮긴이 주)

않는다. 시인은 마치 우주 발생에 참여하는 것처럼, 마치 창조의 첫날과 동시대적인 것처럼 세계를 발견하기 때문이다. 어떤 관점으로 보면 모든 위대한 시인은 세계를 다시 만든다고 말할 수 있다. 왜냐하면 마치 시간과 역사가 존재하지 않았던 것처럼 그것을 보려고 노력하기 때문이다. 이렇게 시인은 묘하게 '원시인의' 인간행동과 그리고 전통 사회의 인간행동을 다시 불러낸다.

우리가 관심을 갖는 또 다른 문제는 독서의 신화학적 기능이다. 우리는 다른 문명권에서는 발견되지 않는 근대 세계의 특수한 현상을 책을 통해 접하고 있다. 독서를 통해 유럽의 지역 공동체 안에서 여전히 살아 있는 구전 문학을 만날 뿐 아니라 고대 사회의 신화와 만난다. 독서는 무슨 대단한 장관을 보여주기보다는 시대를 초월하고 새로운 시간의 세계로 우리를 이끈다. 탐정 소설을 읽으며 시간을 소일하든, 낯선 시간의 세계로 침투하든, 어떤 소설이든 독서는 과거의 이야기를 독자가 읽는 시점에서 이해하고 반영하게 함으로써 오늘날의 역사에 영향을 끼친다는 것이다. 독서는 현세의 경험을 변형하여 조금씩 새롭게 만든다는 의미에서 '쉬운 길'이다. 근대인에게 독서는 진정한 의미의 '오락'이며, '시간을 제압'할 수 있다는 환상을 제공한다. 왜냐하면 우리는 시간을 제압함으로써 죽음으로 이끄는 생성과 소멸을 비켜 가고자 하는 비밀스런 욕망을 어렴풋이 느낄 수 있기 때문이다.

모든 신화학적인 행동이 드러내는, 인간 조건과도 부합하는 시간에 반하는 복귀는 근대인에게서 특히 그들의 오락과 유희 속에 변질된 양태로 발견된다. 거기에서 우리는 근대 문화와 나머지 다른 문명들 사이의 근원적인 차이를 측정할 수 있다. 모든 전통 사회에서는 어떤 권위 있는 몸짓이 신화적이고 인간의 영역을 벗어나는 모델을 재생시켰으며, 신성한 시간 안에서 전개되었다. 노동, 직업, 전쟁, 사랑은 성례였다. 신들과 영웅들이 초기의 시간에 살았던 삶을 오늘날 우리가 다시 살 수 있는 것은 우주로부터 생명으로부터 신성한 것을 물려받은 인간 존재가 신성하게 되었기 때문이라고 해석된다. 웅장한 시기를 향해 열린 이 신성화된 존재는 고통과 함께 풍부한 의미를 간직하게 된다. 이 신성화된 존재는 시간에 의해 짓눌리지 않았다. '시간을 경시하는 것'은 노동 해체로 이어진다. 근대 사회 속에서 인간은 직업의 포로가 되었다고 느낀다. 더 이상 시간으로부터 도망칠 수 없다. 일하는 동안 시간을 벗어날 수 없기 때문에―사회적 정체성을 즐기고 있기 때문에― 일간의 틈만 있어도 시간으로부터 탈출하려고 노력한다. 거기로부터 근대 문명에 의해 고안된 어지러울 정도로 다양한 각양각색의 오락이 나온다. 달리 말하면 '오락'이 거의 존재하지 않았던 전통 사회에서와는 다른 일들이 생겨난다. '시간으로부터의 탈출'은 노동의 대가로 얻어진다. 지금까지 살펴본 것처럼 참된 종교적 체험을 하지 못하는 개인들은 오락을 통해 신화적 행동을 회복하고, 이를 통해 영혼(꿈, 공상, 향수 등)의 무의식적 내용을 풀어낸다. '시간 경시'는 실존의 기계화와 노동 해체로 이어지고 자유라는 이름으로 위장된 상실을 초래한다. 그리고 집단적인 관점에서 가능한 탈주는 오락이 유일하다.

이 정도의 관찰만으로도 충분하다. 근대 세계는 신화적인 행동을 완전히 파괴했다고 말할 수 없다. 단지 행동의 장을 뒤집었을 뿐이다. 삶의 본질적인 요소들 안에서 신화는 더 이상 지배적이지 않으며 영혼 안에, 부차적인 사회 활동 안에 억압되었다. 신화적 행동이 교육의 역할 안으로 연장되고 위장되었다는 것은 사실이다. 더구나 교육은 젊은 시절에 국한된 관심사가 되었으며, 교육의 모범적인 기능은 점차 사라져가고 있다. 근대 교육학은 자발성을 장려한다. 우리가 살펴보았듯이 진정한 종교적인 삶 바깥에서 신화는 특히 오락을 풍부하게 하는 데 관계한다. 그렇다고 신화가 결코 사라진 것은 아니다. 집단적인 관점에서 신화는 때때로 정치적인 색깔을 띠고 상당한 힘으로 표출된다.

신화에 대한 이해는 20세기의 유용한 발견 가운데 하나로 간주될 것이다. 더 이상 서양인은 세상의 주인이 아니다. 세상의 주인 앞에 서양인은 이제 토착민이 아니라 담론자다. 서양인은 어떻게 대화를 시작해야 좋을지 깨달아야 할 것이다. '원시적' 또는 '후진적' 인 세계와 근대 서양 세계 사이에 있는 연속성에 관한 해결책이 없다는 것을 인식해야 한다. 50년 전만 해도 흑인 예술이나 오세아니아 예술을 발견하고 감탄했다. 이제 그것으로 충분하지 않다. 서양인 스스로가 앞에서 말한 그 예술의 영적인 근원을 재발견해야 한다. 근대 실존 안에 이런 '신화적인' 것이 아직 남아 있다는 것을 인식해야 한다. 왜냐하면 시간 앞에서 불안해하는 인간의 모습에서 인간 조건을 볼 수 있기 때문이다.

"Les mythes du monde moderne"(근대 세계의 신화들), *Nouvelle Revue française*

(Paris, 1953. 9.)

2장

행복한 미개인의 신화
또는 기원의 마력

매우 아름다운 섬…

이탈리아의 저명한 인류학자 코치아라(G. Cocchiara)는 "미개인
은 발견되기 전에 이미 발명되었다"고 했다.[1] 행복이라는 형식에는
어떤 진실이 있다. 16~18세기의 도덕적 · 정치적 · 사회적 고정관념에
따라 '행복한 미개인'의 형태가 만들어졌다. 관념학자들과 유토피아
주의자들은 '미개인'의 행동, 특히 가족, 사회, 소유에 대한 그들의
행동에 주의를 집중한다. 또한 미개인의 자유, 노동에 따른 공평한
분배, 자연 가운데에서 그들에게 주어진 지복의 실존을 부러워한다.
16~18세기의 감수성과 사상에서 나온 이 발명된 미개인은 더욱더
오래되고 세속화된 신화의 가치를 되찾은 것과 다름없다. 즉, 역사
이전의 낙원과 거기 살았던 거주민에 관한 신화로부터 찾아낸 것이
다. 그래서 우리는 행복한 원시인의 발명보다는 그 모범적인 이미지
를 신화화시켜 회상하는 것에 대해 말해야 할 것이다.
　문제의 본질을 따져보자. 뒤늦게 발견된 땅을 돌아보고서 쓴

---

1 Giuseppe Cocchiara, *Il Mito del Buon Selvaggio. Introduzione alla storia delle teorie
　etnologiche* (Messina, 1948), 7.

여행기들은 아직 정리되지 않은 인류학의 자료와는 달리 특별한 이유로 읽히고 사람들의 호기심을 끌었다. 여행기들은 문명의 폐해를 모면했던 행복한 인간을 알리고 유토피아적인 사회를 위한 모델을 제공한다. 드 피에트로 마르티르(De Pietro Martire)와 장 드레리(Jeande Léry)로부터 라피티우(Lafitau)에 이르는 탐험가들과 석학들은 미개인의 선의와 순수함, 행복을 명백히 보여주기 위해 각별히 애를 썼다. 드 피에트로 마르티르는 『신세계에서 보낸 10일』에서 황금시대를 상기시키고 어렴풋하게 옛일을 상기시킴으로써 지상낙원과 신의 그리스도교적인 이데올로기를 더 공고히 한다. 그러면서 베르길리우스²가 노래한, 지복으로 통치한 미개인의 상태를 결합시킨다. 예수회 수도사들은 미개인을 고대 그리스인과 비교하고, 1724년 라피타우는 그리스 고대 유적을 발견한다. 라스 가자스(Las Gasas)는 우리가 16세기의 유토피아를 실현할 수 있다는 것과 예수회 수도사들이 파라과이에 신정 국가를 세울 때 그런 유토피아를 건설할 수 있다는 것을 의심하지 않았다.

사람들은 이런 해석들과 변호들을 통해 균열 없는 한 개의 벽돌을 만들고자 하는 것은 아니다. 그들은 신화에 미묘한 의미를 담고 수정을 가했다. 그러나 알리에르, 푸에테르, 고나르, 페어차일드, 코치아라 등의 연구 이후 그 주장의 무용성은 충분히 알려졌다.

---

2 베르길리우스(Publius Vergilius Maro, 기원전 70~19년), 고대 로마 시인. 기원전 42~37년 사이에 쓰여진 것으로 추정되는 그의 전원시는 서늘한 그늘에서 물소리를 들으며 번거로운 세상사를 잊고 사는 삶을 노래하고 있다. 이런 삶은 자연과 교류하며 살아가는 지상 낙원을 노래하는 것이다. 비현실적이며 양식화된 세계를 보여주는 베르길리우스의 이 작품은 후일 서양 전원시에 큰 영향을 끼쳤으며 후대의 사람들로 하여금 현 세계를 떠나 유토피아를 꿈꾸게 했다. 그 외의 대표작으로는 〈농경시〉, 〈아이네이스〉가 있다. (옮긴이 주)

즉, 아메리카나 인도양의 '미개인들'은 '원시 문화'를 대표하지도 않으며 '역사가 없는' 민족들—아직까지 독일에서는 원시 민족이라고 부른다—과도 거리가 멀다. 그들은 오스트레일리아인들, 피그미족, 푸에고섬 사람들 같은 다른 '미개인들'과 비교하면 매우 '문명화'된 사람들이었다(지금은 모든 사회가 문명화되었다). 앞에서 언급한 사람들과 탐험가들과 관념학자들에 의해 찬양 받는 브라질인이나 휴런족 사이에는 구석기 시대, 후기 신석기 또는 청동기 시대를 구분하는 것만큼의 차이가 존재했다. 진정한 원시인들, '원시인들 가운데 가장 원시인'은 이런 사람들에 의해 매우 뒤늦게 발견되고 기술되었다. 그러한 사실이 실증적으로 드러났음에도 그것이 행복한 미개인의 신화에 별다른 반향을 일으키지 못했다.[3]

일반적인 고대나 성서의 배경이 되는 시대에서 보이는 행복한 미개인에 대한 지식은 오래된 것이었다. 역사와 문명 너머의 '자연인간'의 신화적 이미지는 결코 완전히 지워지지 않았다. 중세의 많은 항해자들은 이 이미지에 유혹당하여 모험을 감행했고, 이런 이미지는 지상의 낙원과 혼합되었다. 황금시대의 기억은 헤시오도스 이후 고대를 떠나지 않았고, 호라티우스[4]는 이미 야만인들에게서

---

3 이 '진정한 원시인'은 원(原)일신교 추종자이자 초기의 계시에 대한 마지막 지지자인 쉬미트 신부(Wilhelm Schmidt)에 의해 재평가되기 전에 실증적 또는 진화론적 신화학에서 중요한 역할을 했다.

4 호라티우스(Quintus Horatius Flaccus, 기원전 65~68년), 아우구스투스 황제 시대에 로마에서 활동한 서정시인이자 풍자 작가. 아리스토텔레스의 『시학』에 비길 만한 『시학』(원래 제목은 『피소 3부자(父子)에게 보낸 편지』)을 저술했다. 느슨하고 대화적인 형식의 서간시로 쓰여진 이 작품은 고전 문학비평에 관한 가장 영향력 있는 책 중 하나로, 그의 마지막 저서였다. 라틴 문학의 토대가 된 그의 『시학』 등에서 그가 노래한 내용 중 황금시대에 관한 내용은 라틴 문학의 주요 주제였다. (옮긴이 주)

족장의 순수한 삶을 보았다(*Odes*, II, 24, 12-29). 그는 자연 속에서 단순하고 건강한 존재의 향수를 이미 체험했다.[5] 행복한 미개인의 신화는 황금시대, 즉 초기의 완전함의 신화를 교체하고 연장시켰다. 르네상스의 관념학자들과 유토피아주의자들에 따르면 이 황금시대 는 '문명'의 과오로 상실되었다. 낙원 신화에서 등장하는 타락하기 이전 인간이 가졌던 영적인 순결과 지은 행복한 미개인의 신화에서 모성애적이고 관대한 자연 가운데 모범적인 인간의 지복과 자유와 순수함으로 나타났다. 이러한 초기의 자연 이미지 속에서 낙원 풍경의 특징들을 어렵지 않게 인식할 수 있다.[6]

세부 사항은 단번에 강한 인상을 준다. 탐험가들에 의해 기술되 고 관념학자들에 의해 격찬된 '행복한 미개인'은 대부분의 경우 식인종 사회에 속한다. 탐험가들은 그것을 비밀에 부치지 않았다. 피에트로 마르티르는 서인도제도(카리브해)와 베네수엘라 해변에서 식인종을 만났다. 그럼에도 그는 황금시대에 대해 말하는 것을 주저하지 않았다. 1549년부터 1555년에 걸쳐 행해진 두 번째 브라질 여행에서 한스 슈타데스(Hans Stades)는 투피나바족(les Tupinaba)에 게 포로가 되어 9개월 동안 지냈다. 1557년 출판한 그의 여행기는 투피나바족의 식인 풍습들을 상세하게 기술했고, 나무 위에 새겨진 기이한 판화도 소개했다. 또 다른 탐험가 드라페르(O. Dapper) 역시 브라질 식인종의 다양한 식습관을 보여주는 많은 판화들을 담은

---

5 Arthur O. Lovejoy et G. Boas, *History of Primitivism and related ideas in Antiquity*,
  vol. I (Oxford-Baltimore, 1935).
6 '자연', 특히 '이국적인 자연'은 심지어 가장 무딘 실증주의 시대에서조차도 이 낙원의 구조와
  기능들을 결코 잃지 않았다.

책을 출판했다(cf. *Die Unbekannte Neue Welt*, Amsterdam, 1637). 장 드레리가 쓴 『브라질 땅에서 — 아메리카 여행기』(1568)를 읽은 몽테뉴는 식인 풍습에 대한 자신의 의견과 주석을 덧붙였다. 몽테뉴는 "죽은 사람을 먹는 것보다 산 사람을 먹는 것이 더 야만적"이라고 평했다 (cf. Cocchiara, op. cit., II). 가르실라소 드 라 베가(Garcilaso de La Vega) 의 『잉카인의 기원에 대한 해설』은 1609년과 1617년에 출간되었다. 그는 잉카 제국을 이상 국가의 모범적인 전형으로 삼았다. 잉카 제국 원주민의 선량함과 행복은 유럽 세계에 새로운 모델을 제시했다. 가르실라소드 라 베가는 잉카인이 통치하기 이전에는 식인 풍습이 페루 도처에서 맹위를 떨쳤다고 전하면서 인간 육체에 대한 원주민의 열정에 대해 길게 이야기한다(페루와 아마존 상류 지역은 식인 풍습으로 유명해졌고 이곳에서는 계속해서 식인 부족들이 발견되었다).

점점 더 늘어나고 명확해지는 정보에도 불구하고 행복한 미개인의 신화가 장 자크 루소에 이르기까지의 서양 관념학과 유토피아 사상에서 그 위치를 확고하게 점하고 있었다는 것은 시사하는 바가 크다.7 그것은 지상 낙원에서 추방된 동시대인을 만나려는, 무의식에 남아 있는 오래된 꿈을 서양인이 단념하지 않았다는 것을 보여준다. 그러므로 미개인에 대한 모든 문학은 서양인의 지혜를 가늠하기 위한 소중한 자료다. 문학은 에덴에 대한 그들의 향수를 드러내며, 많은 또 다른 낙원의 이미지들과 행동들 안에서 입증된 향수를

---

7 1762년 『사회계약론』에서 루소는 사람이 자연 상태에서는 호전성이 없으며 추진력과 도덕 및 책임 의식이 잘 발달하지 않는 편이라고 주장했다. 그러나 사람들이 상호 보호를 위해 개인적인 행동의 자유를 포기하고 법률과 정부를 세우기로 동의하면 도덕과 시민적 책임 의식이 생겨난다고 주장했다. (옮긴이 주)

드러낸다. 즉, 향수와 섬들, 열대 지방의 낙원 같은 풍경들, 나체로 살 수 있는 환경, 원주민 여성의 아름다움, 성적인 자유 등 상투적인 문구들은 그들의 이론을 끝없이 발전시킨다. "una isola muy hermosa..., tierras formosisimas"(매우 아름다운 섬… 거대한 땅). 이러한 모범적인 이미지들을 바탕으로 흥미진진한 연구서가 쓰였는데, 이런 연구서들은 낙원에 대한 향수를 여러 면에서 조명하고 있다. 특히 한 가지 사실이 우리의 주제와 관련하여 흥미를 끈다. 행복한 미개인의 신화는 회상을 통해 만들어진다는 것이다. 그렇다면 그것은 유대-그리스도교의 기원인가 아니면 그리스-라틴 고전 시대에 대한 상기와 연관되어 있는가? 그러나 이것은 중요하지 않다. 중요한 것은 고대와 중세처럼 르네상스 시대에도 역시 인간이 선하고 완벽하고 행복했던 신화적 시간에 대한 추억을 간직하고 있었다는 것이다. 또한 사람들은 막 발견한 미개인들 속에서 초기의 신화시대에 살았던 사람들을 찾았다고 믿었다.

우리는 미개인에게 관심을 갖고 그들이 누렸던 자유, 지복에 대해 조사할 것이다. 이러한 연구는 몽테뉴와 라피타우의 시대에는 상상할 수 없는 것이었으나 인류학은 이제 그것을 가능하게 만들었다. 그러므로 생생하게 발견될 행복한 미개인의 신화를 위해 서양의 유토피아주의자와 관념학자의 신화학에서 벗어나자.

식인종의 고민

미개인 역시 초기의 '낙원'을 잃어버렸다는 것을 의식했다. 가공할 만큼 행복했던 이전의 상황과 비교해볼 때 미개인은 자신들이 서양 그리스도교인보다 더하지도 덜하지도 않게 '타락'한 상태로 살고 있음을 인식했을 것이다. 그들의 타락한 현실 상황은 타고난 것이 아니라 어느 순간 돌발한 재난의 결과였다. 이 재난이 있기 전 인간은 죄짓기 이전 아담이 살았던 삶과 유사한 생활을 누렸다. 문화권마다 낙원의 신화는 다를 수밖에 없지만, 몇 가지 공통적인 특성들을 담고 있다. 가령 인간은 영원히 죽지 않으며 신을 마주 대하고 만날 수 있었다. 인간은 행복했으며 먹고살기 위해 일하지 않았다. 그러나 한 그루의 나무가 인간의 생존을 예정했다. 또한 농기구들은 자기 자리에서 로봇처럼 일을 척척 해냈다. 낙원에 관한 신화에는 중요한 요소들(하늘과 땅 사이의 연결, 동물들에 대한 권한 등)이 포함되어 있지만 그것을 여기서 분석하지는 않을 것이다. 강조할만한 한 가지 사실이 있다면, 15세기에서 18세기의 탐험가들과 관념학자들이 말하는 '행복한 미개인'은 이미 행복한 미개인 신화를 알고 있었다는 것이다. 행복한 미개인의 신화는 그의 선조들 것이었고, 그들은 실제적으로 낙원의 존재를 경험했다. 그들은 모든 지복과 자유를 누렸으며 가장 적은 노력마저도 기울이지 않고서 살았다. 그러다 유럽인의 성서에 나오는 조상처럼 맨 처음 조상이 낙원으로부터 추방되었다. 이처럼 미개인에게도 '완전한 상태의 기원이 발견된다.'

그럼에도 중요한 차이가 있지만 미개인은 초기의 때에 일어났던 일을 잊지 않으려고 노력했다. 미개인은 자신을 '타락한' 인간의 조건 속으로 밀어넣었던 본질적인 사건들을 주기적으로 회상했다. 신화 사건을 정확히 회상하는 미개인은 그러나 기억 자체에 중요한 가치를 부여하지는 않았다. 원시인은 초기에만 관심을 가졌으며,

그 이후에 일어났던 것에 대해서는 그리 중요하게 생각하지 않았다. 그래서 사건들과 연대기를 장황하게 늘어놓을 필요가 없었다. 여기서 우리는 질적으로 환원되지 않는 두 종류의 시간에 명기된 두 가지 범주의 사건들이 원시인에게 존재했음을 알아야 한다. 우선 첫 번째 종류의 시간이란 '초기 직후에' 일어나고 성립되었던, 우리가 신화적이라고 부르는 사건들이다. 여기서는 우주발생론, 인류학, 기원의 신화들(제도, 문명, 문화)이 있고 "이 모든 것을 회상해야 한다." 두 번째 종류의 시간이란 모범적인 모델이 없는 사건들, 단순하게 발생한, 어떤 관심도 받을 수 없는 사건들이다. 원시인은 후자의 시간들을 잊어버리고, 그것들의 회상을 '태워버린다.'

그러면서 주기적으로 중요한 사건들은 다시 현실화되고 체험된다. 이렇게 우리는 우주발생론, 신들의 모범적인 공적들, 문명 창조자로서의 행동들을 되풀이했다. 이것은 기원에 대한 향수다. 이 경우에 우리는 초기에 대한 향수에 대해 말할 수 있을 것이다. 진정한 '낙원에 대한 향수'는 원시 사회의 신비주의자에게서 찾을 수 있다. 황홀경에 빠져 있는 동안 그들은 '타락'[8] 이전에 살았던 신화의 조상들이 누렸던 낙원의 조건을 다시 회복(回復)시킨다. 이 황홀한 경험들은 공동체 전체를 위해 매우 중요하다. 서정시와 서사시의 기원과 마찬가지로 신들과 영혼의 속성에 관한 모든 이데올로기, 하늘과 죽은 자의 나라에 관한 신비한 지리적 공간, 일반적으로 '영성'의 다양한 개념들 그리고 부분적으로 음악의 기원 등은 샤먼이 겪는 형태의 어떤 황홀한 경험들을 직접 제공하는 요소다.

---

8 원본 86페이지 참조(제4장).

그러므로 비록 매우 짧고 단지 황홀경 동안이지만 낙원에 대한 향수와 낙원을 되찾으려는 욕망이 에덴이라는 상황 설정으로 원시인들의 문화 창조에 매우 중대한 영향을 미쳤다고 말할 수 있다.

대부분의 민족들에게, (곡식뿐아니라) 특히 덩이줄기를 오래전부터 경작해온 자들에게 인간 조건의 기원을 보여주는 전통들은 여전히 더욱 드라마틱한 표현을 제공한다. 그들의 신화에 따르면 최초의 살해 결과로 인간은 현재의 상태, 즉 죽게 될 운명에 처하게 되고, 성화(性化)되어야 하고, 노동을 해야 한다는 선고를 받은 현재의 상태가 되었다. 초기에 신성한 존재, 특히 여인이나 소녀, 때때로 아이나 남자는 덩이줄기나 과실나무가 자신의 육체로부터 뻗어나갈 수 있도록 제물로 바쳐졌다. 이 최초의 살해는 근본적으로 인간의 존재방식을 변화시켰다. 신적 존재를 위한 제물 바치기는 음식에 대한 필요성만큼이나 죽어야 할 숙명과 그 결과에 따른 성본능, 삶의 연속성을 보장하는 유일한 방법을 여는 것이었다. 제물로 바친 신성한 육체는 음식물로 변형되었다. 그의 영혼은 죽은 자의 나라가 있는 지하로 내려갔다. 이러한 형태의 신성을 연구한 옌센(Jensen)—그는 신성을 데마(dema)라고 불렀다—은 양식을 섭취하면서 또는 죽으면서 인간이 데마의 존재에 참여하는 것을 매우 잘 보여주었다.[9]

고대의 모든 농경 민족에게 본질적인 것은 인간 상황을 규정했던 초기의 사건을 주기적으로 환기시키는 데 있다. 그들의 종교적인

---

9 E. Jensen, *Das religiöse Weltbild einer frühen Kultur* (Stuttgart, 1948). '데마'는 옌센이 뉴기니의 마린다님족(les Marindanim)에게서 차용한 용어다.

삶은 모두 기념제이고 회상으로 이루어진다. 의례를 통해 재현실화되는 회상(초기에 행해진 살인의 되풀이)은 결정적인 역할을 한다. 초기에 일어난 일을 잊지 않도록 항상 노력해야만 한다. 진정한 죄는 망각이다. 소녀는 초경을 할 때 어느 누구하고도 말하지 않고 어두운 동굴 속에 사흘 동안 머물러야 한다. 왜냐하면 살해되어 달로 변화된 신화 속 소녀가 암흑 속에서 사흘 동안 지냈기 때문이다. 만일 초경을 하는 소녀가 침묵의 금기를 깨고 입을 연다면 그녀는 초기의 사건을 망각했다는 죄를 범하는 것이다. 그들에게 개인적인 기억은 작동하지 않는다. 기억되고 흥미를 끌 만한 유일한 것은 신화적 사건인데, 그중에서도 창조주에 관한 것이다. 진정한 역사이자 인간 조건의 역사를 보존하는 것이 초기의 신화가 수행하는 역할이다. 모든 행동의 원리와 패러다임은 초기의 신화에서 찾아지고 발견되어야 할 것이다.

우리가 의례적인 식인 풍습, 요컨대 행복한 미개인이 영적으로 제약 받는 행동을 만나는 것은 이러한 문화 단계에서다. 식인종의 가장 큰 고민은 형이상학적인 본질에 속하는 것 같다. 그는 초기의 때에 일어났던 것을 망각해서는 안 된다. 볼하르트(Volhardt)와 옌센은 그것을 명확하게 보여주었다. 축제에 즈음하여 암퇘지들을 잡아서 게걸스럽게 먹으면서, 덩이줄기의 첫 수확물을 먹으면서 우리는 식인종의 식사 때와 같은 명목으로 신의 육체를 먹는다. 암퇘지 제물, 머리 사냥, 식인 풍습은 코코넛이나 덩이줄기 수확에 상징적으로 연결된다. 식인 풍습의 종교적인 의미와 함께 식인종이 담당했던 인간적 책임감에서 벗어나게 해준 것은 볼하르트의 공로다.[10] 식용이 되는 식물은 자연에서 주어진 것이 아니라 살인의 산물이다.

왜냐하면 그것은 시간의 여명기에 창조되었기 때문이다. 머리 사냥, 인간 제물, 식인 풍습 등은 식물의 생명을 보호하기 위해 인간이 수용한 것이었다. 볼하르트는 정확하게 다음과 같이 주장했다. 식인종은 세계 속에서 그의 책임을 담당하며, 식인 풍습은 원시 인간(그는 문화의 가장 고대적 단계에 속하지 않는다)의 '자연적' 행동이 아니라 생명의 종교적 비전에 근거한 문화적 행동이다. 식물계가 지속되기 위해[11] 인간은 무언가를 죽여야 하고, 죽임을 당해야 하고, 게다가 극단적인 단계 즉, 주신제(오르기아)[12]의 상태에 이르는 정도의 성을 감수해야 한다. 아비시니아[13]에서 부르는 노래가 그것을 선포한다. "아직 아이를 낳지 않은 여자는 아이를 낳아야 하고, 아직 죽이지 않은 남자는 죽여야 한다!" 이것은 여성과 남성이 각각의 운명을 짊어지도록 선고 받았다는 것을 말하고 있다.

식인 풍습에 대해 판결을 내리기 전에 우리는 그것이 신적 존재들에 의해 만들어졌다는 것을 항상 기억해야 할 것이다. 그러나 신들은 인간이 우주 속에서 책임을 담당하도록 하기 위해, 식물의 생명이 지속되도록 하기 위해 식인 풍습을 만들었다. 그러므로 종교적

---

10 E. Volhardt, *Kannibalismus* (Stuttgart, 1939).

11 엘리아데에 의하면 식물의 원형은 하늘에 있으며, 그로 인해 식물은 주술적이거나 악리적인 가치를 지닌다. (옮긴이 주)

12 오르기아(orgia, orgie). 이 책에서는 주신제(主神祭, 디오니소스 축제)로 번역됨. 디오니소스 비의 때 난폭한 음주, 광희, 난무를 집단적으로 행한 것에서 유래한다. 대지의 풍요를 주재하는 신이자 포도 재배와 관련한 술의 신 디오니소스에 대한 제의로서 흥분과 도취, 자신을 망각할 정도의 엑스터시를 경험하는 열광적인 입신 상태를 수반한다. (옮긴이 주)

13 아비시니아 에티오피아의 옛 이름으로 아랍어로 '혼혈인'이란 뜻이다. 아라비아에서 이주해온 부족 이름으로 나중에는 번영을 누린 고대 지방의 이름인 에티오피아로 바꾸었다. (옮긴이 주)

질서에 대한 책임이 문제가 된다. 식인종 우이토토(Uitoto)는 그것을 증명한다. "우리가 춤추지 않을 때조차도 항상 우리의 전통은 우리 가운데 살아 있다. 그러나 오로지 춤출 수 있기 위해 우리는 일을 한다." 춤은 모든 신화적 사건들의 회복, 그러니까 식인 풍습이 연유한 최초의 살인 행위를 회복하는 것이다.

　서양의 탐험가와 유토피아주의자 및 관념학자에 의해 찬양된 식인종이거나 식인종이 아닌 행복한 미개인은 '기원', 즉 죽음과 성본능, 노동이 예정된 '타락한' 존재로 떨어진 초기의 사건에 계속 몰두한다. 우리는 점차 원시인에 대한 이해의 폭을 넓혀가면서 신화적 사건에 대한 회상의 중요성을 강하게 인식하게 되었다. 이 특이한 회상에 가치를 부여하는 것은 검토할 만한 충분한 이유가 있을 것이다.

　　행복한 미개인, 요가수행자, 정신분석가

　제도, 관습, 행동을 창조하는 모든 행위와 우주 창조설을 주기적으로 회복하는 고대 사회의 의무는 잠깐 덮어놓을 것이다. 이 '이전으로의 회귀'는 다양하게 해석될 수 있다. 그러나 우리가 관심 갖는 것은 '기원에'(ad origine) 일어났던 일을 기억하는 것이다. '기원'에 관계된 가치들이 서로 다른 의미를 지닌다고 주장하는 것은 쓸모없는 일이다. 우리는 그것을 살펴보았다. 대다수의 민족에게서 '기원'은 문화의 가장 오래된 단계에 위치하면서 역사 속에서 재난(낙원의 상실)과 '추락'을 의미했다. 고대 농경민들에게 '기원'은 죽음과 성본능의 도래(역시 낙원의 신화학적인 주기 안에서 나타난 모티프)와 같은 의미였다. 그러나 이 경우에도 초기의 사건에 대한 회상은 중대한 역할을 맡는다. 이 회상이 의례를 통해 주기적으로 재현실화되었다는 것을 정확히 하자. 그러므로 사건은 다시 체험되었고, 세계가 처음 창조되었을 '그때'와 다시 동시대적이 되었다. '이전으로의 회귀'는 이런 현존 방식으로 존재하게 된다. 처음에 있던 충만이 회복되는 것이다.

이러한 특별한 상황에서 집단 의례가 행해진다는 것을 알게 되면 '기원으로의 퇴행'[14]이 가지는 중요성을 더 잘 측정할 수 있다. 여러 문화 속에서 우주 창조의 신화는 '신년'에만 행해졌던 것은 아니다. 새로운 추장이 즉위할 때 또는 전쟁을 선포할 때 또는 빼앗길 뻔한 수확물을 얻었을 때 또는 환자를 치료할 때도 창조 신화는 행해졌다. 특히 우리는 후자의 경우에 관심이 있다. 대다수의 민족들, 가장 오래된 고대인으로부터 그보다 문명화된 사람(예를 들어 메소포타미아인)까지도 우주 창조 신화를 장엄하게 암송하면서 그것이 병을 낫게 한다고 믿었다. 우리는 그 이유를 쉽게 이해할 수 있다. 환자는 '이전으로 회귀'하므로 창조 때와 동시대인이 되는 것이다. 그러므로 그는 원초의 충만한 상태를 다시 경험하는 것이다. 낡은 기관을 '수선'하지 않고 '다시 만드는' 것이다. 환자는 다시 태어나야만 하는데, 출생 시의 존재로 돌아가기 위한 일종의 에너지

---

14 여기서 퇴행(regression)은 창조의 첫 시점으로 되돌아가는 것을 의미한다. 현시점에서 고통 받는 존재는 그때를 회상함으로 그때와 동시대인이 되고, 그럼으로써 새로운 존재가 된다. 이런 치료 행위를 행할 수 있는 부류는 '기원'을 알고 그대로 갈 수 있는 기술을 습득한 자다. 이 책에서의 의미는 정신분석에서 말하는 개인적인 첫 시점으로 되돌아간다는 뜻보다는 집단이 갖고 있는 무의식으로 회귀한다는 의미다. 엘리아데는 신화가 갖는 치료 개념을 적극적으로 다루며, 이 용어가 아니더라도 회복 등 이와 유사한 단어를 사용하여 그 의미를 전달하고 있다. (옮긴이 주)

와 잠재성 총체를 회복해야 한다.

이 '이전으로의 회귀'는 환자 자신의 회상에 의해 가능하다. 우주 창조 신화를 낭송하는 행위는 환자 앞에서 환자를 위해 하는 것이다. 환자는 신화의 에피소드들을 차례차례 회상하면서 그것들을 다시 경험함으로써 그들과 동시대인이 되어야 한다. 기억의 기능은 가장 중요한 회상을 보존하는 것이 아니라 어떤 사건이 실행되었던 바로 그 시점으로, 즉 시간의 여명기, '초기의 시간'으로 환자를 떠미는 것이다.

주술 치료 가운데 기억에 의해 운반되는 이 '이전으로의 회귀'는 자연스럽게 탐구를 확장하도록 유도한다. 어떻게 이런 고대의 행동과 영적인 치료 기술들(이제까지 언급되었던 문명들보다 더 복잡하고 장구한 역사적인 문명 안에서 구상된 구원론과 철학)을 비교하지 않을 수 있을까? 우리는 힌두교인뿐 아니라 불교도에 의해 잘 활용된 요가의 어떤 기본 기술을 제일 먼저 떠올린다. 우리가 제시한 비교들이 인도인이나 그리스인의 사고를 평가 절하시키거나 고대인의 사고를 평가절상시키려는 의도가 없음을 염두에 두어야 한다. 그러나 최근의 발견과 그로 인한 지식의 축적으로 인해 어느 시기에 어떤 일이 있었는지 비교할 수 있게 되었고, 한 분야에서 얻어진 결과들은 인접 분야에 영향을 주어 새로운 진행 과정을 겪도록 부추기게 되었다. 심층심리학의 발전과 더불어 고대인에 대한 연구를 통해 오늘날 우리가 알게 된 중요한 사실은 고대인이 어떤 특정한 영적 위치를 갖고 있었다는 점이다.[15]

---

15 시간(Temps)과 역사(Histoire)의 문제가 서양 철학 사상의 중심에 위치하게 된 것은 1900년대를 전후해서다. 우리가 19세기 후반보다 원시인의 행동이나 인도 철학의 구조를 잘 이해하는 것도 이러한 이유에서다. 중요한 열쇠는 세속사의 특수한 개념 속에서

모든 인도인의 사고에서처럼, 붓다(Bouddha)에 의하면, 인간 실존은 시간 속에서 전개되었다는 사실 때문에 괴로운 운명에 처해졌다. 우리는 몇 페이지 분량으로는 요약되지 않는 거대한 주제를 다루고 있다. 간단하게 설명해 보면 괴로움이란 카르마[16]에 의해, 즉 속사(俗事)에 의해 세계 속에 뿌리내리고 무한히 연장된다. 카르마의 법칙은 헤아릴 수 없이 무수한 윤회를 강요한다. 실존으로 영원회귀, 고통으로 영원회귀를 강제한다. 카르마의 법칙으로부터의 해방과 마야[17]의 베일을 찢는 것은 '치료'와 대등하다. 붓다는 '의사들의 왕'이며, 그의 메시지는 '새로운 치료약'으로 선포되었다. 철학, 금욕주의적이고 명상적인 기술들, 인도의 신비주의는 모두 똑같은 목적을 추구한다. 즉, 시간 속에서 존재의 괴로움으로부터 인간을 치료하

발견된다. 사람들은 원시인이, 인도인들이나 이전의 오래된 아시아 민족들처럼, 시간의 주기적(순환적) 개념을 공유하고 있었음을 오래전부터 알고 있었다. 이에 대해 더 부연하지는 않을 것이다. 하지만 사람들이 몰랐던 것은 바로 순환적 시간이 주기적으로 소멸된다는 것과 이런 세속적인 개념을 지지하는 자들이 기간에 대하여 저항을 표출한다는 것이다.

16 카르마(karma). 업, 인과응보를 뜻하는 힌두교 용어이다. 인과론적 의미보다는 균형을 취하지 않으면 안 되는 동적인 힘을 뜻한다. 즉, 이생에서 살인한 자는 다음 생에서 살인을 당한다는 것이 아니라 자신이 살인을 하게 된 과거의 생을 이해하고, 그 결과 다음 생에서 당할 살인을 막기 위해 자신을 살해할 살인자를 적극적으로 설득하는 것이다. 이것이 카르마의 법칙이다. 이 용어는 가해한 만큼 당한다든지 베푼 만큼 받는다는 일방통행적인 인과응보로 오해되는 개념이기도 하다. 그러나 카르마의 법칙은 전생을 이해하고 내생을 준비하기 위해 현생의 축적된 행위를 만드는 것에 관한 법칙이다. (옮긴이 주)

17 마야(maya). 환상, 환영의 세계를 의미하는 산스크리트어다. 영원한 세계인 브라흐만과 대비되는 뜻으로 불안정하고 일시적이며 사라질 현실 세계를 의미한다. 영원한 세계로 가기 위해서는 반드시 거쳐야 하는 곳이다. 그런 의미에서 현 세계인 마야는 중요하다. 신화적 행동이 현 세계를 떠나게 하는 기능이 있다면, 카르마와 마야로부터 벗어나게 하는 것 또한 신화적 기능인 것이다. 이렇게 엘리아데는 인도인의 세계관에서도 신화적 요소를 찾아낸다. (옮긴이 주)

는 것이다. 우리가 결정적으로 카르마의 주기를 허물고 시간으로부터 해방되는 것은 미래의 삶의 마지막 씨앗까지 '불태워야' 가능하다. 그러나 카르마의 잔재들을 '불태우는' 수단 중의 하나는 그 이전의 존재들을 알기 위해 사용된 '이전으로의 회귀' 기술이다. 이것은 인도 전역에 퍼진 기술이다. 이 기술은 『요가 수트라』(Yoga-sûtra, III, 18)[18]에서 증명되었고, 붓다와 동시대를 살았던 많은 현인과 명상가가 경험했으며, 붓다에 의해 실천되고 추천되었다.

세상 속에 '꽝 하고 터진' 최초의 존재가 시간 속에 살게 되었을 때, 그 존재는 초기의 시간에 이르기 위해 그리고 시간이 존재하지 않았던 저편 세계의 역설적인 순간과 만나기 위해 현재의 시간으로부터 가장 가까운 어떤 순간에서 출발해야 하고 거꾸로 시간(pratilo-man)을 거슬러 올라가야 한다. 왜냐하면 아무것도 스스로 드러난 것이 없기 때문이다. 우리는 이러한 기술의 의미와 목적을 이해한다. 시간을 거슬러 올라가는 자는 우주 창조와 일치되는 출발점을 반드시 찾아야 한다. 자신의 지나간 삶을 재생한다는 것은 '자신의 죄'를 이해하고 모든 죄를 '태우는' 것, 즉 무지의 압류 아래 놓여진 그리고 카르마의 법칙에 의해 한 존재에서 다른 존재로 축적된 행위들의 총체를 태우는 것이다. 그러나 더 중요한 것이 있다. 그것은 우리가 시간의 시작에 이른다는 것이다. 이 말은 우리가 무시간(Non-Temps)에 합류한다는 뜻이다. 그러니까 초기의 인간 존재가 타락을 경험한 세속의 시간, 그 이전의 영원한 시간에 합류한다는 뜻이다. 달리

---

18 기원전 150년경 파탄잘리가 지은 요가파의 근본 경전. 요가를 통해 삼매와 해탈, 독존에 이르는 수행법을 담고 있다. (옮긴이 주)

말하면 세속적인 시간의 어떤 순간으로부터 출발해 거꾸로 거슬러 올라가면서 마침내 영원이라는 무시간에 이르게 된다. 시간 안에서 인간 조건을 초월하고 존재들의 바퀴 안에서 추락하기 이전의 제약을 받지 않는 상태를 회복하는 것은 바로 무시간이라는 지점에서다.

이러한 요가 기술을 평가해야 할 필요가 있기 때문에 우리는 미묘하게 표현하는 것을 거부해야 한다.[19] 결국 요가의 구원론적 기능이 힌두인에 의해 이해되었던 것처럼 우리의 의도는 기억에 대한 치료 효능을 간단하게 입증하는 것이다. 인도인을 구원으로 이끄는 지식은 기억에 근거한다.

붓다의 다른 제자들과 아난다[20]는 '탄생들을 기억하고', '탄생들을 기억하는 자들에' 속했다. 『리그 베다』[21]의 유명한 송가의 저자 Vâmadeva는 그 자신에 대해 다음과 같이 말했다. "자궁 안에서 나를 발견하면서, 나는 신들의 모든 탄생을 알았다"(Rig Veda, IV, 27, 1). 『바가바드 기타』[22]에는 크리슈나[23] 역시 "모든 존재들을 안

19 Cf. Mircea Eliade, *Le Yoga, Immortalité et liberté* (Payont, 1954), 186 이하.
20 아난다(Ananda), 붓다의 사촌 동생, 붓다의 아버지 정반왕의 형제인 곡반왕의 아들이다. 그는 용모가 뛰어나 출가 후에도 여인들의 유혹을 받았다고 한다. (옮긴이 주)
21 『리그베다』 기원전 1200~1000년경 쓰여진 인도에서 가장 오래된 종교적 문헌이다. 브라만교의 근본 경전인 4베다 중 첫 번째 문헌이다. 리그는 '성스러운 노래', 베다는 '경전'을 뜻한다. 총 10권, 1,028 찬가로 되어 있는 이 경전은 제식 때 신들을 초청하기 위해 부르는 찬가의 집성록으로 문학적 가치가 뛰어난 것도 있다. 주요 내용은 매우 현실적인 욕망에 대한 기도나신을 위한 찬미에 관한 것이며, 그 형식은 명상적이고 추상적인 개념으로 되어 있다. (옮긴이 주)
22 『바가바드 기타리그베다』, 『우파니샤드』와 함께 힌두교의 3대 경전 중 하나다. 인도 대서사시 『마하바라타』 6권 가운데 일부다. 아르나주 왕자가 크리슈나 신으로부터 인간 본성에서 선과 악이 싸울 때 평화를 얻을 수 있는 방법을 배우는 내용을 담고 있다. (옮긴이 주)
23 크리슈나(Krishna) 힌두교 신화에 나오는 영웅신으로 인도의 신들 가운데 가장 널리

다"(*Bhagavad-Gîtâ*, IV, 5)고 했다. 그러므로 알고(sait) 있는 자는 초기를 기억하는 자이다. 더 정확하게 말하자면 존재와 시간이 최초로 표명되었을 때 세계의 탄생과 동시대인이 되는 자이다. 실존적 괴로움의 근원적 '치유'는 최초의 세계가 처음 창조되었을 '그때'까지 되돌아오면서 획득된다. 그것은 세속적인 시간의 폐지를 내포한다.

사람들은 어떤 의미에서 이러한 구원론적 철학이 환자를 우주 발생과 동시대적이 되게 해주던 고대의 치료와 흡사한지 알고 있다. 사실의 두 가지 범주—행동과 철학—를 혼동하는 것이 문제가 되지는 않는다고 강조해야 할 필요가 있을까? 고대 사회의 인간은 최초의 충만으로 돌아가기 위해 그리고 신생아가 갖는 손대지 않은 에너지의 보고를 되찾기 위해 세계의 시작까지 거슬러 돌아가기를 원한다. 붓다는 많은 요가수행자처럼 '기원들'을 경험하기만 한다. 그는 최초의 원인들을 찾는 것은 무용하다고 평가하기 때문이다. 그러므로 그는 특히 이 최초의 원인들이 각각의 개인에게 개별적으로 야기한 결과를 중화시키려고 노력한다. 중요한 것은 윤회의 주기를 깨뜨리는 데 있다. 이것을 할 수 있는 방법 중 하나가 현존재에서부터 우주의 생성 순간까지 이전의 존재를 회상하면서 되돌아가는 것이다. 그러므로 이 점에 관해서는 두 방법—치유와 그에 따른 존재의 문제 해결—이 같다. 이 두 방법은 초기의 행위, 즉 초기에 일어났던 것을 회상함으로써 가능하게 된다.

또 다른 접근은 상기(기억 회복)에 관한 것이다. 여기서는 플라톤

숭배되고 사랑 받는 신 중의 하나다. 유목민 브리슈니족의 영웅으로 죽은 후 신격화되었다. (옮긴이 주)

학파의 유명한 학설과 피타고라스 학파의 있을법한 기원을 상세하게 분석하지 않고 다만 고대인의 행동이 철학적으로 어떤 가치를 부여 받을 수 있는지 살펴보도록 하자. 우리는 피타고라스에 대해서는 잘 알지 못한다. 그러나 그가 전생을 믿었고 그의 이전 존재를 기억했다는 것은 분명하다(Xénophan, *frag.*, 7). 그리스 철학자 엠페도클레스는 전생을 '기상천외한 인간학'이라고 기술했다(*frag.*, 129). 왜냐하면 "정신을 집중하면 전생의 10명, 20명의 인간을 쉽게 볼 수 있었기" 때문이다. 피타고라스 학파는 기억 훈련의 중요성을 강조했다(*Diodore*, X, 5; Jamblique, *Vita Pyth*, 78). 그러므로 붓다와 요가 수행자만이 그들 이전의 존재들을 회상시킬 수 있는 유일한 자들은 아니다. 샤먼 또한 이와 동일한 능력을 가졌다. 샤먼들은 '초기를 기억하는 자들'이기 때문에 그가 이런 능력을 가졌다는 것은 그리 놀라운 일도 아니다. 황홀경에 빠진 그들은 초기의 세계가 창조되었을 '그때'로 회귀한다.[24]

우리는 지금 기억 회복이라는 피타고라스 전승에 플라톤 학파의 학설을 결부시키는 데 동의한다. 그러나 플라톤에게는 이전의 존재

---

24 이렇게 샤먼들과 비교하는 것은 고전주의자들을 자극하지 않는다. 최근 두 명의 저명한 헬레니즘 연구자들도 그리스 사상사에 관한 저서에서 샤머니즘에 대해 많은 부분을 할애했다. cf. E. R. Dodds, *The Greeks and the Irrational* (Berkeley, 1951), 135-178; F. M. Cornfor, *Principium Sapientiae* (Cambridge, 1952), 88-106. 특히 이들은 '영혼의 비행'을 설명하기 위해 플라톤에 의해 사용된 '샤머니즘'의 이미지와 상징, 미와 상기(anamnesis)에 의해 야기된 황홀경을 연구하면서 이 연구들을 연장할 수 있었다. cf. '영혼의 깃털'을 돋아나게 하는 미 앞에서의 '익숙하지 않은 열기'. 결과적으로 "옛날에 영혼은 전적으로 깃 장식을 했었다"(*Phèdre*, 251 a, etc.). 그러므로 주술적인 열기와 새의 깃털의 도움을 받은 승천은 샤머니즘의 가장 오래된 요소들이다. 본 글의 제9장 불가사의와 입문의례를 참조할 것.

들에 대한 개인적인 회상들은 더 이상 문제가 되지 않으며, 단지 각 개인 안에 숨겨진 일종의 '보편적인 기억' — 영혼이 이데아를 직접 명상하는 시간에 대한 회상들의 총체만이 문제가 된다. 플라톤의 회상 속에 개인적인 것은 전혀 없다. 삼각형을 이해하는 많은 방법[25]이 있다고 할지라도, 그것은 분명히 부조리한 것이다. 개개인은 모두 이데아를 회상하지만, 서로의 상기(기억 회복)가 불완전하기 때문에 그들 사이에는 차이가 생긴다.

고대인의 사고 속에서, 특히 보편적 현실의 회상에 관한 플라톤 학파의 학설에서 오늘날에도 유용한 놀라운 것이 발견된다. 원시 세계와 플라톤 사이의 간격은 분명한 것이다. 그러나 연속성의 문제를 밝힐 수는 없다. 이데아에 대한 플라톤 학파의 학설과 함께 그리스의 철학적 사고에 의하면 인간이 진실을 알고 존재에 참여하기 위해 회상하는 것과 유사한 초기의 '그때'는 보편적인 신화를 회복시키고 새로운 가치를 창출한다. 원시인은 기억 회복 이론에서의 플라톤처럼 개인적인 상기에 중요성을 부여하지 않는다. 왜냐하면 그에게는 신화와 모범적인 역사만이 중요하기 때문이다. 우리는 플라톤이 피타고라스보다 전통적인 사고에 더 가깝다고 말할 수 있을 것이다. 10개 또는 20개의 전생을 개인적으로 경험한 피타고라스는 붓다, 요가수행자 또는 샤먼처럼 '선택된 자' 계보에 위치한다.

---

25 피타고라스의 정리에 따르면 직각삼각형에서 직각을 낀 두 변의 길이의 제곱의 합은 빗변의 길이의 제곱과 같다. 지금까지 피타고라스의 정리를 증명하는 방법은 300여 가지나 된다고 알려져 있다. 엘리아데는 피타고라스의 정리의 증명과 플라톤의 회상, 일명 상기 개념을 함께 이야기하면서 이데아 세계의 보편적 개념과 일상 세계의 개별적 경험 간의 차이점이 있다는 데 문제를 제기한다. 즉, 플라톤의 보편적 이데아에 대한 상기와 피타고라스의 삼각형에 대한 개별적 증명 간에는 차이점이 있다는 것이다. (옮긴이 주)

플라톤은 무시간적 우주인 이데아 세계에 영혼이 선재한다고 말했다. 그리고 진리란 비인격적인 상황을 기억하는 것일 뿐이라고 말했다.

근대 치료법에서 '이전으로의 회귀'가 지닌 중요성을 다시 생각해보자. 특히 정신분석은 회상, '초기의 사건들'의 회상을 치료의 주요 수단으로 활용했다. 그러나 근대 정신의 지평 안에서 그리고 역사적이고 돌이킬 수 없는 유대-그리스도교 개념에서 볼 때 아주 어린 시절, 개인적으로 유일하고 진실된 출발점만이 '최초의 것'이 될 수 있었다. 그러므로 정신분석은 치료법으로 개인적이고 역사적인 시간을 소개한다. 환자는 더 이상 객관적이고 동시대적인 사건들(사고, 미생물 등)로 혹은 다른 것(유전인자들)의 결여로 인해 고통을 겪는 인간 존재가 아니다. 마치 정신분석이 생겨나기 이전 시기의 환자가 그랬던 것처럼, 환자는 살면서 받은 충격으로 어린 시절 최초의 세계가 창조된 '그때'에 찾아온 개인적인 외상성 장애(traumatism) 때문에 고통을 느낀다. 그것은 망각된 외상성 장애, 더 정확하게 말하자면 결코 의식에 다다르지 않은 외상성 장애다. 치유는 정확하게 이전으로 되돌아가는 것, 위기를 재현실화하기 위해 거슬러 되돌아가는 것, 심적인 외상성 장애를 다시 활성화시키는 것 그리고 의식 속에 그것을 통합하는 것이다. 치유가 존재를 다시 시작하게 하고, 탄생을 되풀이하고, 초기의 시대로 귀속하게 만드는 데 있다는 것을 말하면서 우리는 고대인의 사고라는 용어로 그 작업 과정을 해석할 수 있을 것이다. 초기의 시대로 귀속하는 것은 특히 초기의 모방, 우주 창조일 뿐이다. 시간의 주기성 개념을 적용하면 우주 창조의 회복이 고대인의 사고에도 존재했다는 것을 자연스럽게 받아들일 것이다. 그러나 근대인에게 모든 초기의 개인적인 경험은 어린 시절의 경험뿐이다. 영혼이 위기에 처했을 때 위기를 야기했던 사건을 다시 살게 하고 과감하게 맞서기 위해 되돌아가야만 하는 때는 바로 어린 시절이다.

프로이트의 시도는 대담했다. 자연주의자가 외부의 대상을 다루 듯 프로이트 이전에는 외부로부터 사건들에 접근했지만, 프로이트 는 역사와 시간을 끌어들였다. 특히 프로이트의 발견은 대단한 결과를 가져왔다. 다시 말해 그의 발견에 따르면 인간에게는 모든 것이 결정되는 최초의 시기가 존재한다. 초기의 어린 시절 그리고 그 시절의 역사는 나머지 삶의 표본이 된다. 다시 한번 고대인의 관점에서 해석한다면 인간에게는 '낙원'(정신분석에서 탄생 전의 단계 또는 젖을 뗄 때까지의 시기)과 '파괴' 그리고 '재난'(어린 시절의 외상성 장애) 이 있었다고 말할 수 있다. 이 최초의 사건에 대한 어른의 태도가 어떻든 그것이 그의 존재 형성에 영향을 덜 주지는 않는다. 우리는 여전히 이런 주장을 계속할 것이고, 융이 집단무의식, 즉 개인의 영혼을 선행하는 일련의 심적인 구조들을 발견했다는 것을 떠올리 고 싶을 것이다. 그리고 집단무의식이 개인적 경험에 의해 이루어지 지 않기 때문에 망각되었다고 말할 수는 없다. 융이 말하는 원형의 세계는 플라톤 학파의 이데아의 세계와 비슷하다. 원형은 보편적이 며, 개인의 역사적인 시간에 참여하지 않고, 종족의 시간, 즉 유기적 인 생명에 참여한다.

이 모든 것은 전개 과정과 그에 따른 세밀한 행동으로 해명되어야 한다. 사람들은 신화적인 과거로부터 초기에 이루어졌던 일을 추적 하면서 보편적인 행동을 끌어낼 수 있다. 식인 풍습, 죽음, 성본능에 는 원시 전통이 보여주듯이 '낙원'과 '추락' 또는 실존적인 제도의 파국적인 전복을 내포하거나 인도인의 사상이 설명하듯이 존재 내부에서 발생한 최초의 균열을 내포할 뿐 아니라 인간 조건의 토대를 구축하기 위해 생산되는 신화적 사건의 많은 이미지들이 존재한다. 이미지들과 형식들 사이의 차이가 어떤 것이든, 그것은 결국 본질은 인간의 현실 조건을 선행한다는 의미를 드러낸다. 결정적인 행위는 우리 이전에 그리고 우리 부모 이전에 일어났다는 것이다. 다시 말해 결정적인 행위는 신화에 나오는 조상(유대-그리스도교의 문맥에서는 아담)이 범한 사건이었다.

좀 더 살펴보자. 처음으로의 퇴행을 시행하기 위해 선택된 방법이 무엇이든 인간은 선조의 행위로 되돌아가거나 그것들과 대결하거나 회복하거나 잊지 않도록 강요당한다. 본질적인 행동을 잊지 않는 것은 요컨대 현재를 회복시켜주고 부활하는 것이었다. 이것은 이미 살펴보았던 것처럼 행복한 미개인의 행동이었다. 크리스토퍼 콜럼버스 역시 기원에 대한 향수, 즉 지상의 낙원에 대한 향수 때문에 괴로워했다. 그는 도처에서 그것을 찾았고, 세 번째 여행을 통해 그것을 발견했다고 믿었다. 그는 신화에 나오는 지리적인 요소에 의지해 실제로 발굴에 성공하기까지 그는 신화에 매달려 괴로워했다. 성실한 그리스도교인인 콜럼버스는 선조들의 역사에 거론된 것을 자신이 발견했다고 생각했다. 그가 발견한 아이티섬[26]이 성서에 나오는 오빌[27]이라고 평생 믿었던 이유는 그곳이 성서에

---

26 아이티는 1492년 콜럼버스의 제1차 항해 때 발견된 서인도제도 중앙에 있는 섬으로 히스파니올라라고도 부른다. 옛 이름은 에스파뇰라다. (옮긴이 주)

27 오빌은 구약성서 시대 질 좋은 금으로 유명했던 성서 지명이다. 오빌에서 나오는 특산물을 일컫는 히브리어가 인도 언어에서 유래한 것으로 추정하여 유대교 역사가인 요세푸스

기록된 세계와 다르지 않았기 때문일 것이다.

초기에 일어난 사건으로 형성된 인식은 원시 사고나 유대-그리스
도교 전통의 특별성에서 기인한 것이 아니다. 우리는 요가와 정신분
석에서 정신의 유사한 진행 방법을 밝혔다. 우리는 좀 더 나아가서
본질적인 것이 인간의 현 조건을 선행한다고 선포하는 전통적인
교의에 불어닥친 혁신들을 연구할 수 있다. 역사실증주의는 인간이
인간의 기원을 통해서가 아니라 그의 순수한 역사를 통해서, 인류의
모든 역사를 통해서 구성된 것이라고 말함으로써 혁신을 시도했다.
역사실증주의는 기원에 대해 가공된 시간과 그 시간 이후의 시간을
따로따로 구별하지 말자고 말함으로써 결정적으로 시간을 현실화
시켰다. 어떤 명성에도 역사실증주의는 더 이상 초기의 세계가
처음 창조되었을 '그때'를 비추지 않는다. 초기의 '타락'도 없고,
'단절'도 없으며, 다만 우리가 오늘날 있는 것처럼 우리 모두를
구성했던 무한한 사건들이 있을 뿐이다. 역사실증주의에 따르면
사건들 사이에는 어떤 질적인 차이도 없다. 모든 것은 사료 편찬의
기억 회복에 의해 계속적으로 새로운 가치를 부여 받고 회상될
만하다. 특권이 있는 사건이나 인물은 없다. 우리가 알렉산드로스
대왕의 시대나 붓다의 메시지를 연구한다고 해서 잊힌 해적의 전기
나 몬테네그로 마을의 역사를 연구하는 것보다 더 신 가까이에
있다고 볼 수도 없다. 신 앞에서 모든 역사적인 사건들은 우열이
없다. 그리고 만약 우리가 신을 더 이상 믿지 않는다면, 우리는

와 성 히에로니무스는 인도를 오빌로 여겼다. 그러나 실제로 오빌은 이스라엘의 남부 아
라비아반도에 위치해 있다. (옮긴이 주)

이렇게 말한다. "역사 앞에서…"

　일일이 셀 수 없을 정도로 많은 오만의 죄를 속죄하기 위해 무시무시한 모욕 앞에서 그리고 유럽의 정신이 스스로에게 부과하는 크나큰 고행 앞에서 감동되지 않는다고 말할 수 없을 것이다.

"Le mythe du bon sauvage ou les prestiges de l'origine"

(행복한 미개인의 신화 또는 기원의 마력), *Nouvelle Revue française*

(Paris, 1955. 8.)

3장

종교적 상징과 불안에
가치 부여하기

우리는 종교사의 관점에서 근대 세계의 불안을 들여다보고자 한다. 이 시도는 솔직히 말해 무용하지는 않더라도 꽤 이상하게 보일 위험성이 있다. 왜냐하면 근대 세계의 불안은 특히 시대와 문명에 내재되어 있는 위기로 설명할 수 있는 역사적 긴장들의 결과라고 여기는 학자들이 많기 때문이다. 오래전에 있었다가 지금은 사라진 종교적인 사상들과 상징에 근대 세계의 불안을 비교하는 것은 어떤 의미가 있을까? 이런 비교는 어느 면에서는 옳은 것이고, 어느 면에서는 틀린 것이다. 이전에 있었던 다른 문명들과 아무런 관계가 없이 완전히 자율적인 문명은 존재하지 않는다. 우리가 오이디푸스 신화를 차용하여 근대 유럽인의 행동 근원을 설명하고자 할 때 그리스 신화학은 2천 년 동안 간직한 본연의 의미를 상실했다. 신화와 아무런 역사적 관련도 없는 상황에서 정신분석과 심층심리학은 처음 보아서는 확인할 수 없지만 서로 간에 어떤 비교를 가능하게 했다. 그 예로 그들은 그리스도교인의 사상과 토템 숭배자의 사상을 비교했고, 토템의 개념으로 하나님-아버지 개념을 설명하려고 애썼다. 우리는 이러한 타당한 비교를 접하면서도 그것들의 참고 자료가 되는 근원에 대해서는 이의를 제기하지 않는다. 몇몇 심리학 학파들이 영혼의 구조를 더 잘 이해하기 위해 다양한 유형의 문명들을 비교했다는 것은 잘 알려진 사실이다. 이러한 방법의 기준이 되는 원리는 인간의 영혼이 하나의 역사를 가지고 있지만, 현재 상황에 대한 연구만으로는 드러나지 않는다는 것이다. 인간의 역사는 선사 시대의 역사뿐 아니라 우리가 심적 현실이라 부르는 것 안에서 판별될 수 있다.

이 글에서는 심층심리학의 방법을 간단하게 암시하는 것만으로도 충분할 것이다. 우리는 그것과 같은 방법으로 진행할 의도가 없기 때문이다. 종교사의 관점에서 근대 사회의 불안을 연구할 수 있다고 할 때 우리는 다음과 같이 완전히 다른 비교 방법을 전제로 한다. 즉, 우리는 비교라는 용어를 다른 방식으로 사용하기 원하며, 우리의 문명과 역사적인 순간의 밖에 우리를 위치시키고 다른 문화와 종교의 관점에서 그것들을 판단하고자 하는 것이다.

우리는 20세기 초반의 유럽인들에게서 오이디푸스 콤플렉스를 확인했던 것처럼 오래된 신화학에서 이미 확인된 어떤 행동들을 발견할 거라고 생각하지 않는다. 유럽 이외의 문명 단계에 위치한 지적이고 호감을 주는 관찰자가 우리를 바라보고 판단할 수 있는 것처럼, 그 시선으로 우리 자신을 바라보는 것이 중요하다. 더 정확히 말하자면 우리는 우리 자신의 가치들을 적절하게 판단하고 다른 문화와 비교할 수 있는 관찰자가 되고자 하는 것이지, 우리를 시리우스(Sirius) 행성으로 판단할 추상적인 관찰자가 되려는 것은 아니다.

이러한 방법은 역사 속에서 우리에게 부과된 것이기도 하다. 얼마 전부터 유럽은 더 이상 역사를 만드는 유일한 주체가 아니다. 아시아 세계가 역사의 지평 안에 뛰어들어 활발하게 활동하기 시작했다. 그리고 머지않아 다른 이국적인 사회가 계속해서 그 뒤를 따를 것이다. 일반적으로 문화와 영성의 측면에서 이런 역사적인 현상은 막대한 반향을 일으킬 것이다. 지금껏 보편적으로 받아들여진 유럽의 가치들은 규범으로서의 특권적 지위를 상실할 것이다. 그 가치들은 각 지역에서 영적 산물의 틀을 갖게 될 것이다. 즉, 명확하게 한정된 전통, 그러니까 역사와 시간 속에서 종속된 것 같지만 독특하고 창의적인 제도 형태를 되찾게 될 것이다. 만일 서양 문화가 지역화되기를 원하지 않는다면, 유럽이 아닌 다른 문화와 함께 대화를 진행하면서 그 문화에서 사용하는 용어들을 오해 없이 받아들이려고 노력해야 할 것이다. 유럽이 아닌 다른 문화의 지지자들이 문화적 형태로서의 유럽을 어떻게 판단하고 인정하고 있는지 이해하는 것이 시급한 일이다. 또한 이러한 문화들이 종교적인 구조를 가지고 있음을 잊어서는 안 된다. 즉, 그것들은 세계와 인간 존재에 대한 종교적인 가치 부여로서 나타나고 이루어졌다. 다른 문화의 대표자들이 우리를 어떻게 이해하고 판단하는가를 알기 위해서는 다른 문화들과 비교하는 태도를 배워야 한다. 이것은 우리가 종교적인 지평의 관점 안에 우리 스스로를 위치시킬 수 있을 때에만 가능할 것이다. 충돌이 유효하고 유용해지는 것은 단지 이러한 관점에서다. 우리는 교양 있는, 즉 서양의 전통 안에서 교육 받은 힌두인, 중국인 또는 인도네시아인이 우리를 어떻게 판단하는지 알고 있다. 그들은 우리 자신이 자각하고 있는 결여와 모순을 지적할 것이다. 우리가 충분히 그리스도교적이지도, 지적이지도, 관대하지도 않다고 말할 것이다. 이것은 우리 자신의 비판에 의해, 윤리학자에 의해 그리고 개혁을 지향하는 자들을 통해 이미

인지하고 있는 사실이다.

그러므로 다른 문화의 종교적 가치를 잘 아는 것뿐 아니라 우리가 그들의 눈에 보이는 것처럼 우리를 보려고 노력하고 그들의 관점으로 우리를 이해하려고 노력하는 것이 중요하다. 이런 구도는 종교사와 종교민족학의 덕택으로 가능하다. 그리고 이것은 우리의 시도를 잘 설명해주고 증명한다. 그리스도교가 아닌 종교들 안에서 불안의 상징을 이해하기 위해 노력하면서 우리는 동양적이거나 고대적인 사회 안에서 우리의 현재 위기를 관찰할 기회를 가졌다. 그렇지만 이러한 연구는 우리에게 '다른' 관점, 즉 유럽인이 보는 것과 상이한 관점을 분명하게 보여주지는 않는다. 왜냐하면 다른 것과의 비교는 단지 우리 자신의 상황을 밝히는 것으로 끝나기 때문이다.

놀랍게도 문명화된 인간에 의해 만들어진 본능적 행동의 산물인 많은 문화적 습관들이 다른 문화의 관점에서 이해되면서 예상치 않았던 의미를 드러내게 되었다. 서양 문명의 특수한 성격 중의 하나는 역사에 대한 근대인의 무시무시할 만큼 열정적인 관심이다. 이러한 관심은 각각 별개의 것이지만 서로 뗄 수 없는 양태로 나타난다. 역사에 대한 첫 번째 관심은 역사 편찬에 대한 열정이라고 부를 만한 것으로 인류의 과거, 특히 서양 세계의 과거를 더 완벽하게, 더 정확하게 알고자 하는 욕망이다. 역사에 대한 두 번째 관심은 근대의 서양 철학 안에서 나타난다. 결국 역사는 역사적 한계 속에 인간을 드러내었다. 우리가 역사실증주의(historicisme)라고 불렀던 것은 마르크스주의와 실존주의 경향과 마찬가지로 여러 의미에서 역사와 역사적 순간에 근본적인 중요성을 부여하는 철학이었다. 인도의 형이상학에서 불안의 가치를 검토할 때 우리는 이 철학

중 하나라도 깊이 있게 연구해야 할 것이다. 그러나 지금은 역사에 관한 첫 번째 관심의 모습, 즉 사료 편찬을 위한 근대 세계의 열정만을 염두에 두자.

이 열정은 아주 최근에 형성된 것으로 19세기 후반부터 시작된다. 헤로도토스 이래로 그리스-라틴 세계가 사료 편찬을 육성시켰다는 것은 사실이다. 그러나 이때의 사료 편찬은 19세기에 이루어진 그런 사료 편찬은 아니었다. 그것은 시간에 따라 일어났던 것을 가능한 한, 가장 정확하게 인식하고 기술했을 뿐이다. 티투스 리비우스 및 오로즈(Orose)와 르네상스 시대의 역사가들처럼 헤로도토스는 모방할 사례와 모델을 보존하고 전해주기 위해 애썼다. 그러나 19세기부터 역사는 더 이상 모범적인 모델의 근원이 아니었다. 역사는 인간의 모든 호기심을 채워주는 과학적인 열정이며, 민족의 모든 과거를 재건하고 우리에게 그러한 의식을 주려고 노력하는 과학적인 열정이다. 이와 유사한 관심은 어디에서도 만날 수 없다. 유럽이 아닌 대부분의 문화들은 역사의식을 가지고 있지 않으며 전통적인 사료 편찬만 존재한다. 중국이나 이슬람 국가의 경우도 그렇다. 사료 편찬은 항상 모범적인 기능을 유지해왔다.

이제 유럽 문화의 관점 이외의 것을 염두에 두면서 역사에 대한 이러한 열정에 다가가 보자. 많은 종교에서 그리고 유럽의 인류학에서조차 죽음의 순간에 직면한 인간은 가장 상세하게 과거를 회상하고, 온전한 존재의 역사를 다시 발견하고 되새기기 전까지는 죽을 수 없다는 믿음을 갖고 있었다. 죽어가는 자는 내면의 스크린에 펼쳐진 과거를 다시 본다. 이 관점으로 보면 근대 문명이 갖는 사료 편찬에 대한 열정은 근대 문명의 절박한 죽음을 예고하는 신호일 것이다. 몰락하기 전에 서양 문명은 자신의 모든 과거, 원시의 역사로부터 최근의 전쟁까지를 회상한다. 종종 가장 높은 영광의 타이틀로 간주되기도 하는 유럽의 사료 편찬에 대한 절실함은 현실에서 죽음을 미리 알리는 최고의 순간일 것이다.

사료 편찬에 대한 열정은 우리가 하고자 하는 비교 연구의 예행연습에 지나지 않는다. 만일 우리가 예행연습을 선택했다면, 그 이유는 이 연구의 진행 방법이 위험하기도 하지만 얻을 수 있는 소득이 있기 때문이다. 장례에 관한 신화학과 민속학의 관점으로 볼 때 사료 편찬에 대한 근대의 열정은 죽음에 대한 고대적 상징을 보여주기에 충분한 의미를 갖는다. 이미 지적했던 것처럼 근대인의 불안은 비밀스럽게 역사에 대한 자각으로 연결되어 있다. 그리고 그런 역사성을 자각했기 때문에 죽음과 무 앞에서의 불안을 드러내는 것이다.

근대 유럽인이 사료 편찬에 열정을 갖고 있다고 해서 벌써 장례 조짐이 보이는 것은 아니다. 종교적 상징의 관점으로 볼 때 열정적으로 사료를 편찬한다는 것은 죽음이 임박했음을 의미한다. 그러나 심층심리학은 우리에게 상징을 조작하고 상징에 가치를 부여하는 의식적인 경험보다도 상징의 능동적인 현존에 더 중요성을 부여하도록 가르쳤다. 우리는 이것을 충분히 이해할 수 있다. 왜냐하면 역사 편찬의 열정은 여러 측면 중 하나이기 때문이다. 그중 가장 외부적인 측면은 역사에 대한 발견이고, 가장 내면적인 측면은 모든 인간 존재의 사실성에 의거하며, 종국적으로는 죽음 앞에서의 불안을 직접적으로 내포한다. 비교 연구의 진행 방법이 풍부해지기 시작하는 것은 죽음 앞에서 이 불안을 바라보면서부터다.

즉, 우리의 죽음과는 다른 관점에 불안을 위치시키고 판단하려고 애쓰면서부터다. 무와 죽음 앞의 불안은 특히 근대의 현상이 된 듯하다. 유럽이 아닌 다른 문명과 종교들에서 죽음은 결코 절대적인 종말이나 무처럼 여겨지지 않는다. 죽음은 오히려 존재의 또 다른 양태를 향해 나아가는 통과의례다. 그리고 이것을 위해 죽음은 항상 상징과 입문의례, 거듭남 또는 부활의 의례와 관계되어 나타난다. 그렇다고 유럽 이외의 세계가 죽음 앞에서 느끼는 불안의 경험을 알지 못한다는 뜻은 아니다. 불안의 경험은 다른 세계에도 있지만, 그것은 부조리하지도 무용하지도 않다. 오히려 존재의 새로운 단계에 다다르기 위해 필요불가결한 경험으로서 가장 높은 단계의 가치를 부여 받는다. 죽음은 위대한 입문의례다. 그러나 근대 세계에서 죽음은 종교적인 의미로 종결된다. 죽음이 무와 비슷한 것도 이러한 이유 때문이다. 근대인은 무 앞에서 마비되고 만다.

여기서 잠깐 본론을 벗어나 보자. '근대인'의 위기와 불안에 대해 말할 때 우리는 특히 신앙을 가지지 않은 사람들을 떠올린다. 신앙이 있는 사람들에게 죽음은 통과의례다. 그러나 근대 세계의 대다수의 사람들은 신앙을 잃었고, 또 대다수의 사람들은 죽음 앞의 불안을 무 앞의 불안과 혼동한다. 우리가 짚어보고자 하는 것은 특히 근대 세계의 이러한 부분이다. 이런 경험들 때문에 우리는 다른 문화의 지평 안에서 우리를 위치시키면서 스스로를 이해하고 해석하고자 애쓰는 것이다.

그러므로 근대인의 불안은 무의 발견에 의해 자극되고 제공된 듯하다. 유럽인이 아닌 사람들은 이러한 형이상학적인 상황에 대해 어떻게 말할까? 우선 우리가 '원시인'이라고 부당하게 불렀던 고대인의 영적인 지평 안에 우리를 위치시켜보자. 원시인은 이러한 죽음의 불안을 알고 있다. 불안은 그들의 근원적인 경험, 즉 그들로 하여금 성숙하고, 현명하고, 책임감 있는 인간이 될 수 있도록 부추긴 결정적인 경험과 연결되어 있다. 즉, 그들은 어린 시절을 초월하고 어머니와 어린이의 모든 콤플렉스로부터 자유로웠던 성숙하고, 현명하고, 책임감 있는 인간이다. 원시인에 의해 체험된 죽음의 불안은 입문의례에 참여하면서 생기는 불안이다.[1] 그리고 만일 우리가 그들의 경험과 그들이 사용한 상징적인 언어로 근대인의 불안을 해석할 수 있다면, 원시인은 우리에게 이렇게 말할 것이다. "이것은 입문의례의 커다란 시험이며, 악귀와 조상의 영혼이 드나드는 미궁이나 가시밭 안으로의 침투다." 여기서 가시밭은 지옥, 즉 다른 세계에 해당된다. 괴물에 의해 삼켜져 괴물의 배 속 깊은 속에서 발견되거나 새로운 인간으로 다시 태어날 수 있도록 조각조각 잘리고 소화되는 것을 느낄 때 입문의례에 임한 지원자는 주체할 수 없는 두려움에 마비된다. 사람들은 고대 사회에서 젊은이들의 입문의례를 포함하는 무시무시한 모든 시험, 즉 고대 그리스동방의 비의들에서 존속했던 입문의례에 필수불가결한 모든 시험들을 기억한다. 어린 소년들 그리고 특히 어린 소녀들이 입문의례를 통과하기 위해 그들의 집을 떠나 얼마 동안, 때때로 여러 해 동안 가시밭에서, 즉 다른 세계에서 생활한다. 이 입문의례는 상징적인 죽음과 부활의 의례로 끝나는 시험과 고문을 포함한다. 지독한 것은 특히 이 마지막 의례다. 왜냐하면 어린 소년은 괴물에 의해 잡아먹히고,

---

1 원본의 243페이지를 볼 것. 제9장의 '불가사의와 입문의례'를 볼 것.

산 채로 땅에 묻히고, 정글에서, 즉 지옥에서 길을 잃은 것이다. 이런 맥락에서 원시 공동체는 한 사람이 겪는 불안으로 인해 가중된 불안을 느꼈고, 오늘날 우리도 그런 방식으로 불안을 느낀다. 근대 세계는 괴물에 의해 잡아먹혀 괴물의 배 속에서 투쟁하거나 혹은 가시밭이나 지옥을 상징하는 미궁 속에서 길을 잃고 방황하는 인간의 상황을 보여준다. 인간은 불안해하거나 이미 자신이 죽었다고 믿거나 죽을 지경에 처해 있기 때문에 주위로부터 암흑, 죽음, 무 이외의 어떤 출구도 보지 못한다.

그럼에도 원시인은 이 지독한 불안의 경험을 새로운 인간의 탄생의 필수 조건으로 여겼다. 단말마의 고통, 죽음 그리고 부활 없이 입문의례는 성립되지 않는다. 원시 종교의 관점에서 보면 근대 세계의 불안은 절박한 죽음의 신호, 그렇지만 필수적이고 구원을 그 안에 가지고 있는 죽음의 신호다. 왜냐하면 불안에는 부활이 뒤따르고, 성숙과 책임감이라는 새로운 존재방식으로의 접근을 가능하게 하는 것이 있기 때문이다.

그러므로 우리는 다른 관점으로 바라보면서 또한 대중적인 신화학의 용어로 사료 편찬의 열정을 해석하면서 상징 자체를 만났던 것처럼 죽음의 상징을 발견한다. 그러나 원시인에게서도 그리고 더 발전된 유럽 이외의 문명에서도 죽음의 개념과 맞바꿀 수 있는 무의 개념은 발견되지 않는다. 그리스도교인에게 죽음은 그리스도교가 아닌 종교에서 말하는 무와 대등하지 않다. 물론 죽음은 끝, 즉 새로운 시작이 즉시 뒤따르는 끝이다. 우리는 다른 것에 이를 수 있기 위한 존재방식으로 죽는다. 죽음은 탄생이나 입문의례처럼 존재론적인 단계의 단절 그리고 통과의례를 동시에 구성한다.

인도의 종교와 형이상학에서 무가 어떻게 가치를 부여 받는지 살펴보는 것 또한 흥미롭다. 정확하게 말해 인도인의 특수한 사고라고 여겨지는 존재와 비존재의 문제를 살펴보자. 인도인의 사고에서 볼 때 생동감 있고 심리적인 경험만큼이나 이 세상은 다소간 우주의 환상, 즉 마야의 직접적인 산물이다. 여기서 더 상세하게 들어가지는 말고 '마야의 베일'이라는 것이 세계와 모든 인간 경험의 존재론적인 비현실성을 표현하기 위해 제시된 형식이라는 것만을 기억하자. 우리는 그것을 존재론적이라고 정의한다. 왜냐하면 세계도 인간의 경험도 절대적 존재에 참여하지 않기 때문이다. 인간의 경험처럼 물리적 세계도 보편적인 생성과 발전으로 이어지는 변천에 의해 그리고 세속적인 일에 의해 구성된다. 그러므로 물리적 세계는 시간에 의해 착각을 일으키고 창조되고 폐기된다. 그러나 그것들이 실제로 존재하지 않고 나의 상상력으로 창조된 것이라고 말하는 것은 아니다. 세계는 신기루 또는 환상이 아니다. 물리적 세상 안에서 생명과 영혼에 대한 나의 경험이 존재하게 된다. 그리고 이는 시간 안에서만 존재한다는 것을 뜻한다. 이것은 인도인의 사고에서 볼 때 내일 혹은 지금으로부터 백만 년 후에는 더 이상 존재하지 않을 것이라는 것을 의미한다. 따라서 절대적인 존재의 단계에서 판단된 세계와 그 세속적인 일의 모든 경험은 착각을 일으킨다. 마야가 인도인의 사고 속에서 무와 비존재에 대한 특별한 경험을 드러내는 것은 이러한 의미에서다.

지금부터 인도 철학이라는 열쇠를 가지고 근대 세계의 불안을 해독해 보도록 하자. 인도의 한 철학자는 유럽은 역사실증주의와 실존주의를 통해 마야의 변증법과 연관된다고 말한다. 그 추론이 대략 어떤 것인지 살펴보자. 유럽인은 인간이 생리학과 유전에 의해서뿐 아니라 역사와 특히 그 자신의 인생에 의해 계속해서 제약을 받아왔다는 것을 이제 막 발견했다. 항상 역사에 참여하고 있으며 근본적으로는 역사적인 존재인 인간을 말이다. 그 인도 철학자는 이런 '상황'을 인도인은 아주 오래전부터 알고 있었다고 덧붙인다. 이런 상황이란 마야 안에서의 존재는 허망하다는 것이다. 이 존재는 시간과 역사에 의해 제약을 받기 때문에 허망한 존재다. 이런 이유로 인도인은 절대로 역사에 철학적인 중요성을 부여하지 않는다. 인도인은 존재에 대해 전심을 기울이고, 변천에 의해 창조된 역사는 비존재의 형식 중의 한 요소가 된다. 그렇다고 인도인의 사고가 역사적 사실을 소홀하게 분석하는 것은 아니다. 인도의 형이상학과 영적인 기술들은 오늘날 서양 철학이 '세계 속의 존재' 혹은 '상황하의 존재'라고 부르는 것에 대해 오래전부터 매우 섬세하게 분석해왔다. 요가, 불교, 베다철학은 상대성, 즉 '상황'과 '조건'의 비현실성을 증명하는 데 사용되었다. 인도인은 이미 수세기 전부터 하이데거 이전의 마르크스나 프로이트가 정확하게 예측했던 인간의 경험과 세계에 대한 판단을 일상생활에서 확인해왔다. 인도 철학에 따르면 인간은 환상에 얽매여 있다. 이것은 모든 존재가 절대적 존재로부터 분리되면서 단절되었음을 의미한다. 요가나 불교에서 모든 것이 고통스럽고 모든 것이 일시적이라고 말할 때, 그것은 '존재와 시간'에 관한 의미다. 즉, 인간 존재는 숙명적으로 불안과 고통을 야기하는 일상에서 살고 있다는 것이다.

다시 말하자면 세계 속에서 인간이 특수한 방식으로 존재한다고 밝힌 역사주의는 인도인이 오래전부터 마야 안에서 묘사한 상황과 호응한다. 그리고 인도 철학은 일상생활에서 인간의 역설적인 조건과 덧없음으로 인한 유럽인의 생각을 담고 있다. 불안은 인간이 무로부터 나와서 무를 향해 가고 있는 죽을 운명이 예정된 존재라는 비극적인 발견으로부터 솟아나는 것이다.

인도 철학자는 몇몇 근대 철학들이 발견한 결론들 때문에 당혹해할 수 있다. 왜냐하면 인도인은 마야의 변증법을 이해한 후 이 환상으로부터 해방되기 위해 노력해왔기 때문이다. 반면 유럽인은 그들의 발견에 만족해하면서도 존재와 세계에 대해 허무주의와 염세주의를 갖기 때문이다. 유럽인이 이런 사상을 끌어내게 된 배경에 대해 토론할 필요는 없을 것이다. 우리는 단지 이 상황을 인도 철학이 판단하도록 내버려둘 것이다. 그런데 인도인에게서 우주에 대한 환영은 절대적 존재에 대한 연구에 의해 진행될 때만 의미가 있다. 즉, 마야 개념은 브라흐만² 없이는 의미가 없다. 이 말을 서양의 언어로 표현하자면, 사람이 조건에 대한 상황 의식을 갖게 되는 것은 비조건의 상황을 향해 관점을 돌리고 거기서 해방을 찾을 때만 의미를 갖게 되는 것이다. 마야는 우주의 놀이, 결국 허망한 놀이다. 이것을 이해해야만 마야의 베일을 찢었을 때 절대적인 존재 앞에, 궁극적인 현실 앞에 서 있는 우리의 존재를 발견할 수 있다. 불안은 우리의 덧없음과 근본적인 비현실성에 대한 자각에

---

2 브라흐만(Brahman). 『우파니샤드』에 따르면 브라흐만은 앞, 뒤, 안, 밖 어디에도 없고, 어휘로는 표현되지 않으며, 어떠한 틀로도 잡을 수 없는 무한한 영역에 있는 우주의 '나'다. 환영의 세계인 마야는 불안정하고 일시적이고 사라질 것이지만, 브라흐만으로 가기 위해서는 반드시 마야 세계를 거쳐야 한다. 인과응보가 단순한 인과론적 카르마 법칙이 아니듯 브라흐만 개념도 마야 개념 없이는 성취될 수 없는 것이다. (옮긴이 주)

의해 유발된다. 그러나 이 자각 그 자체가 궁극적인 목적은 아니다. 자각은 단지 세계 속에서 우리 존재의 환상을 발견하도록 도울 뿐이다. 이 점에서 정확하게 두 번째 자각이 개입한다. 마야는 우리의 위대한 환상에 의해, 우리의 무지에 의해, 즉 우주의 변천과 사실성에 대한 우리의 잘못되고 불합리한 동일화에 의해 형성된 것이다. 실제로 인도 철학에 따르면 우리의 참된 자기[3]를 명확하게 발견하는 것은 사실성에 대한 다양한 상황들과는 어떠한 상관도 없다. 자기(Soi)는 존재에 참여한다. 아트만[4]은 브라흐만과 동일하다. 인도인은 우리가 말하는 불안을 쉽게 이해할 수 있을 것이다. 우리는 삼단논법의 추상적인 의미 안에서 죽게 될 운명이라서 불안한 것이 아니라 시간에 의해 무자비하게 삼켜짐으로써 죽고 죽어가는 중이라는 것을 발견했기 때문에 불안한 것이다. 인도인은 우리의 두려움과 불안을 매우 잘 이해할 것이다. 우리에게는 죽음을 발견하는 것이 중요하다. 인도인은 어떤 죽음을 염두에 두는가? 비자아의 죽음, 허망한 개체성의 죽음, 즉 마야의 죽음에 대해 이야기할 뿐 불멸의 존재나 아트만의 죽음을 말하는 것은 아니다. 그러므로 존재의 무 때문에 생기는 불안이 죽음 앞에서 생기는 불안과 대등하

---

3 참된 자기(purusha), 즉 푸루샤는 인식과 주관이며, 이와 대립되는 개념은 근본 물질인 프라크리티(prakriti)다. 푸루샤가 순수정신이라면 프라크리티는 근본 물질이다. 이 두 원리에 의해 우주의 창조와 변화를 설명하는 것이 싱키아 학파다. 이 두 원리는 요가 학파의 기초 이론이 되고, 요가 실천을 통해 고뇌를 종식하고자 한다. (옮긴이 주)

4 아트만(Atman)은 자아, 개인아, 영혼, 본체, 만물 속에 내재하는 영묘한 힘을 의미한다. 브라흐만이 우주적 '나'라면, 아트만은 개체적 '나'다. 앞, 뒤, 안, 밖 어디에나 있고, 아트만 안에서 유희-희열-하나됨-기쁨-자유를 느끼게 된다. 세계 원리인 브라만과 같은 성질의 것이고, 현실의 나라고 하는 자아는 브라만과 하나가 됨으로써 최고 진리에 도달할 수 있다. (옮긴이 주)

다고 보는 우리의 의견에 인도인은 동의할 것이다. 그러나 그들은 이렇게 덧붙일 것이다. 당신을 두렵게 만드는 이 죽음은 당신이 갖고 있는 환상의 죽음이고 무지의 죽음일 뿐이다. 죽음은 거듭남으로, 진정한 정체성의 자각과 존재방식의 자각으로, 제약 받지 않는 자유로운 존재방식의 자각으로 이어진다. 그 인도 철학자는 간단하게 다음과 같이 말한다. "당신이 가진 사실적 역사의식이 당신을 두렵게 만드는데, 그 의식 속에서는 제대로 이해할 수 없는 것이 많다. 왜냐하면 지고존재자를 발견하고 체험하기 위해 역사에서는 죽어야 하기 때문이다."

유럽의 역사실증주의 또는 실존주의 철학자는 불안에 대한 이러한 해석을 반박할 것이다. 당신은 나에게 이렇게 물을 것이다. 유럽의 철학자는 "역사에서 죽는다"는 것에 대해 이렇게 말한다고 인간은 역사와 다른 것이 아니며, 역사와 다른 것으로 존재할 수도 없다. 왜냐하면 인간의 본질 자체가 시간에 속하기 때문이다. 그러면서 당신은 나에게 실존을 거부할 것을, 나를 추상적 관념 안으로, 순수한 지고존재자인 아트만 안으로 피난시킬 것을 요구한다. 그리고 역사의 창조자가 되려는 나의 결의를 희생시키고, 텅 비고, 역사적이지 않고, 진실하지 않은 실존을 체험하라고 요구한다. 그래서 나는 불안 속에 나를 위치시키는 것을 좋아한다. 불안은 내가 인간 조건을 자각하고 수용하는 것을 거부하지 않는다.

우리는 유럽 철학의 위치를 토론하지는 않을 것이다. 우리는 서양이 인도와 인도인의 영성에 기반을 두고 있다는 왜곡된 주장을 살펴보아야 한다. 우주에 대한 환상의 발견과 존재의 형이상학적인 목마름이 인도에서는 생에 대한 전적인 가치 저하로 그리고 보편적인 공허로 해석된다는 것은 전혀 사실이 아니다. 우리는 다른 어떤 문명보다도 인도가 생을 사랑하고, 존중하고, 어떤 조건에서도 생을 즐긴다는 것을 알고 있다. 왜냐하면 유럽의 어떤 철학자들이 무로부터 나와 무를 향해 가는 인간 실존이 부조리하다고 증명한 것처럼, 마야는 우주적이고 부조리하고 무상적인 환상이 아니기 때문이다. 인도 사상에서 마야는 신의 피조물이며, 인간의 경험과 이 경험을 벗어나는 것을 다루는 우주의 게임이다. 따라서 우주에 대한 환상을 자각하는 것이 무에 대한 보편성을 발견하는 것이라고 생각해서는 안 된다. 그것이 의미하는 바는 단지 세계와 역사 안에서의 모든 경험이 존재론적 효력이 없다는 것이다. 그러므로 우리의 인간 조건이 자기 자신의 궁극 목적이라고 간주되어서는 안 된다. 그러나 이 자각을 한 번 하게 되면 힌두교도는 세계와 단절되지 않는다. 마야의 변증법적 자각이 반드시 사회적이고 역사적인 모든 존재의 고행과 단념으로 향하는 것은 아니다. 이 자각은 보통 완전히 다른 태도로 해석된다. 『바가바드 기타』에서 아르주나의 크리슈나에 의해 드러난 태도, 즉 역사에 절대적인 가치를 부여하면서 계속해서 세계에 머무르고 역사에 참여하는 것이다. 이것은 역사를 거부하는 쪽으로 유도하는 것이 아니라 오히려 우리에게 『바가바드 기타』에 기록된 메시지를 폭로하는 역사 앞에서 우상 숭배의 위험을 드러내는 것이다. 인도인의 모든 생각은 무지와 환상의 역사 속에 사는 것이 아니라 역사의 존재론적 현실을 믿는다는 것을 드러낸다. 이미 말한 바대로 허망한 세계는 영속적인 변천 속에 놓여 있지만 그래도 신의 피조물이다. 세계는 또한 성스러운 것이다. 그러나 역설적이게도 우리는 세계가 신의 '놀이'라는 것을 발견한 후에만 세계의 신성을 발견한다. 소멸하기 쉽고 헛된 세계가 궁극적인 현실을 대표한다는 부조리한 신념 때문에 무지 그리고 불안과 고통은 증폭된다. 우리는 시간에 관한 유사한 변증법을 재발견한다.[5] 『마이트리 우파니샤드』[6]에 따르면 브라흐만, 즉 절대적 존재는 시간과 영원이라는 두 극에서 동시에 나타난다. 무지는 브라흐만의 부정적인 측면, 즉 시간만을 보는 것으로 이루어진다. '나쁜 행동'이란 힌두교도가 말하듯이 시간 속에 사는 것이 아니라 시간 밖에는 다른 아무것도 존재하지 않는다고 믿는 것이다. 우리는 시간에 의해 그리고 역사에 의해 삼켜졌는데, 그것은 우리가 시간 속에 살아서가 아니라 시간의 현재를 믿기 때문이다. 그만큼 우리는 영원성을 잊거나 무시한다.

우리의 논고는 이쯤에서 멈춰야 할 것이다. 왜냐하면 우리의 목적이 인도의 형이상학을 토론하는 것도, 유럽 철학에 반대하는 것도 아니고 단지 힌두교도가 근대의 불안에 대해 우리에게 말하고 있는 것을 보여주는 것이기 때문이다. 인도 영성의 지평에서처럼 고대 문화의 전망 안에서 판단된 불안이 우리에게 죽음의 상징을 폭로한다는 것은 의미 있는 일이다. 다시 말해 다른 사람들, 즉

---

5 Cf. *Images et symboles* (Gallimard, 1952), 73.

6 『마이트리 우파니샤드』. 『우파니샤드』 13권의 이름이다. '우파니샤드'는 스승의 심오한 가르침을 받기 위해 그 발아래 겸허하게 가까이 앉는다는 뜻으로 스승으로부터 깨달은 가르침을 집대성한 문헌이 우파니샤드다. 브라만교의 경전 중 마지막에 해당하고, 기원전 600~300년경 집대성되었다. 제식만능주의에 빠진 브라만교에 반발하여 발생하여 인도 브라만 철학의 근원이 된다. 이 경전은 브라만과 아트만의 일체, 즉 범아일여 사상, 관념론적 일원론을 다룬다. 시간과 초시간 사이에서 근대인이 느끼는 불안과 입문의례 때 죽음을 겪으면서 느끼는 불안은 동등한 것인데, 이 경전은 이 불안의 의미를 설명하고, 이후에 전개될 것을 예견하고 있다. (옮긴이 주)

비유럽인에 의해 판단된 우리의 불안은 유럽인이 그들에게서 이미 발견했던 것과 똑같은 의미를 나타낸다. 그것은 바로 죽음에 대한 절박함이다. 유럽인과 비유럽인의 정체성은 죽음 문제에서 나누어진다. 왜냐하면 비유럽인에게서 죽음은 결정적이지도 부조리하지도 않기 때문이다. 오히려 죽음이 임박하여 유발된 불안은 이미 부활의 약속이며 다른 존재방식으로의 거듭남에 대한 전조를 드러낸다. 이러한 존재방식은 죽음을 초월한다. 원시 사회의 관점으로 본다면 근대 세계가 보이는 불안은 입문의례 때의 죽음에 대한 불안과 대등하다고 할 수 있다. 인도인의 관점에서 본 죽음의 불안은 마야의 변증법적인 순간과 대등하다. 조금 전 말했듯이 인도에서나 고대와 원시의 문화에서는 불안이 일상에서 거처를 정하지 못하게 만들었다. 불안은 입문의례의 경험과 통과의례의 범위에서만 필수적인 것이다. 그러나 우리는 우리 문화 이외의 다른 문화에서 이루어지는 통과의례나 해결책 없는 상황 속에 참여할 수 없다. 그 이유는 해결책이 바로 새로운 존재방식을 자각하면서, 통과의례를 마치고 높은 1세에 이르면서 위기를 해결하는 데 있기 때문이다. 말하자면 그들의 기업 통과의례가 중단될 수 있다고 생각하지 않는다. 가령 가업 통과의례가 중단된다면 소년은 더 이상 입문을 시작하기 전의 어린아이도 아니겠지만, 그렇다고 모든 시험들의 끝에 도달한 성인도 아니다.

　마찬가지로 근대의 불안의 또 다른 근원은 세계 종말, 더 정확하게는 우리 세계와 문명이 드리우고 있는 종말의 어두운 전조라고 말할 수 있을 것이다. 우리는 이 두려움의 적합성을 논박하지는 않을 것이다. 불안이 근대의 산물이 아니라는 것을 기억하는 것만으로 충분하다. 세계 종말 신화는 보편적으로 퍼져 있다. 우리는 이미 구석기 문화 단계에 있는 원시인에게서 이미 종말 신화를 발견한다. 또한 오스트레일리아 원주민뿐 아니라 바빌론, 인도, 멕시코와 그리스-라틴의 거대한 역사적 문명들 안에서 종말 신화를 발견한다. 이것은 세계의 주기적인 폐기와 재창조의 신화로서 영원 회귀 신화의 우주론적인 형식을 갖추고 있다. 그러나 유럽 이외의 어떤 문화 안에서도 세계 종말의 공포가 삶과 문화를 마비시키는 데 결코 성공하지 못했다는 것을 덧붙여야 할 것이다. 우주의 재앙을 기다리는 것은 분명 매우 불안한 일이다. 그러나 그것은 종교적으로 그리고 문화적으로 통합된 불안에 관계되어 있다. 세계의 종말은 결코 절대적이지 않다. 그것은 항상 재생된 새로운 세계의 창조로 이어진다. 왜냐하면 비유럽인에게 삶과 정신은 어떠한 방법으로도 절대 사라질 수 없는 특별한 무엇이기 때문이다.

유럽 이외의 문명 및 종교와의 비교는 이 정도로 마무리하고 결론을 끌어내야겠다. 물론 유럽과 비유럽 문명 간의 대화가 막 시작되었으므로 논의는 계속 발전시켜야 한다. 충돌을 피하고자 하는 관점은 그 자체가 이미 기운을 북돋아 준다. 불안의 영적 가치와 입문의례의 의미, 즉 유럽에서 보이는 신비적이고 형이상학적인 전통에 나타나는 의미와 가치를 되찾기 위해 고대와 동양의 문화 관점으로 그것을 평가해보는 것은 가치 있는 일이다. 아시아, 아프리카, 오세아니아의 세계와 대화함으로써 보편적으로 유효한 것이라고 간주할 수 있는 영적 위상을 재발견하게 된다. 이런 영적 위상은 더 이상 특정 지역의 형식도 특정 시기의 역사적 창조물도 아니다. 감히 말하자면 전 세계적인 위상이라고 할 수 있다.

그러나 유럽 이외의 영성과 대화하는 것이 단지 우리의 영성에서 매몰되거나 홀대된 어떤 근원들을 재발견하는 것으로 귀착된다면, 굳이 그토록 멀리까지 힌두인, 아프리카인, 오세아니아인을 찾아가서 물어볼 필요가 있을까? 우리 스스로 자문해볼 수 있지 않을까? 그러나 우리가 말한 것처럼 우리 자신의 역사적 순간은 우리에게 유럽이 아닌 문화들을 이해하고, 그들의 진정한 대표들과 대화를 시도하도록 강요한다. 그리고 더 중요한 것이 있다면 영적 관점이 변함으로써 우리 내부의 존재가 새롭게 해석되어 재생될 수 있다는 용기를 얻는 것이다. 이제 한 가지 이야기를 전하면서 이 논고를 마무리하고자 한다. 인도학의 권위자 하인리히 짐머가 마틴 부버의 『하시디즘 총서』에서 인용한 폴란드 크라코비(Cracovie)에서 랍비로 활동한 에이식(Eisik)에 관한 이야기다. 경건한 랍비 에이식은 꿈속에서 프라하로 가라는 명령을 받았다. 꿈에서 그는 왕궁으로 이르는 커다란 다리 아래 숨겨진 보물을 발견했다. 세 번 연달아 같은 꿈을 꾸었고, 이 랍비는 떠나기로 결심했다. 프라하에 도착한 그는 다리를 발견했으나 파수병이 밤낮으로 지키고 있어 감히 보물을 찾아볼 수 없었다. 그 주위를 떠나지 못하고 배회하자 수비대장이 그에게 다가와 잃어버린 것이라도 있는지 친절하게 물었다. 랍비는 간단하게 그의 꿈 이야기를 해주었다. 장교는 웃음을 터뜨렸다. 그리고 다음과 같이 말했다. "오, 가엾은 사람! 고작 꿈 때문에 여기 오기 위해 당신 신발을 닳게 했습니까? 꿈을 믿다니 당신은 그 정도로 비이성적인 사람이란 말입니까?" 그러고는 그 또한 꿈에서 한 목소리를 들었다고 설명했다. "꿈속에서 한 목소리가 나에게 크라코비에 대해 말했고, 에이식이란 이름의 랍비 집에 굉장한 보물이 있으니 찾으러 가라고 명령했습니다. 보물은 냄비 뒤에 묻혀 있는 먼지 쌓인 구석에 있다고 했습니다." 그러나 장교는 꿈에서 들은 목소리에 대해 어떤 믿음도 갖고 있지 않았다. 그는 이성적인 사람이었던 것이다. 랍비는 허리를 깊이 굽혀 고맙다고 인사하고 서둘러 크라코비로 돌아갔다. 그는 집 안 구석구석을 뒤져 가난을 종식시킬 보물을 발견했다.

하인리히 짐머는 "이렇듯 진정한 보물, 우리의 가난함과 시험을 종식시킬 보물은 결코 멀리에 있지 않으며, 그것을 찾으러 먼 나라로 갈 필요가 없다. 그것은 자신의 집 가장 은밀한 곳, 즉 자신의 존재 안에 파묻혀 있다"고 우리를 일깨워주고 있다. 그는 계속해서 이렇게 말한다. "그것은 우리가 파헤칠 줄 알기만 하면 냄비 뒤에, 우리 실존을 작동시키는 생명과 열정의 중심부 뒤에, 우리의 마음 뒤에 있다. 그러나 우리의 탐색을 인도하는 이 내적인 목소리의 의미가 먼 지역, 낯선 나라, 새로운 땅으로의 경건한 여행 이후에만 해독 가능하다는 것은 기이하고 불변하는 사실이다." 그리고 그는 "신비스러운 내적 여행의 의미를 드러내는 자는 그 스스로 다른 믿음을 갖고 다른 민족에 속하는 이방인이 되어야만 한다"고 덧붙였다.

이것은 모든 진정한 만남이 갖는 심오한 의미다. 이로부터 세계의 다양한 관점을 이해하기 위한 새로운 휴머니즘의 출발점을 세울 수 있을 것이다.

1953년 9월 4일 학술대회에서 발표한 글을 1954년 공저로 출간함.

발표 논문: "Le symbole religieux et la valorisation de l'angoisse"(종교적 상징과 불안의 가치),

Conférence de 'Rencontres internationales de Genève' (1953. 9. 4.)

공저: "Le symbole religieux et la valorisation de l'angoisse," *l'Angoisse du temps présent*

et les devoirs de l'esprit (Neuchâtel, Ed. de la Baconnière, 1954.)

4장

원시 전통에서
낙원에 대한 향수

보만(Baumann)은 초기의 낙원 시대와 관계되는 아프리카 신화들을 이렇게 요약한다. "그때 인간들은 죽음을 알지 못했다. 그들은 동물들의 언어를 이해했고 평화 속에서 그들과 함께 살았다. 그들은 전혀 일하지 않았으며 손만 뻗으면 풍부한 양식을 얻을 수 있었다. 어떤 신화적인 사건의 결과로 이 낙원 단계는 끝이 났고, 인류는 우리가 오늘날 알고 있는 것처럼 되었다."[1]

다소 복잡한 형태 아래 낙원 신화는 세계 도처에서 발견된다. 그것은 특히 낙원적인 요소 밖에서 불멸이라는 얼마간의 특수한 요소들을 항상 포함한다. 우리는 이 신화들을 다음과 같이 두 개의 커다란 범주로 분류할 수 있다: 1) 땅과 하늘 사이의 초기의 극단적인 가까움에 대해 말하는 신화들, 2) 하늘과 땅 사이의 커뮤니케이션의 구체적인 수단을 담고 있는 신화들. 여기에서는 이 두 종류의 신화들

---

1 Hermann Baumann, *Schöpfung und Urzeit des Menschen im Mythos afrikanischer Völker* (Berlin, 1936), 267. 아프리카에서 몇몇 낙원 신화들은(mythes paradisiaques) 기원 신화(mythes d'origine)가 되는 것으로 끝났다. 결국 그것들은 죽음의 기원을 설명한다. Cf. Hans Abrahamsson, *The Origin of Death, Studies in African Mythology* (Uppsala, 1951).

의 각각을 소개하는 여러 이형을 분석하지도, 그들 각자의 분포 지역과 연대기를 정확하게 명시하지도 않을 것이다. 우리는 단 한 가지 특성에만 관심을 둘 뿐이다. 초기의 상황을 기술하면서 신화들은 초기의 때에 하늘이 땅에서 매우 가까이 있었다는 것이나 우리가 쉽게 나무, 리아나(열대산의 덩굴식물) 또는 사다리를 매개로 혹은 산에 오르면서 하늘에 쉽게 도달할 수 있었다는 낙원의 특징에 관심을 둔다. 하늘이 갑작스럽게 땅으로부터 분리(séparé)되었을 때, 즉 오늘날처럼 땅과 떨어져 있게 되었을 때, 땅과 하늘을 이어주는 나무나 리아나가 베어졌을 때 또는 하늘에 닿아있는 산이 평평하게 되었을 때 낙원 단계는 끝이 났고, 인류는 현재의 조건을 획득했다.

결과적으로 이 모든 신화는 타락, 즉 하늘과 땅 사이의 단절을 유발했던 신화적 사건의 결과, 유감스럽게 잃어버린 지복, 본능적임, 자유를 누리는 원초의 인간을 소개한다. 초기의 낙원 시대에 신들은 땅 위로 내려왔었고 인간과 섞여 있었다. 인간들 또한 산, 나무, 리아나 또는 사다리를 오르면서 혹은 새를 타고 하늘에 오를 수 있었다.

주의 깊게 행한 인류학적 분석은 여러 종류의 신화들이 갖고 있는 문화적 맥락들을 조명하게 해 준다. 예를 들어 초기에 하늘-땅이 붙어있었다는 신화, 특히 오세아니아와 남부 아시아에 퍼져 있는 신화들은 모권제 사상과 불가분의 관계라고 말할 수 있다.[2] 마찬가지로 우리는 세계의 중앙에 위치하고 땅과 하늘을 연결하는

---

2 Cf. H. Th. Fischer, *Indonesische Paradiesmythen* (Zeitschrift für Ethnologie, LXIV, 1932), 204-245; Franz Kiichi Numazawa, "Die Weltanfänge in der japanischen Mythologie" (Paris-Luzern, 1946).

우주축에 관한 신화적 이미지, 즉 산, 나무, 리아나 그리고 가장 원시적인 부족(오스트레일리아, 피그미, 북극 지방 등)에게서 이미 입증된 이미지가 특히 전원적이고 한곳에 정주하는 문화에 의해 동화되었다는 것과 고대 동양의 거대한 도시 문화에까지 전해졌다는 것을 제시할 수 있다.[3] 그러나 여기에서 인류학적인 분석은 하지 않을 것이다. 이 장의 주제를 위해선 신화의 유형만 살펴보는 것으로도 충분할 것이다.

그들 각자의 전후 사정을 고려함 없이 낙원 시대 인간의 특수성을 열거해보면, 우선 불멸, 자성, 자유 그리고 하늘에 오를 가능성과 신들과의 쉬운 만남, 동물들과의 우정과 동물 언어에 대한 지식 등이다. 이러한 자유와 능력의 총체는 초기에 발생한 사건 때문에 상실되게 되었다. 인간의 '타락'은 우주의 파괴에 의해서뿐만 아니라 그 자신의 조건의 존재론적인 변동에 의해서 역시 해석된다.

그러므로 특별한 기술들에 의해 샤먼은 현 인간 조건—타락한 인간의 조건—을 폐지하고 낙원 신화가 우리에게 말하는 초기의 인간 조건을 회복하려고 노력한다는 것은 분명하다. 고대 사회에서 다른 성스러운 것을 다루는 사람들 가운데 특히 샤먼은 황홀경의 전문가이다. 황홀경의 능력 덕택에 샤먼은 기꺼이 그의 육체를 포기할 수 있고 우주의 전 지역 안에서 신비한 여행을 시도할 수 있다는 사실 덕택에 신비와 환영을 볼 뿐만 아니라 치료자이기도 하고 망령을 인도하기까지 한다. 샤먼만이 길 잃은 환자의 영혼을 찾아내고, 포획하고, 그의 육체에 복귀시켜줄 수 있다. 죽은 자의 영혼을

---

3 Mircea Eliade, *Le mythe de l'éternel retour* (Paris, 1949), 21.

그들의 새로운 거처까지 동반해주는 사람도 샤먼이다. 희생된 동물의 영혼을 신들에게 바치고 신의 은총을 구하기 위해 하늘로 기나긴 황홀경의 여행을 담당하는 사람도 언제나 샤먼이다. 한마디로 샤먼은 영적 문제에 있어서 위대한 전문가이다. 즉, 영혼의 위험과 위기의 다양한 드라마를 누구보다도 잘 알고 있다. '원시' 사회에서 재현된 복합적인 주술 신앙을 가진 사람은 더 심화된 종교 형식에서 신비, 신비적 경험이라고 부르는 것을 갖고 있었다.

샤머니즘의 의례는 일반적으로 다음의 요소들을 포함한다: 1) 보조의 영들을 소환하기, 대부분의 시간을 동물을 수환하고 그들과 비밀 언어로 대화하기, 2) 북 연주하기, 신비스러운 여행을 준비하는 춤 추기, 3) 영매(사늉 또는 실제). 영매(transe) 동안 샤먼의 영혼은 그의 육체를 떠났다고 여겨진다. 샤머니즘의 모든 의례의 목적은 황홀경의 획득이다. 왜냐하면 샤먼이 공중에서 날거나 지옥으로 내려갈 수 있는 것은, 다시 말해 치료자의 임무나 망령을 인도하는 임무를 완수할 수 있는 것은 오로지 황홀경 안에서 가능하기 때문이다.

그러므로 영매 상태를 준비하기 위해 샤먼이 우리가 비밀 언어 또는 다른 지역에서 동물 언어라고 부르는 것을 사용한다는 것은 의미 있는 일이다. 한편으로 샤먼은 동물들의 행동을 모방하고, 다른 한편으로 동물들의 울음소리, 특히 새들의 울음소리를 모방하려고 애쓴다. 슈에로제브스키(Shierozewski)는 야쿠트족(les yacoutes) 샤먼들을 관찰하고 이런 기록을 남겼다. "때로는 위에서, 때로는 아래에서, 때로는 앞에서, 때로는 뒤에서 샤먼은 신비스러운 소리를 듣게 만든다. 사람들은 멧도요의 울음소리를 중단시키는 매의 울음소리와 섞인 푸른 도요의 구슬픈 울음소리를 듣는다고 믿을 것이다.

그의 목소리의 억양을 변화시키면서 이렇게 외치는 것은 바로 샤먼이다. 우리는 푸른 도요의 비명, 멧도요의 가슴을 에는 듯한 울음소리와 뻐꾸기의 후렴이 섞인 매의 울음소리를 듣는다."[4] 카스타네(Castagné)는 "놀라울 정도로 정확하게 동물들의 울음소리, 새들의 노래, 날갯짓 소리를 모방하는" 키르키즈-타타르어에서 호칭하는 바크싸(baqça)[5]를 우리에게 소개한다.[6] 레티사로(Lehtisalo)가 지적했던 것처럼 샤머니즘 의례 동안 사용된 언어의 많은 부분은 새들과 다른 동물들의 울음소리의 모방을 기원으로 삼는다. 이것은 우리가 어려움 없이 그 기원을 예측할 수 있는 의성어, 음소, 전음들에 의해 가장 빈번히 만들어진 후렴구(떨리는 톤으로 된 후렴구)와 요들에서 그렇다. 즉, 새들의 노랫소리와 울음소리를 모방하는 것이다.[7] 일반적으로 샤먼은 의례 동안 날카로운 목소리, 두성으로 말한다. 다시 말해 말하는 사람이 그가 아니라 정신이나 신이라는 것을 나타내기 원하면서 가성으로 말하는 것이다. 그러나 이 같은 날카로운 목소리는 우리가 주술 형식을 노래할 때 일반적으로 사용된다는 것을 주목해야만 한다. 주술과 노래, 특히 새들의 방법을 따른

---

4 W. Shieroszewski, "Du chanamisme d'après les croyances des Yacoutes," *Revue de l'histoire des religions*, XLVI (1902): 204-235, 299-335, 326 이하.

5 바크싸(baqça, baqxa): 시인, 음악가, 예언가, 성직자, 의사 등의 뜻을 가진 이 단어는 카자흐족, 키르키즈족, 타타르족에게 동물, 특히 새의 소리와 모양을 잘 따라 하는 유능한 사람을 일컫는다. 엘리아데는 중앙아시아 부족들의 이런 모습 속에서 낙원에 가까이 가려는 사람들의 신화적 행위를 발견한다. 동물과 우정을 나누는 것, 자연에 가까이 가는 것 등은 낙원 신화에 가까이 가려는 사람들의 욕망이 표출된 것이라고 엘리아데는 설명한다. (옮긴이 주)

6 J. Castagné, "Magie et sxorcisme chez les Kazak-Kirghizes et autres peuples turcs orientaux," *Revue des études islamiques* (1930): 53-151, 93.

7 T. Lehtisalo, "Beobachtungen über die Jodler," *Journal de la Société finno-ou-grienne*, XLVIII (1936-1937): 2, 1-34.

노래는 같은 단어들을 여러 번 사용함으로써 표현된다. 주술 형식에 해당하는 독일어는 galdr인데, 이 단어는 새들의 울음소리를 뜻하는 동사 galan(chanter, 노래하다)과 같은 의미로 활용된다.

만일 입문의례를 하는 동안 샤먼이 어떤 동물을 만나 그로부터 직업의 어떤 비밀을 전수 받거나 동물 언어를 배우거나 또는 자신의 보조(친근) 영이 되었다고 할 때, 사람들은 동물들과 샤먼 사이에 확립된 우정과 친분의 관계를 더 잘 이해할 수 있을 것이다. 샤먼은 동물들의 언어를 말하고 동물들의 친구와 주인이 된다. 즉시 동물들의 우정을 얻는다는 것을 주목하자. 그렇다고 샤먼의 제어 능력이 고대의 정신 상태로, 다시 말해 하위의 생물학적 조건 안으로 퇴행한다는 것을 의미하지는 않는다. 한편으로 동물들은 종교 생활을 위해 매우 중요한 상징과 신화학의 임무를 담당한다. 따라서 동물들과 의사소통하고, 그들의 언어를 말하고, 그들의 친구와 주인이 되는 것은 인류의 단순한 인간적인 삶보다 더욱 많이 풍부한 영적인 삶을 제 것으로 삼는 것과 동등하다. 다른 한편으로 동물들은 '원시인'의 눈에 중대한 매력으로 비춰진다. 동물들은 삶과 자연의 비밀을 알고 있으며, 장수와 불멸의 비밀 또한 알고 있다. 동물들의 조건을 회복시키면서 샤먼은 그들의 비밀에 참여하고 그들의 완전한 삶을 즐긴다.

다음의 사실을 강조하도록 하자. 동물들과 우정을 갖는 것과 그들의 언어를 아는 것은 낙원의 신드롬을 구현하는 것이다. 초기의 때, 타락 전에 이 우정은 초기의 인간 조건을 구성하는 것이었다. 샤먼은 초기의 인간의 낙원 상황을 부분적으로 되찾는데, 이것은 동물의 본능적인 특성 회복과 동물 언어(울음소리의 모방) 덕택인 것이다. 샤먼이 동물들과 대화하는 것이나 심령이 육체화되는 것(육체화되는 것은 소유와는 다른 신비적인 현상이다)은 의례의 황홀경 이전 단계에서 일어난다. 동물들과 긴밀한 관계를 통해 세속의 일상적인 상황(situation)에서는 접근할 수 없는 자발성과 지복을 되찾은 이후에 샤먼은 육체를 버리고 여행을 시작할 수 있다. 동물들과 우정을 나누는 이러한 생생한 경험을 통해 샤먼은 낙원 신화가 우리에게 말한 초기의 때에 합류하게 되고 '타락한' 인간성의 일반적인 조건을 초월할 수 있게 된다.

이미 말했듯이 황홀경 그 자체는 하늘이나 지옥으로의 신비한 여행과 육체의 포기를 포함한다. 여기에서 매우 흥미로운 사실이 있다. 샤먼이 하늘로 올라가는 것은 우주 나무나 기둥을 상징하는 나무나 말뚝의 중개로 실현된다는 사실이다. 예를 들어 알타이산맥의 샤먼은 의례를 위해 나무 밑동에서부터 가지를 자르고, 7, 9, 12 눈금을 새겨놓은 어린 자작나무를 사용한다. 자작나무는 우주의 나무를 상징하며, 가지를 베어낸 곳은 7, 9, 12의 하늘, 즉 하늘의 여러 단계를 상징한다. 말 한 마리를 제물로 바친 후 샤먼은 지고신 '바이 울간'(Bai Ulgän)이 있는 제9의 하늘에 닿기 위해 차례차례 나무의 베어낸 자리를 밟고 올라간다. 그는 군중에게 각 단계의 하늘에서 본 모든 것과 일어난 모든 것을 매우 상세하게 설명해준다. 마침내 아홉 번째 하늘에서 그는 바이 울간 앞에 엎드려서 희생된 말의 영혼을 바친다. 이 일화는 승천한 샤먼이 경험하는 황홀경의 절정이다. 그는 기진맥진해져서 쓰러지고 얼마 후에 눈을 비비며 깊은 잠에서 깨어난 것처럼 보이며, 오랜 부재의 끝에서 온 듯이 군중에게 인사한다.[8]

나무를 매개로 하여 하늘로 승천하는 상징은 부리야트족(les bouriates)의 샤먼들이 입문의례 때 행하는 것과 유사하다. 입문의례 지원자는 오두막집의 내부에 있는 자작나무에 기어올라 꼭대기에 다다르고 연기 구멍으로 빠져나온다. 연기가 나오는 높은 출구는 하늘의 북극성으로 가기 위한 '구멍'으로 여겨진다(다른 종족들에게 오두막집의 말뚝은 하늘의 기둥이라 불리고, 말뚝처럼 하늘을 고정시키는 역할을 한다. 또한 하늘의 못이라 부르는 북극성과 동일시된다). 이렇게 텐트의 내부에 있는 입문의례의 자작나무는 우주의 중심과 빛나는 북극성의 정상에서 발견되는 우주 나무의 이미지에 해당한다. 자작나무로 올라가면서 지원자는 하늘로 들어간다. 꼭대기 출구를 통해 일단 텐트를 빠져나오기만 하면 신들의 도움을 간청하며 힘껏 외치는 것은 바로 그 이유 때문이다. 그 위에서 그는 신들과 대면한다.

이와 유사한 상징은 주술 때 사용하는 북의 역할에서도 찾을 수 있다. 엠세이머(Emsheimer)에 따르면 입문의례 때 나타나는 황홀경이나 꿈에는 앞으로 샤먼이 될 사람들이 세상의 구원자가 있는 우주의 나무 곁으로 여행하는 내용이 담겨 있다. 세계의 구원자는 우주의 나뭇가지 아래로 빙글빙글 돌면서 내려오고, 샤먼은 자신의 몸을 꼬아서 북의 몸통처럼 만든다.9 우주의 나무는 세계의 중심에 있다고 간주되고 땅과 하늘을 연결한다. 북의 몸체는 우주의 나무 자체로 만들어졌다. 그리하여 샤먼은 북을 치면서 이 나무 곁으로 손을 뻗어 나뭇가지 모양을 만든다. 이 나무는 한 세상에서 다른

---

8 M. Eliade, *Le chamanise et les techniques archaïques de l'extase*, 175 이하.

9 E. Emsheimer, *Schamanentrommel und Trommelbaum* (Ethnos, 1946), 166-181; Eliade, *Le Chamanisme...*, 159 이하.

세상으로 이동할 수 있는 세상의 중심에 있다.

이렇게 샤먼은 가입의례의 자작나무 일곱 번째 눈금이나 아홉 번째 눈금으로 올라가든지, 북을 치든지 하면서 하늘로의 여행을 시도한다. 즉, 샤먼은 애써서 우주 나무로 올라가는 것을 흉내내고, 북을 치면서 북의 마법으로 나무 곁에서 나는 것을 흉내낸다. 샤먼의 비행은 매우 빈번하게 행해진다. 비행은 황홀경 자체와 혼동된다. 샤먼의 비상 가운데 특히 관심을 끄는 것은 우주 중심에서의 비행이다. 땅과 하늘을 연결하는 나무, 산, 우주 기둥이 발견되는 곳은 항상 거기, 세계의 중심이다. 북극성에 의해 만들어진 '구멍'이 있는 곳은 항상 거기다. 산을 오르면서, 나무를 기어오르면서, 날면서 혹은 하늘 정상의 '구멍'으로 침투하면서 샤먼은 하늘에 오른다.

우리는 초기의 때에 낙원의 신화적 시간에 산, 나무, 기둥 또는 리아나가 땅과 하늘을 연결하고 초기의 인간이 거기에 올라가면서 하늘에 쉽게 오를 수 있었다는 것을 알고 있다. 하늘과 의사소통하는 것은 초기의 때에 쉬웠고, 신들과 만나는 것은 구체적으로 일어났다. 이러한 낙원의 시간에 대한 추억은 원시인들에게 여전히 잘 살아있다. 코랴크족(les Koryaks)은 큰 까마귀 영웅의 신화적 시대를 기억한다. 그때는 인간들이 쉽게 하늘에 오를 수 있었을 때이다. 오늘날에도 그들은 여전히 하늘에 오를 수 있는 자들은 샤먼뿐이라고 이야기한다.[10] 브라질의 바케리족(les Bakairi)은 샤먼에게 하늘은 집보다 더

---

10 나무 정령과 이야기하는 강력한 샤먼인 키퀸 아크(Quikinn aqu)를 일컫는다. 코랴크족의 영웅이 나무 정령과 이야기를 나누고 하늘에 오를 수 있었다는 것은 낙원에 대한 회상을 보여주는 것이다. 까마귀처럼 사람이 하늘로 쉽게 올라갈 수 있었던 시기가 있었다. 그러나 낙원에서 추방당한 후에는 아무나 낙원으로 다시 돌아갈 수 있는 것이 아니었

높지 않다고 생각한다. 왜냐하면 눈 깜짝할 사이에 하늘에 다다르기 때문이다.[11]

샤먼이 황홀경에 빠져 있는 동안 낙원의 상황이 회복된다는 것에 관해 다시 이야기하자. 샤먼은 하늘과 땅 사이에 초기의 존재했던 의사소통을 재건했다. 그에게 우주 나무나 산은 타락 이전에 존재했던 것처럼 하늘에 접근하는 구체적인 수단이 다시 된다. 샤먼에게 하늘은 다시 땅과 가까워진다. 초기의 파괴 전에 그랬던 것처럼 하늘은 집보다 더 높지 않다. 결국 샤먼은 동물들과 우정을 발견한다. 달리 말해 황홀경이 일시적으로 그리고 많이 제한된 주제―신비스러움―에서 인간성 전체의 초기의 상태를 다시 현실화하는 것이다. 이 점에 관해 원시인들의 신비적 경험은 근원으로 회귀, 잃어버린 낙원의 신화적 시간으로 역행과 대등하다. 황홀경 속에 있는 샤먼에게 이 세계는―근대적인 용어로는 시간과 역사의 법 아래 있는―, 즉 타락한 세계는 무너졌다. 초기의 인간의 상황과 황홀경 동안 샤먼에 의해 회수된 상황 사이에 커다란 차이점이 존재한다는 것은 사실이다. 샤먼은 하늘과 땅 사이에 분열을 일시적으로만 무너뜨리지 않는다. 그는 영으로 올라가는 것이지, 초기의 인간처럼 실제로 올라가는 것은 아니다. 그는 조금도 죽음을 폐지하지 않는다. (문명인들과 마찬가지로 원시인들에게 '불멸'의 개념은 예비의 죽음을 내포하고 있다. 다시 말해 죽음 이후 영적인 '불멸'이 항상 문제가 되는 것이다.)

요약하자면 고대 사회의 신비 경험인 샤머니즘은 낙원에 대한

다. 오직 샤먼만이 그렇게 할 수 있다고 엘리아데는 말한다. (옮긴이 주)

11 Eliade, *Le Chamanise...*, 235 이하, 419 이하 또한 227-295.

향수, '타락' 이전의 자유와 지복 상태를 발견하려는 욕망, 땅과 하늘 사이의 의사소통을 복원하려는 의지를 드러낸다. 한마디로 우주의 구조 자체 안에서 그리고 초기의 분열에 따른 인간의 존재방식 안에서 변형되었던 이 모든 것을 폐지하는 것이다. 샤먼의 황홀경은 낙원 조건을 대부분 되찾는다. 그는 동물들의 우정을 다시 얻었다. 그의 비행이나 그의 승천에 의해 샤먼은 땅과 하늘을 다시 이어준다. 위에서, 하늘에서 그는 다시 정면으로 천신[12](Dieu céleste)을 만나고, 초기의 때에 일어났던 것처럼 직접 그에게 말을 한다.

유사한 상황은 기독교의 신비라는 가장 최근의, 가장 고심한 신비함 속에서 해독된다. 기독교는 낙원에 대한 향수에 의해 지배된다. "동양을 향한 기도는 낙원의 주제에 결부되어 있다. 동양을 향해 몸을 돌리는 것은 낙원에 대한 향수의 표현으로서 나타난다."[13] 낙원의 상징체계는 세례 성례에서 입증된다. "사탄의 지배 아래 떨어져 낙원에서 추방된 아담의 정면에, 초심자(입문자)는 사탄의 지배로부터 새로운 아담(예수, Nouvel Adam)에 의해 해방된 것처럼 나타나고 낙원에 다시 들어온다."[14] "기독교는 이렇게 낙원의 실현으로 나타난다. 예수는 삶의 나무이거나(Ambroise, *De Isaac*, 5, 43) 낙원의 샘물(Ambroise, *De Paradison*, III, 272, 10)이다. 그러나 이 낙원의 실현은 연속적인 세 계획으로 이루어진다. 세례는 낙원의 입구이

---

12 엘리아데는 프랑스어 Dieu céleste로 표현했는데, 영어로는 sky-god으로 번역했다. 종교학자 정진홍 교수는 '천신', '천주'와 함께 "'하늘'님"으로도 번역한다. 그는 '지고자로서의 천신'이 망각되어 deus otiosus(유휴신, 遊休神)로 설명한다(정진홍, "4. 멀치아 엘리아데論," 『宗敎學序說』, 전망사, 1980). (옮긴이 주)

13 Jean Daniélou, *Bible et liturgie* (Paris, 1951), 46.

14 *Ibid.*, 47.

다(*Cyrille de Jérusalem, Procatech*, P.G. XXXIII, 357A). 신비적인 삶은 낙원 안에서 더 심오한 입구이다(Ambroise, *De Paradiso*, I, i). 결국 죽음은 낙원 안에 순교를 도입한다(*Passio Perpet.*, I, P. L. III, 28A). 결과적으로 우리가 기독교인의 삶의 이러한 세 가지 양상에 적용된 낙원의 어휘를 발견했다는 것은 주목할 만한 일이다."15

물론 낙원의 삶의 복원을 가장 잘 드러내는 것은 신비다. 이 복원의 첫 번째 증후군은 동물에 대해 되찾은 다스림이다. 우리가 알고 있듯이 시초에 아담은 동물들에게 이름을 붙일 권한을 맡게 되었다(창세기 2:19). 그러므로 동물에게 이름을 붙이는 것은 그들을 다스리는 것과 동등하다. 성 토마스(Saint Thomas)는 이성이 없는 창조물에 대한 아담의 권한을 이렇게 설명했다. "영혼은 어떤 면에서 조급하고 탐하는 식욕이 이성에 복종하듯 명령함으로써 감각 능력을 다스린다. 이런 순수 상태에서 인간은 명령함으로써 다른 동물들을 다스린다."16 그러나 "이름을 주거나 이름을 바꾸는 것은 종말론적 메시지 안에서 커다란 역할을 한다. … 메시아의 통치는 인간성의 도덕적 회심과 동물들의 변형 자체를 야기시킨다."17 그리고 신비한 상태 안에서 마치 아담에게 속했던 것처럼 동물들은 때때로 성인에게 예속된다. "수도원의 옛 교부들의 이야기는 집에서 기르는 동물들처럼 먹이를 주어 야수들을 복종시키는 것을 보여준다. 이것은 희귀한 이야기가 아니다."18 아시시의 성 프란체스코(Saint François

---

15 Jean Daniélou, *Sacramentum futuri* (Paris, 1950), 16.

16 Dom Anselm Stolz, *Théologie de la mystique* (trad. franç, 2e éd., éditions des Bénédictins d'Amay, Chevetogne, 1947), 104.

17 Jean Daniélou, *Sacramentum futuri*, 6.

d'Assise)는 사막의 교부들에게서도 그런 능력을 찾아냈다. 야수들과의 우정과 동물들에 대한 자연스런(spontanée) 다스림은 낙원의 상황에 대한 회복의 명백한 신호다.

마찬가지로 수도원의 정원과 예배당 건축물에서도 낙원에 대한 상징체계를 확인할 수 있다. 수도승을 둘러싼 풍경은 지상의 낙원을 반영한다. 말하자면 그 풍경은 낙원을 추측하게 한다. 이것은 특히 우리가 관심을 갖는 신비에 대한 경험이다. 그러므로 수도승 스톨츠(Stolz)가 매우 잘 제시한 것처럼 모범적인 기독교인의 신비적 경험은 바울의 승천이다. "내가 그리스도 안에 있는 한 사람을 아노니 14년 전에 그가 셋째 하늘에 끌려간 자라(그가 몸 안에 있었는지 몸밖에 있었는지 나는 모르거니와 하나님은 아시느니라). 그가 낙원 안으로 이끌려 가서 말할 수 없는 말을 들었고 사람이 가히 이르지 못할 말이로다"(고린도후서 12:1-4). 우리는 여기에서 기독교 신비주의의 상승(승천) 상징을 주장하지는 않을 것이다. 낙원의 사다리는 여기에서 주요한 역할을 한다. 명상의 정도들은 신을 향한 영혼의 승천의 단계들을 지칭한다. 바울은 이 신비적인 승천이 인간을 낙원으로 데려간다고 정의했다. 그가 들었던 "이루 표현할 수 없는 말"은 신의 말이 아닐까? 왜냐하면 아담이 낙원에서 "일상적으로 신과 대화를 누렸었기" 때문이라고 성 그레고리(saint Grégoire)는 우리에게 단언한다.[19]

이렇듯 기독교가 낙원에 대한 향수에 의해 지배되었음에도 불구

---

18 Dom Stolz, *op. cit.*, 31.
19 Dom Stolz, *op. cit.*, 111.

하고 이것은 부분적으로 낙원의 복원을 획득하는 신비주의일 뿐이다. 동물들과의 우정, 하늘에 오르는 것(승천), 신과의 만남 등 똑같은 상황이 고대 종교에서도 나타난다. 낙원에 대한 향수는 종교 생활의 모든 단계에서 입증된다.[20] 그러나 그것은 신비 경험 안에서, 즉 샤먼의 황홀경에서 특히 명백히 나타난다. 그리고 이것은 세계가 처음 창조되었을 '그때'를 복원하는 것이다. 즉, 동물들과의 우정, 하늘에 오르기, 천신(Dieu céleste)과 대화 등이 이루어지던 그때를 회복하는 것이다. 그러나 황홀경에 빠진 샤먼이 복원한 낙원의 모습은 일시적인 것이다. 왜냐하면 그 어느 것도 죽음을 폐지하는 것, 다시 말해 초기의 인간의 상황을 성공적으로 완전히 회복하는 것은 아니기 때문이다.

기독교 전통에서 낙원은 그것을 둘러싼 불 때문에 접근할 수 없게 되었다는 것을 또한 떠올릴 수 있다. "낙원이 불로 둘러싸여 있어서 접근할 수 없거나 그 입구를 불타오르는 검을 든 천사들이 지키고 있어서 접근할 수 없다." 락탄스(Lactance)[21]가 말하기를 "신은 낙원에서 인간을 추방했다. 그리고 인간이 접근할 수 없도록 불로 둘러쌌다"(Divin, insit., II, 12). 토마스(Saint Thomas)는 "특히 낙원의 열기 때문에 우리가 낙원에 접근할 수 없음을 암시했다."[22] 낙원에

---

20 Cf. Mircea Eliade, *Traité d'histoire des religions* (Paris, 1949), 321 이하.

21 락탄스(기원후 250~325), 라틴 교부, *Divin, instit*, 2, 12에서 인용함. 엘리아데는 지금까지 낙원에 대한 신화를 증명해왔다. 사람들이 행하는 신화적 행위에 담겨 있는 낙원에 대한 소망은 그리스도교 전통에서도 발견된다고 락탄스와 토마스를 통해 보여주고 있다. 불의 이미지는 금기, 낙원에 들어가지 못하게 하는 장벽이라고 볼 수도 있지만 불로써 죄를 정화해야만 들어갈 수 있는 낙원을 보여주기도 한다. 엘리아데는 신화적 행동이 현 세계를 떠나 신성한 곳으로 인도한다는 신념 아래 그 증거를 찾아 보여주는 데 열중하고 있다. (옮긴이 주)

들어가기 원하는 자는 그것을 둘러싸고 있는 불을 우선 통과해야만 한다. "달리 말하자면 불에 의해 정화된 사람만이 이제부터 낙원에 들어갈 수 있다. 그러나 깨끗이 하는 방법은 우선적으로 신비적인 결합을 하는 것이다. 신비주의자들은 망설임 없이 낙원에 갈 수 있도록 불과 같은 것으로 영혼을 정화해야 한다."[23]

이 몇 개의 텍스트만으로 충분하다. 그 텍스트들은 낙원 진입을 금지하는 정화하는 불에 관한 모든 학설을 포함하고 증명한다. 우리는 여기에서 기독교 신비주의와 신학에서 말하는 불의 상징에 대해 토론하지는 않을 것이다. 그러나 유사한 상징체계가 샤머니즘의 기술적인 그룹들에서 해독된다는 것은 의미 있는 일이다. 이것은 가장 잘 알려진 불을 제어하기이다.[24] 결과적으로 세계 도처에서 샤먼들은 불을 제어하는 자로 잘 알려졌다. 의례가 진행되는 동안에 그들은 불타는 석탄을 삼키고, 빨간 불을 만지고, 불 위를 걷는다. 이러한 불을 제어하기는 고대 사회의 샤먼에게서 이미 증명되었다. 불을 제어하기는 황홀경, 하늘에 오르기 또는 동물들의 언어 구사와 함께 샤머니즘을 구성하는 요소다. 불을 제어하기(입문의례)를 통해 샤머니즘의 이데올로기를 끌어내는 일은 어렵지 않다. (일반적으로 모든 대중 사회에서처럼) 원시 시대의 정령은 불연소된다는 점에서, 즉 잉걸불의 온도를 견딘다는 점에서 보통 인간들과 구별된다. 샤먼들은 인간 조건을 초월하고 정령의 조건에 참여하는 것으로

---

22 Dom Stolz, *op. cit.*, 24.

23 *Ibid.*, 32.

24 이 책의 5장 '불을 제어하기'를 참고.

여겨졌다. 정령처럼 그들은 보이지 않게 되고, 공중을 날고, 하늘에 오르고, 지옥으로 내려간다. 결국 그들은 불연소성을 누린다. 불을 제어하기는 조심스럽게 인간 조건의 초월성으로 해석될 수 있다. 샤먼은 이번 역시 스스로 영적인 조건을 구성하고 영이 되었고, 의례를 행하는 동안 정령이 될 수 있음 보여준다.

샤먼들에 의한 불을 제어하기와 낙원을 둘러싼 기독교 전통에 의한 정화의 불을 비교한다면 적어도 공통점 한 개를 발견할 수 있다. 샤먼의 예와 기독교의 예에서 본 것처럼 불을 무사히 (벌받지 않고) 통과한다는 것은 인간 조건을 폐지했다는 신호다. 고대 전통에서처럼 기독교에서 현 인간 조건은 '타락'의 결과다. 따라서 비록 일시적이라 할지라도 타락한 인간의 조건을 폐지하는 것은 초기의 인간 상황으로 복귀시키는 것과 동등하다. 달리 말하자면 시간을 폐지하는 것, 과거로 되돌아가는 것은 처음 창조되었을 낙원의 '그때'를 회복하는 것이다. 이것은 샤먼이 정령들의 조건을 모방하면서 획득한 초기의 상황에 대한 이러한 회복이 얼마나 일시적인지를 보여준다. 게다가 우리는 샤먼의 다른 기술들에 관해 이미 지적했었다. 영매(transe) 상태 동안 하늘로 날아오르는 것은 샤먼이 아니라 단지 그의 영이다. 기독교의 신비주의도 이와 유사하다. 즉, 낙원에 들어가는 것은 불에 의해 정화된 영혼일 뿐이다.

이런 비교는 매우 중요하다. 결과적으로 보면 원시인이 경험한 신비한 이데올로기와 유대-기독교 신비주의 사이에 연속성이 있다고 주장할 실마리는 존재하지 않는다. 기독교의 성인들과 신학자들에게서처럼 원시인들에게서 신비적 황홀경은 낙원으로 회귀하는 것이다. 다시 말해 그것은 시간과 역사(타락)의 폐지로 그리고 초기의 인간 상황의 회복으로 해석된다.

사람들은 이런 내용을 너무나 잘 이해하고 있다. 우리는 이러한 비교들로부터 결론을 끌어내면서 신비적이거나 원시의 또는 다른 여러 경험의 내용에 관한 가치 판단을 하려는 것은 아니다. 우리는 그런 이데올로기가 낙원에 대한 향수를 중심핵으로 포함하는 것을 관찰하는 데 만족한다. 이것은 물론 원시의 신비주의와 유대-그리스도교 신비 사이에서뿐만 아니라 기독교 신비의 여러 학파 사이에서도 존재하는 다양한 차이점들을 배제하지는 않는다. 우리는 우선 동양의 유구한 전통을 뒤로 하고 가장 오래된 신비주의 경험의 유형들과 그리스도교 신비주의를 비교한다. 시간을 벗어나는 것과 역사를 폐지하는 것은 모든 신비주의 경험의 본질적인 요소이다. 이것은 동양적 신비주의에서도 중요한 요소이지만, 우리가 중요하게 생각하는 낙원이나 고대 신비주의에서도 잘 보존된 요소다. 어떤 의미에서 보면 그리스도교 신비주의를 원시 신비주의 유형들과 비교하는 것은 그리스도교의 신비주의를 인도나 중국, 일본의 신비주의 등과 비교하는 것 이상으로 학문적 가치가 있다고 평가된다.

우리가 몇 페이지 안 되는 분량으로 비교 신비주의 연구를 하고자 하는 것은 아니다. 단지 우리가 조사한 주요 내용의 결과를 강조하는 것이다. 그것은 가장 기본적인 신비주의 경험과 기독교 사이의 완전한 이데올로기적 연속성이다. 인류 종교사의 끝(기독교 신비주의 _옮긴이 주)에서와 마찬가지로 초기(초기 신비주의 _옮긴이 주)에도 낙원에 대한 향수를 발견한다. 만일 낙원에 대한 향수를 고대 사회의 일반적인 종교적 행위라고 본다면, 우주 안에서 자신의 상황을 자각했던 순간부터 인간은 지복에 대한 신화적 추억을 가정하고 있었다고 볼 수 있다. 이런 새로운 관점이 고대 인류학 연구에서 펼쳐진다. 그러나 이 연구를 지금 여기서 하지는 않을 것이다. 우리가 방금 관찰했던 모든 것을 비춰보는 것만으로도 충분할 것이다. 우리가 상궤에서 벗어났다고 추측하는 원시인의 영성은 전혀 상궤를 벗어난 것이 아니다. 샤먼들이 동물 울음소리를 모방하는 것은 관찰자들에게 강한 인상을 남겼다. 이를 두고 인류학자들은 병리학적 소유(possession)의 표출이라고도 평가하기도 했다. 하지만 이것은 동물들과의 우정을 재발견하려는 욕망과 초기의 낙원으로 복귀시키려는 욕망을 현실에서 잘 드러낸 것이다. 황홀한 영매(transe extatique) 상태는 그 현상이 무엇이든 간에 영적인 의미를 고려하지 않는다면 상궤에 벗어난 것이다. 우리가 보았던 것처럼 샤먼은 '타락'에 의해 중단된 땅과 하늘 사이의 의사소통을 다시 세우려고 노력한다. 불을 제어하기는 더 이상 야만적인 미신이 아니다. 샤먼이 하는 불을 제어하기는 정령들의 경지에 참여하는 샤먼을 보여준다.

샤먼의 모든 기이한 행동들은 가장 높은 영성을 드러낸다. 결과적으로 샤먼의 행동들은 조리 있는 이데올로기와 위대한 고귀함에 연관된다. 이런 이데올로기를 구성하는 신화들은 존재하는 가장 아름답고 가장 풍부한 것들 가운데 포함된다. 가령 낙원의 신화와 타락의 신화, 초기 인간의 불사 신화와 인간과 신 사이의 거래 신화, 죽음의 기원과 정령(이 용어가 담고 있는 모든 의미의 범주 안에서)의 발견에 관한 신화이다. 이것은 원시인의, 일반적으로 유럽 사람이 아닌 사람들의 행동을 이해하거나 가치 부여를 하기 위해 매우 중요한 것이다.

서양인은 알아야 할 중요한 것(이데올로기 자체, 즉 신화)을 정확하게 모르면서도 이데올로기가 드러난 것을 보고 감동한다. 드러난 것은 지역적인 양식과 문화적 스타일에 의존한다. 이런 양식과 문화적 스타일은 쉽게 접근할 수 있기도 하고 접근할 수 없기도 하다. 그러므로 우리는 감동에 따라 판단한다. 가면 의례는 아름답고, 어떤 춤은 우울하고, 입문의례는 야만적이거나 상궤를 벗어난다고 판단한다. 그러나 이 모든 것들의 심층에 깔린 이데올로기를 이해한다면, 그것을 조건 짓는 신화들과 상징들을 연구한다면 우리는 주관적인 감동에서 벗어나서 좀 더 객관적인 관점에 도달할 것이다. 이따금 이데올로기에 대한 바른 이해를 갖고 있다면 샤먼이 보여주는 행동의 '정상성'을 잘 알 수 있다. 샤먼이 동물 울음소리를 모방하는 것을 다시 상기해 보자. 한 세기 이상 동안 우리는 샤먼의 기이한 외침이 정신적 불균형의 증거라고 믿었다. 그러나 그의 행동은 완전히 다른 것을 담고 있었다. 그 행동은 바로 이사야와 마리아를 맴돌고, 교회 교부들의 성스러움을 유지시키고 아씨씨의 성 프란체스코(saint François d'Assis)의 삶 속에서 성공적으로 개화한 낙원에 대한 향수에 관한 것이었다.

"La nostalgie du Paradis dans les traditions primitives"(원시 전통에서 낙원에 대한 향수),

Diogène n° 3 (1953. 7.)

5장

—

원시인들에게서
감각기관 경험과
신비주의 경험

예비적인 관찰들

민속학적 단계의 사회에서 신비주의 경험은 일반적으로 황홀경의 전문가라고 불리는 계층의 개인들이 공유하는 것이다. 샤먼, 남자 의사, 주술사, 치료사 그리고 황홀경에 빠진 사람들과 모든 종류의 영감을 받은 사람들은 그들의 종교적 경험의 강도에 의해 공동체의 나머지 사람들과 구별된다. 그들은 다른 사람들보다 더 심오하고 더 개인적인 방법으로 성(聖)을 경험하며 산다. 대부분의 사례에서 그들은 무례하게 행동하며, 은밀한 힘을 소유하고, 신들이나 악마들과의 개인적이고도 엄밀한 관계를 가지며, 그들만의 의복, 휘장, 고유 언어(방언), 삶의 방식을 보여줌으로써 유달리 눈에 띄게 된다. '원시인'보다 발전된 다른 문화권에서 발견되는 이러한 개인들은 신비주의자나 종교적인 엘리트와 동등하게 간주된다.

샤먼들과 남자 의사들이 민속학의 단계에서 인간의 가장 풍부하고 가장 진실한 신비주의 경험을 대표한다는 것이 사실이라면, 그들은 그들이 행한 성(聖)의 추구 안에서 감각기관의 활동을 일치시키는 데 큰 관심이 있을 것이다. 달리 말하자면 어떤 범위에서 이러한 감각적인 경험이 종교적인 의미나 가치로 채워질 수 있을지, 어떤 범위에서 감각기관이 '원시인'에게서 초인적이라는 의미를 부여할 수 있는지 아는 것은 흥미 있는 일이다.

이 문제를 풀기 위해 두 가지 방법론을 고찰해보자.

1. 우리가 샤머니즘의 다양한 형태와 황홀경의 기술에 대해 더 상세하게 다루지 않는다. 이런 형태와 기술을 지닌 특권자들에게서만 감각기관의 활동이 종교적인 가치나 의미를 띨 수 있는 것은 아니다. 문명인들에게서처럼 '원시인'의 종교 생활은 여러 형태로 '감성'이 드러내는 종교적 가치를 보여준다. 대체로 의미의 개입 없는 종교적 경험은 존재하지 않는다. 모든 히에로파니(聖現, hiér-ophanie)는 우주 환경 안에서 새롭게 성스러운 일을 재현한다. 그렇다고 감각적 경험을 드러내는 히에로파니가 정상적인 상태를 파괴하는 것은 아니다. 집단적인 종교적 삶이 '감각적 경험'에 집중되었을 때—예를 들어 음식의 금기를 없애고 새로운 수확물을 먹을 수 있게 만드는 첫 소산의 모임처럼— 문제가 되는 행위는 성례인 동시에 생리적인 행동이다. 게다가 모든 책임 있는 행위는 '원시인'에게서 주술·종교적인 의미와 가치로 가득 차 있다. 이런 행위는 우주론적으로 귀결되지만, 연구에 따르면 성적인 활동, 죄, 농사 등 신비주의적으로 귀결된다. 성과 노동(생산활동)처럼 영양 섭취는 생리적인 활동과 성례와 완전히 함께한다. 달리 말하자면 인류의 종교사에 나타난 감각기관의 활동은 성스러운 것에 참여하고 숭고함에 이르는 수단이라는 가치를 부여받았다. 만일 우리가 원시 사회의 '신비주의들'에 대해서만 말한다면 그들의 경험은 성스러운 것과 접촉함으로써 감각기관의 활동이 변해가는 과정들을 더 쉽게

보여준다고 할 수 있다.

　2. 두 번째 관찰은 초기인의 신비주의의 경험 자체에 근거한다. 우리가 그들이 사용하는 '감각기관의 활동'이란 용어를 가장 폭넓고 가장 덜 기술적인 의미에서 사용한다. 우리는 이 활동과 같은 속성에 대해 최소한의 판단도 내리지 않는다. '감성'은 항상 그리고 계속적으로 행위에 통합된다. 따라서 감성은 발전 단계가 어떠하든지 모든 사회의 심층에 깔린 이데올로기뿐 아니라 집단 심리학에도 포함된다. 우리는 종교사의 측면에만 관심이 있기에 주술적·종교적인 의미를 넘어서는 심리학적인 시도는 하지 않을 것이다. 단지 감각기관의 경험이 어떻게 하여 '원시인'에게 종교적 가치로 드러나는지 규명할 것이며, 다른 측면에서는 관심을 두지 않을 것이다.

병과 입문의례

　샤먼은 1) 자연발생적인 사명('부름 받음' 또는 '선택됨'), 2) 세습으로 전수되는 직업적 샤먼, 3) 개인적인 결정에 의해 또는 더 드물게는 씨족의 의지에 의해 선별된다. 그러나 선별의 방법이 어떤 것이든 간에 샤먼은 다음의 이중적인 훈육에 의해서만 인정된다. 1) 황홀경 지시의 훈육(꿈, 비전, 영매 상태 등), 2) 전통적 지시의 훈육(샤먼의 기술, 정령들의 이름과 기능, 신화학과 씨족의 족보, 비밀스러운 언어 등). 숙련된 샤먼의 대가들과 정령들의 부양을 받는 이중의 훈련과 교육은 입문의례와 동등한 것이다. 입문의례는 공적일 수 있으며, 그 자체로서 자치적인 의례를 구성할 수 있다. 그러나 이러한 종류의 의례가 부재하다고 해서 입문의례가 부재하다고는 말할 수 없다. 입문의례는 새 가입자가 겪는 황홀경의 경험 안에서 또는 꿈에서 매우 잘 실행될 수 있다.

특히 우리에게 관심 있는 것은 신비주의의 소명에 대한 증후군이다. 미래에 샤먼이 될 사람은 기이한 행위에 의해 점진적으로 유달리 눈에 띄게 된다. 그는 고독을 찾으며 몽상가가 되어 숲속에서 또는 황량한 장소에서 산책하는 것을 좋아하고, 환영을 보고, 잠자는 동안 노래를 한다.[1] 때때로 이 잠복기에는 매우 심각한 증후군을 드러낸다. 야쿠트족(les Yakoutes) 샤먼 중 젊은 남자는 화를 내고 쉽게 이성을 잃고 숲속에 은둔하며 나무껍질로 끼니를 연명한다. 물과 불 속에 뛰어들고 칼로 자기 몸에 상처를 내기도 한다. 시로코고르프(Shirokogorv)에 의하면 퉁구스족(les tongouses) 샤먼이 될 사람은 성숙기에 가까울수록 히스테리 발작을 겪는다. 그러나 소명은 더 어린 시절부터 나타날 수 있다. 소년은 산속으로 도망쳐 거기에서 일주일이나 그 이상 머물면서 '그 자신이 직접 이로 포획한' 동물들을 먹는다. 그리고 '미개인처럼' 찢어진 옷을 입고 헝클어진 머리로 더러워져서 피를 흘리면서 마을로 돌아간다. 지원자가 조리에 맞지 않는 단어들을 더듬더듬 말하기 시작하는 것은 열흘쯤이 지나서다.

세습에 의해 샤먼이 될 때도 미래에 샤먼이 될 사람은 행동의 변화가 선행되어야만 선정된다. 선조 샤먼들의 영혼은 자손 중 한 젊은 남자를 선택한다. 선택된 자는 정신이 멍한 몽상가가 되며, 고독에 사로잡히고, 예언자적인 환상을 경험하고, 경우에 따라서는

---

1 Mirecea Eliade, *Le Chamanisme et le techniques archaïques de l'extase* (Paris, 1951), 26 이하, 30 이하.

의식적이지 않은 공격적 행동을 한다. 이 시기 동안 부리야트족(les Bouriates)은 영혼이 정령들에 의해 운반된다고 생각한다. 신들의 궁궐로 옮겨진 영혼은 선조 샤먼들로부터 직업의 엄중함, 신의 형상과 이름, 정령의 이름, 그들을 위한 제사 등을 배우게 된다. 영혼이 육체에 재통합되는 것은 이 최초의 입문의례 이후이다. 알타이족(les Altaïques)에게서 미래의 캄(kam)은 어린 시절부터 병적 기질, 고독하고 명상적인 고독의 성향으로 인해 사람들 눈에 띄게 된다. 알타이족들은 한 가족 안에서 젊은 남자가 간질 발작에 빠지는 것은 보고 그의 선조 중에 샤먼이 있었다는 것을 알아차린다.

사고나 기이한 사건에 의해 샤먼이 되기도 한다. 이렇게 부리야 트족, 소요트족(les Soyotes), 에스키모족(les Esquimaux)의 경우 벼락 을 맞았거나 나무에서 떨어졌을 때 혹은 '입문의례' 비슷한 시험(어떤 에스키모인은 그의 옷이 물에 젖지 않은 채 얼음물 속에서 5일 동안을 지냈다 등)을 무사히 통과했을 때 샤먼이 된다.

장차 샤먼이 될 사람이 보이는 기이한 행동에 주목한 학자들은 19세기 중반 이후 정신병의 범주 안에서 북극과 시베리아의 샤머니 즘의 현상을 설명하려고 시도했었다(Krivoshapkin, 1861; Bogoraz, 1910; Vitashevskij, 1911; Czaplicka, 1914). 샤머니즘을 북극 지방의 히스 테리라고 믿는 마지막 신봉자 올마르크스(A. Ohlmarks)는 대표적인 신경질환의 정도에 따라 북극의 샤머니즘과 북극 이남의 샤머니즘 을 구별한다. 이 저자에 따르면 샤머니즘이란 우주 환경의 영향을 받은 북극 지방 주민들의 신경증적인 불안정 상태에서 유래하는 현상이다. 극도의 추위, 기나긴 밤, 쓸쓸한 고독, 비타민의 결핍 등이 정신 관련 병(maladies mentales, 북극의 히스테리, 메리악[meryak],

메네릭[menerik] 등) 혹은 샤먼의 영매 상태를 유발하면서 북극 주민의 신경증 구성에 영향을 준다는 것이다. 샤먼과 간질병 환자 사이의 유일한 차이점은 간질병 환자는 영매 상태를 마음대로 실현할 수 없다는 점일 것이다.[2]

그러나 '샤머니즘은 곧 북극의 현상'이란 가설은 좀 더 진전된 분석이 나오면서 타당성을 인정받지 못하게 되었다. 지리적 여건이나 특수성으로 인해 샤먼의 영매 상태가 자발적이고 유기적인 현상으로 나타나는 특수한 지역은 존재하지 않기 때문이며, 세계 어느 곳에서나 샤먼은 존재하기 때문이다. 또한 도처에서 그들의 신비주의의 소명과 신경증의 불안정성 사이의 똑같은 관계들을 발견할 수 있기 때문이다. 그러므로 샤머니즘은 극지방의 물리적 환경의 결과가 될 수는 없다. 1880년경 윌켄(G. A. Wilken)은 이미 인도네시아의 샤머니즘은 원래 실제적인 병이었고, 극적으로 진정한 영매 상태를 모방하기 시작했던 것은 더 후의 일이었다고 단언했다.[3]

우리의 견해로도 문제가 잘못 제기되었었다고 판단된다. 우선 샤먼이 신경증 환자이거나 항상 신경증 환자이어야만 한다는 것은 정확한 문제 제기가 아니다. 그들 중의 대다수는 정신적으로 완벽한 건강을 누리고 있다. 물론 그들 가운데 환자였던 사람들이 샤먼이

---

2 Ake Ohlmarks, *studien zum Problem des Schamanismus* (Lund-Kopenhagen, 1939), 11, 100 이하. 그리고 엘리아데의 저서 *Chamanisme*, 6 이하에서 Ohlmarks의 방법론을 비판한 것을 참고할 것.

3 G. A. Wilken, *Het Shamanisme bij de volkenvan dem Indischen Archipel* (Gravenhage, 1887)의 여러 곳을 참고할 것. 그러나 인도네시아의 샤머니즘에 관한 후세의 연구는 이 가설을 확증하지 않았다. 그 현상은 더 무한한 것이다. 그러나 인도네시아 샤머니즘에 대한 차후의 연구자들은 "현상이 더 무한하다"는 가설을 받아들이지 않는다. 이에 대해 엘리아데, *Chamanisme*, 304 이하를 참고할 것.

되는 경우도 있었는데, 이는 그들이 치료하는 데 성공하였기 때문이다. 여러 차례 병이나 간질 비슷한 발작을 통해 소명이 드러났을 때, 입문의례는 치료와 동등한 것이었다. 샤머니즘에서 천품을 획득한다는 것은 소명을 받으면서 나타난 최초의 증후군인 정신 발작을 해결한다는 것을 전제로 한다. 입문의례는 서로 다른 것들을 결합시키는 정신적인 새로운 통합이라고 해석된다.

게다가 이것은 마찬가지로 부족의 문화적 생활에서 차지하는 샤먼의 사회적 영향력과 그 중요성을 설명해준다. 샤먼은 신경증 환자이거나 정신박약이기는커녕 지적인 면에서 공동체의 최고 자리를 점한다. 그들은 풍부한 구전 문학의 주요한 수호자들이기도 하다. 야쿠트족 샤먼은 1만 2천 단어의 시적 어휘를 구사하는 반면, 공동체의 일반 구성원은 4천 단어 정도를 사용하는 데 그친다. 카자흐-키르키즈어(Kazad-Kirghizes)에서 '가수, 시인, 음악가, 예언자(점쟁이), 성직자와 의사'를 지칭하는 바크싸(baqça)는 "종교적, 대중적 전통들의 수호자, 여러 세기 동안의 오래된 전설들의 관리인이 되는 것 같다." 샤먼들은 평균보다 더 월등한 기억력과 자기 통제력을 갖고 있다. 그들은 아무도 다치게 하지도 결코 건드리지도 않으면서 여러 다른 물건들과 15킬로그램 이상의 쇠가 포함한 고리 모양의 의복을 입은 채 엄격하게 제한된 공간인 천막집 안에서 사람에 둘러싸여 황홀경의 춤을 추기도 한다.

우리는 다른 지역의 샤먼들에 대해서도 유사점들을 지적할 수 있다. 코흐-그룬베르크(Koch-Grünberg)에 의하면, "타우리팡족(les Tauilpang)의 샤먼들은 일반적인 방법으로 지적인, 때로는 교활한, 그러나 항상 커다란 힘의 개성을 가진 개인들이다. 왜냐하면 교육과 직무의 훈련을 통해 그들은 그들 자신의 에너지와 통제력을 표시할 필요가 있기 때문이다." 메트로(A. Métraux)는 아마존의 샤먼들을 관찰한 후 이렇게 말했다. "어떤 비정상이나 신체적, 생리적 특별함도 샤머니즘의 훈련을 위한 특별한 체질의 증후군으로서 선택되었던 것 같지 않다."[4] 나델(Nadel)은 수단족(les soudanaises)에 대한 연구 결과를 이렇게 서술했다. "그의 일상생활에서 '비정상적인' 개인, 신경쇠약에 걸린 사람 또는 편집증 환자인 샤먼은 존재하지 않는다. 만일 그가 이 중의 하나라면 사람들은 그를 정신병자로 취급할 것이고, 사제로서 존경하지도 않을 것이다. 결국 샤머니즘은 지금 비정상적인 사람이거나 앞으로 비정상적인 사람이 될 만한 사람과는 거리가 멀다. 직업적인 히스테리가 심각한 정신적 장애로 이어지는 샤먼은 단 한 명도 기억나지 않는다." 그러므로 "샤머니즘은 공동체에 산재한 정신적인 비정상을 흡수"한다고 말할 수 없고, "뚜렷하고 널리 퍼진 정신병자의 기질에 근거하지도 않는다. 틀림없이 샤머니즘은 비정상을 정상적이게 하거나 정신병리학적 유전 기질을 활용해야 하는 문화적 메커니즘으로 단순하게 설명할 수는 없다."[5]

'선출'의 형태학

샤머니즘과 정신병리학을 동일시할 수 없을지라도 불가사의한

---

4 엘리아데, *Chamanisme*, 41 이하.

5 Nadel의 글을 엘리아데는 *Chamanisme*, 42 이하에서 인용하였고, 여기서 다시 그 글을 인용함.

소명이 '광기'의 최정점에서 발생하는 심오한 위기를 내포한다고는 볼 수 있다. 이 위기를 해결한 후에만 샤먼이 될 수 있기 때문에 우리는 이 위기가 신비주의 입문의례의 역할을 한다는 것을 이해한 다. 결과적으로 이전의 작품에서 상세하게 증명했던 것처럼 신비주 의적 죽음과 부활의 경험에 집중된 오랜 그리고 빈번히 어려운 불가사의와 입문의례에 의해 샤먼은 신에게 바쳐진다. 그러나 모든 입문의례는, 그것이 어떤 것이든 간에, 격리 기간과 여러 번의 시험과 고문을 포함한다. '선택'되었던 미래의 샤먼에게서 마음을 괴롭히는 (매우 불안한) 감정에 의해 시작된 병은 이 사실 자체에 의해서 '입문의례의 병'으로 가치를 부여받는다. 모든 병에 의해 드러난 고독과 덧없음(불안정)은 정확히 이러한 경우에 불가사의한 죽음의 상징에 의해 더 악화된다. 왜냐하면 초자연적인 '선별'이라고 가정하는 것은 신들이나 악마들의 힘에 굴복된, 즉 절박한 죽음에 바쳐진 감정이라고 해석된다.

여러 차례 '병'의 증후군─즉, 우리가 살펴보았던 것처럼 미래의 샤먼들의 특징인 정신병리학적 특징─은 고전적인 입문의례와 매 우 유사하다. '선별된 자'의 고통은 입문의례 때의 고문과 모든 점에서 유사하다. 악마들─'입문의례의 거장들'─에 의해 살해당한 지원자처럼 미래의 샤먼은 '병의 악마들'에 의해 절단되고 분할된다. 샤머니즘의 특수한 입문의례는 나무나 말뚝의 중개에 의해 하늘로 의 상징적인 승천을 포함한다.6 신들이나 악마들7에 의해 '선택된'

---

6 엘리아데, *Chamanisme*, 116 이하, 125 이하.

7 샤머니즘의 영적인 지평 안에서 이 용어는 부정적인 가치의 판단을 내포하는 것은 아니다. '악마들'(démons)은 대부분의 경우 선조-샤먼들, 따라서 입문의례의 수장들이다. 그들의

환자는 꿈에서 또는 잠이 깬 후에도 꿈의 연속으로 우주 나무의 밑에까지 하늘의 여행에 참여한다. 의례에서 죽음 절차가 없는 입문의례는 존재하지 않으며, 이 의례적인 죽음은 지옥에 내려가는 형태 아래 '환자'에 의해 경험되어진다. 환자는 꿈에서 그 자신이 조각조각 잘리는 것에 참여하며, 자신의 머리를 자르고, 눈을 빼내는 악마들을 보기도 한다.

이러한 요소들의 총체는 샤먼의 정신병리학을 정확하게 이해하는 데 매우 중요하다. 이러한 '위기', '영매'과 '광기'는 혼란스럽지 않으며(무질서하지 않으며), 달리 말해 '세속적'이지 않고 평범한 징후에 속하지도 않는다. 그것들은 입문의례의 의미와 구조를 가진다. 미래의 샤먼은 때때로 '미친 사람과 혼동될 위험이 있다 — 빈번하게 말레이시아에서 일어나는 경우처럼. 실제로 샤먼의 '광기'는 불가사의한 기능에 부합한다. 샤먼에게는 적어도 인류가 접근할 수 없는 현실의 어떤 특징들이 나타난다. 그리고 '미친 사람'이 샤먼이 되는 것은 현실의 숨겨진 차원을 실험하고 통합한 후에만 가능하다.

'신의 선별'에 따르는 증후들을 살피다 보면 이 모든 병리학적 경험의 패턴(pattern)으로 의해 충격을 받게 된다. 그 구조는 항상 같고, 그 상징은 항상 입문에 관한 것이었다. 우리는 '선택'의 순간에 나타나는 최초의 증후인 정신병리학적인 특성에서 인격의 붕괴로 이어지는 총체적인 위기를 목격하기도 했다. '정신적인 혼돈'은 고대의 영성의 지평 안에서 '천지창조 전의 혼돈'에 대응하는 가치를

'악마적' 특성은 지원자를 고문하고 죽음에 처하게 한다는 사실에서 기인한다. 그러나 이때의 고통과 '죽음'은 입문의례의 구조에 속하며, 세속적인 조건을 초-인간적인 조건으로 변화하게 하는 것을 추구한다.

가진다. 그러나 고대와 전통 사회에서 표명의 정도가 어느 정도이든 지 간에 천지창조 이전에 있었던 혼돈으로의 상징적인 회귀는 모든 새로운 창조에 필수적이다. 새로운 파종이나 새로운 추수는 각각 '천지창조 전의 혼돈'으로 복귀하는 것을 상징하는 집단적인 주신제 (오르기아)에 앞선다. 해마다 신년은 초기의 혼돈과 천지창조의 반복 을 의미하는 종교 예식 총체를 포함한다. '카오스로의 복귀'는 고대 문화의 사람들에게는 새로운 '창조[8]의 준비와 대등하다. 그러므로 미래의 샤먼들의 '광기'에서, 그들의 '정신적인 카오스'에서 똑같은 상징을 볼 수 있다. 이것은 세속적인 인간이 '붕괴되고' 있는 중이며, 새로운 인격이 태어 나는 시점에 있다는 신호이다. 이 '카오스로의 회귀'를 포함하고 연장하 는 모든 고문, 영매 상태나 입문의례들은 우리가 살펴보았듯이 신비주의적 죽음과 부활의 단계들, 결국 새로운 인격의 탄생을 의미한다.

　여기서 샤먼의 소명과 입문의례가 어떤 면에서 더 직접적으로 성스러운 것을 이해시키고 경험시키는지 그리고 어떻게 이런 긴밀 한 경험에 새로운 가치를 부여하는지를 파악하는 것은 흥미로운 일이다. 앞에서 대략적으로 서술한 입문의례로서의 '병'은 감각기관 의 변화와 감각 경험의 질적 차이로 이어진다. '세속적'이었던 병은 이 과정을 거치면서 '선별'의 매개가 된다. 입문의례를 거치는 동안 샤먼은 다른 차원으로 침투하고 거기에서 살아가는 법을 터득한다. 어떤 속성을 가졌든지 간에 그 시험들은 그에게 새로운 경험들을

---

8 이 상징에 관해서는 *Traité d'histoire des religions*, 306 이하; *Le Mythe de l'éternel retour*, 38 이하 참고.

지각하고 입문할 수 있도록 감성을 단련시킨다. 정신병리학적인 위기 때 세속에서 정상적으로 표출한 바 있는 것이 드러난다. 초자연적 힘들에 의해 '선택된' 미래의 샤먼은 그의 옛 '감성'과 함께 입문의례의 경험에 더 이상 저항하지 않는다. 이 모든 시험 덕택에 '선정된 자'의 감각기관 활동은 히에로파니를 경험하게 된다고 말할 수 있을 것이다. 이상하리만큼 예민해진 샤먼의 감각을 통해 성스러운 것이 나타나는 것이다.

조명과 내적 환상

때때로 초자연적인 '선별'에 의해 야기된 감각기관의 변화는 쉽게 이해될 수 있다. 벼락을 무사히 통과한 사람은 세속적인 경험의 수준에서 접근할 수 없는 '감성'을 획득한다. 신의 '선택'은 이전의 모든 구조들을 파괴하면서 계시된다. '선별된 자'는 이전과는 전혀 '다른 사람'이 된다. '죽음과 부활'을 느낄 뿐만 아니라 이 세계에 속한 것 같이 보이면서도 실존적으로는 다른 차원에 의거한 다른 존재로 태어남을 느낀다. 샤먼에게 이 경험은 뼈가 산산이 부서지고 살이 타들어가는 것을 의미한다. 벼락을 맞은 야쿠트족의 부케스 울레진(Yacoute Bükes Ullejeen)은 천 개의 조각으로 쪼개지고 분산되었다. 그의 동료가 마을에 뛰어가서 그의 잔해를 모으고 장례를 준비하기 위해 몇 사람을 데리고 돌아온다. 동료는 고스란히 합체된 부케스 울레진을 발견한다. 그는 동료에게 이렇게 말한다: "벼락의 신이 하늘에서 내려왔고 내 육체를 작은 조각으로 잘랐다. 지금 나는 샤먼으로 부활했으며 30베르스타(verstes, 러시아의 거리 측정 단위,

1베르스타는 1067m) 거리에서 일어나는 것까지 볼 수 있다."9

부케스는 다른 사람들에게서는 육체의 분할, 해골(뼈대)의 환원(축소)과 피부의 갱신을 꽤 오랫동안 지속되고 포함하는 입문의례의 경험을 한순간 한 자리에서 경험했다. 벼락에 의한 입문의례는 감각기관의 경험을 마찬가지로 변화시킨다. 부케스는 저절로 통찰력을 얻었다. '30베르스타까지 먼 거리를 보는 것'은 통찰력을 표현하기 위한 시베리아 샤머니즘의 전통적인 형식이다. 입문의례 동안 샤먼은 황홀경으로의 여행을 시작하고 '30베르스타까지' 보았다고 발표한다.

천품을 획득하고자 하는 샤먼 지원자들이 견습 기간에 있을 때 돌발적으로 시험이 그들에게 임하여 변형된 감성을 얻게 된다. 에스키모에게서 샤먼이 되기 원하는 젊은 남자나 젊은 여자는 그들이 선택한 스승 앞에 선물을 갖고 가서 이렇게 선포한다. "나는 보기를 원해서 당신에게 왔습니다." 스승의 교육을 받는 견습생은 오랜 시간을 고독 속에서 지낸다. 그는 돌멩이를 다른 돌멩이에 비비며 갈거나 명상하기 위해 눈 속의 오두막집에 앉아 있게 된다. 그는 신비주의적 죽음과 부활의 경험을 체험해야만 한다. 그는 '죽게' 되고 사흘 밤낮 동안 생명을 잃고 (무의식으로) 있거나 혹은 거대한 흰 곰에 의해 뜯어 먹힌다.

이렇게 호수나 빙하의 곰이 내부에서 나와서 모든 육체를 뜯어 먹고,

---

9 G. W. Ksenofontov, *Legendy i raskazy o shamanch u jakutov, burjat i tungusov* (2e 2e éd., Moscou, 1930), 76 이하.

너는 해골만 남고, 너는 죽을 것이다. 그러나 너는 너의 육체를 다시 찾을 것이고, 깨어날 것이다. 너의 의복들은 너를 향해 날아 올 것이다.[10]

지원자는 '섬광'이나 '조명'(qaumaneq)을 받게 되고, 이 결정적인 신비주의적 경험은 새로운 '감성'을 세우는 동시에 초감각적인 지각 능력을 가져다 준다. 조명이 보여주는 것은 "샤먼이 그의 육체 안에서, 그의 머리 내부에서, 뇌의 중심부에서, 비유적 의미에서든 실제적 의미에서든 어둠에서도 볼 수 있는 설명할 수 없는 등불, 빛나는 불을 갑작스럽게 느낀다는 것이다. 왜냐하면 지금 그는 눈을 감고도 암흑을 통해 보고, 다른 사람들에게 감춰져 있는 사물들과 미래의 사건들을 보기 때문이다. 그는 이렇게 다른 사람들의 비밀뿐만 아니라 미래를 알 수 있다." 지원자가 처음으로 이러한 '조명'을 경험할 때 이것은 "마치 그가 있는 집이 갑자기 위로 솟는 것 같다. 그는 정확하게 마치 땅이 커다란 평원인 것처럼 그 앞에 산을 관통해서 매우 멀리까지 본다. 그리고 그의 눈은 땅의 끝까지 본다. 어느 것도 그 앞에서는 더 이상 숨을 수 없다. 아주 멀리 볼 뿐만 아니라, 그는 또한 먼 낯선 지역에서 숨어있거나 잡혀있는 날아다니는 영혼들 혹은 죽은 자들의 나라에서 위나 밑으로 끌려가 날아다니는 영혼들을 발견할 수 있다."[11]

이러한 신비주의 경험은 그 자신의 해골을 주시하는 것과 밀접한 관계가 있다. 이것은 에스키모 샤머니즘 안에서 커다란 중요성을

---

10 의복들의 '비행'은 에스키모 샤머니즘 의례의 특수성이다.
11 K. Gasmussen의 글인데, 엘리아데의 *Le Chamanisme*, 69에서 인용하였고, 그 글을 여기서 다시 인용함.

가진 영적인 훈련인데, 중앙아시아에서 그리고 인도·티벳의 탄트라교(tantrisme, 탄트라 경전을 신봉하는 힌두교의 일파)에서도 마찬가지로 경험되는 것이다. 해골만 남은 자기 자신을 볼 수 있는 능력은 죽음과 부활의 상징을 분명하게 내포한다. 왜냐하면 사냥하는 민족들이 보기에는 '해골로 환원되는 것'은 영구적으로 갱신되는 삶을 나타내는 것이고, 이로써 상징적·의례적 복합성이 구성된다. 우리는 불행하게도 에스키모 샤먼들의 영적인 훈련에 대해 매우 부정확한 정보를 소유하고 있다. 여기 라스무센(Rasmussen)이 진술하는 것이 있다. "어떤 샤먼도 어떻게 그리고 왜를 설명할 수 없음에도 불구하고 초자연으로부터 받은 힘으로 뼈만 남기고 살과 피를 육체로부터 분리해낸다. 그러므로 그는 그의 육체의 모든 부분을 명명해야만 하고, 이름을 불러가며 각각의 뼈를 언급해야만 한다. 이것을 위해 인간의 일상 언어를 사용해서는 안 된다. 그의 스승으로부터 배웠던 샤먼들의 특수하고 신성한 언어만을 사용해야 한다. 이렇게 자신을 바라보면서 소멸하기 쉽고 덧없는 살과 피로부터 완전히 분리된 그리고 벗어난 지원자는 신성한 언어로 각각의 뼈를 명명하면서, 태양과 바람과 시간의 제약에 최대한 오랫동안 저항해야 하는 육체의 각 부분을 이용해, 자신에게 주어진 커다란 임무를 수행한다"(cf. *Le Chamanisme*, 71).

이러한 영적인 훈련은 '시간으로부터 탈피'를 포함한다. 왜냐하면 샤먼은 그의 신체적인 죽음을 내부의 시각으로 예상할 뿐만 아니라 삶의 시간을 초월한 근원이라 부를 수 있는 뼈를 발견하기 때문이다. 결과적으로 사냥하는 민족들에게 뼈는 동물의 생명의 궁극적인 뿌리를 상징한다. 모태로부터 살이 계속적으로 솟아오른다. 동물들과 인간들이 다시 태어나는 것은 그들의 뼈로부터이다. 그것들은 육체적 존재 안에서 얼마간 유지된다. 그리고 그들이 죽을 때 그들의 '생명'은 해골 안에 집중된 본질로 제한된다. 거기로 부터 그들은 영원히 회귀하는 계속되는 주기에 따라서 다시 태어날 것이다. 계속되는 주기란 뼈 안에 농축된 생명의 정수, 즉 시간에 구애하지 않고 연결된 바로 그 상태의 기간과 시간을 의미한다. 해골로 된 자기 자신을 명상하면서 샤먼은 시간을 폐지하고, 생명의 영원한 근원 앞에 놓여 있다. 불교와 라마교보다 더 발전된 탄트라교 의 금욕주의적 신비주의 기술들 안에서 해골 이미지에 대한 주시 또는 시체들, 해골들 또는 두개골들에 직면하여 실행된 다양한 영적인 훈련들은 중요한 역할을 한다. 이러한 주시들은 세속적으로 지속되는 기간을 점차로 소멸시키고 구현된 경험에 나타나는 허무 를 드러낸다. 그러나 분명하게 이러한 '시간으로부터 탈피'는 그 자신의 해골에 대한 명상의 도움으로 사냥과 목축을 하는 민족들의 샤먼들에게서 그리고 인도·티벳의 금욕주의자들에게서 여러 가지 로 가치를 부여받는다. 전자들에게서 그것은 동물의 생명의 궁극적 인 근원을 발견함으로써 존재에 참여하는 것이다. 반면에 인도· 티벳의 승려들에게는 열반(Nirvâna)에 의해 상징된 무제약자 안에 자리를 잡으면서 카르마(Karma)에 의해 관리된 존재들의 영원한 주기를 명상하고, 그러므로 우주의 생명의 커다란 환상(mâyâ)을 찢고 그것을 초월하려고 노력하는 것이다.

감각기관의 변화

우리가 방금 살펴보았듯이 '세속적인 감성'을 초월하는 것은 입문의례를 거치면서 경험한 죽음을 통해서이다. 즉, 벼락에 의해 샤먼이 '선별'되는 경우에서처럼, 에스키모족의 견습 샤먼들에게서처럼 통찰력, 명확하게 듣기 그리고 다른 초감각적인 지각들이 가능하게 되는 경험을 통해서이다. 때때로 신비주의적 죽음과 부활, 단말마의 상징은 맹렬한 방법으로 전달되고 '감성의 변화'로 이어진다. 견습 샤먼들은 '피부를 바꾸려는' 의도와 무수한 고문과 중독에 의해 감성을 근본적으로 변형시키려는 의도를 드러낸다. 이렇게 불의 땅에 참여하는 새로운 지원자 야마나(yamana)는 입문자들에게만 보이는 '새로운 피부', 두 번째 피부 그리고 심지어 세 번째 피부가 나타날 때까지 얼굴을 비빈다. "예전의 피부는 사라져야만 하고 새로운 섬세하고 반투명한 표층이 나타난다. 얼굴을 비비고 색감을 바르면서 새 피부층이 가시적으로 드러나면 숙련된 선배들은 지원자가 계속해서 피부를 벗길 수 있는 능력이 있음을 의심하지 않는다. 이 순간부터 그는 세 번째 피부가 더욱더 섬세하고 예민하게 될 때까지 그의 뺨을 섬세하게 계속 비벼야만 하고 열의를 가지고 반복해야만 한다. 그러므로 세 번째 피부는 너무도 예민해서 격심한 고통을 일으키지 않고서는 그것을 벗겨낼 수 없다. 마침내 견습생이 이 단계에 이르렀을 때 관례적인 교육은 끝난다"(엘리아데의 *Le Chamanisme*, 63, n. 3에서 인용한 Gusinde의 글).

네덜란드령 기아나의 카리브족에게서 견습 샤먼들은 그 고통을 끊임없이 피는 담배와 담배즙 중독으로 참고 견딘다. 여 교관은 매일 저녁 붉은 액체로 그들의 몸을 문지른다. 그들은 스승들로부터 고추즙으로 눈을 잘 비비는 수업을 듣는다. 결국 그들은 여러 높이에 매 놓은 줄 위에서 번갈아 춤을 추거나 공중에 손으로 매달려서 몸을 흔든다. 마침내 그들은 "여러 번 함께 꼬인 줄에 의해 줄이 풀리면서 점점 더 빨리 지붕을 향해 돌게 만드는 오두막집의 천장에 매달린" 지붕 위의 황홀경에 다다른다(엘리아데의 *Le Chamanisme*, 128 에서 인용한 A. Métraux의 글).

우리는 상궤를 벗어나고 유치한 이 작용에 대하여 관심을 갖는 것은 아니다. 우리의 관심은 이를 통해 얻고자 하는 그들의 목적을 알아보는 데 있다. 신비주의적 죽음의 상징—게다가 같은 민족에게 서 또 다른 샤먼의 입문의례에서 입증된—은 감각기관을 변화시키 려는 의지를 모은 사례집에 잘 나타난다. 이러한 과정을 통해 샤먼은 비가입자들이 접근할 수 없는 현실의 차원을 발견한다. 이러한 '신비주의적 감성'을 획득하는 것은 인간 조건의 초월과 대등하다. 샤먼의 모든 활동은 전통적으로 같은 목표를 추구한다. 즉, 민감하다 는 것에 대한 '세속적인' 범주들을 파괴하는 것, 단조로운 노래, 끝없이 반복되는 후렴구, 피로함, 단식, 춤, 마취제 등은 '초자연적'인 것에 개방된 감각기관의 환경을 창조하는 것으로 끝난다. 물론 심리적인 기술만이 오로지 문제되는 것은 아니다. 전통적인 이데올 로기는 세속적인 민감성의 범주들을 깨뜨려야만 하는 이 모든 노력 들에 가치를 부여한다. 특히 필수적인 것은 영적인 세계에 종속된 완전한 입문의례이다. 이것은 '신앙' 없이는 수포로 돌아간다. 소명 을 갖지 않았던, 즉 '선별'의 경험을 가지지 못했던 견습생들의 사례를 보면 샤먼의 능력을 갖기 위한 그들의 자발적인 추구는 상당한 노력과 고문을 동반한다.

　그러나 출발점—초자연적인 선택이나 주술적·종교적인 힘에 대한 자발적인 추구—이 어떻든 간에 입문의례에 뒤따르는 개인적인 노력은 감각기관의 변화로 반드시 이어진다. 견습생은 신비주의적 감성을 '다시 태어나게 하기' 위해서 세속적인 감성을 '죽이려고' 노력한다. 신비주의적 민감성은 비정상적인 초감각적인 능력의 획득에 의해서 뿐만 아니라 감각기관 능력의 상당한 확장에 의해서 나타난다. 에스키모인들은 선견지명(형안)의 능력을 강조하면서 샤먼 에릭(elik)을 '눈을 가진 자'[12]라고 불렀다. 샤먼의 시각적인 능력은 불의 땅에서 나온 셀크남족(les Selk'nam)에게서 "주술사의 육체에서 나오면서 그러나 항상 주술사와 관계를 유지하면서 그가 쳐다보아야만 하는 대상으로 똑바로 향하는 눈처럼" 나타난다. 푸에고 제도 사람들이 말하길, 이 시각적인 능력은 '고무줄'[13]처럼 팽팽해진다. 지원자는 위치를 옮기지 않고, 그로부터 충분히 멀리 숨겨진 물건들을 찾아내면서 그가 소유한 이러한 능력을 입증한다.[14]

초감각적인 지각과 초월적 권능

　지금 우리는 극도로 중요한 문제에 직면해 있다. 현재 우리가

---

12 Knud Rasmussen, *Intellectual Culture of the Copper Eskimos* (Report of the Fifth thule Expedition, 1921-1924, IX, Kopenhagen, 1932), 27.

13 M. Gusinde, *Die Feuerland Indianern*, Band. 1, *Die Selk'nam* (Modling bei Wien, 1937), 751.

14 M. Gusinde, *op. cit.*, 784.

다루는 항목의 범주를 초월하는 이 문제를 완전하게 묘사하기란 불가능하다. 그것은 샤먼과 주술가에게서 입증된 초감각적인 능력 (capacité)과 초월적 권능(pouvoir)[15]을 보존하는 현실에 관한 것이다. 비록 연구가 초기 단계임에도 불구하고 충분히 많은 민족학적 자료들로 인해 이런 현상들의 진실성은 의심받지 않는다. 최근에 철학자 겸 민속학자인 에르네스토 드 마르티노(Ernesto de Martino)는 초감각적인 지각 능력과 초월적 권능에 대한 탐구자들의 증거를 거론하면서 결론을 끌어냈다.[16] 가장 잘 관찰된 사례 가운데 시로코고로프 (Shirokogorov)가 녹음한 퉁구스족의 샤먼들의 생각 읽기와 통찰력에 대한 사례들을 떠올려보자. 그 가운데 눈에 띄는 것으로는 마술 거울의 도움으로 도둑들을 찾는 사례와 같이 피그미족의 꿈에 나타나는 기이한 예언적인 형안의 사례들이다. 마찬가지로 거울의 도움으로 사냥한 결과에 대해 매우 구체적인 환상을 보는 사례도 있다. 같은 피그미족들에게도 알려지지 않은 언어에 대한 이해도 있다.[17]

---

15 원문은 pouvoirs paragnomiques이고, 초월적 권능으로 번역하였다. para-gnomique는 옆, 위, 저편을 의미하는 par(a)와 땅의 정령, 지신을 의미하는 gnome 의 합성어다. (옮긴이 주)

16 Ernesto de Martino, "Percezione extrasensoriale e Magismo etnologico," *Studi e Materiali di Storia delle Religioni*, 18호(1942): 1-19; 19-20호(1943-1946), 31-84; Ernesto de Martino, *Il Mondo magico. Prolegomeni a una Storia del Magismo* (Torino, 1948). 또한 O. Leroy, *La Raison primitive* (Paris, 1927), 141 이하; Betty M. Humphrey, "Paranormal occurrences among preliterate peoples," *Journal of Parapsychology*, VIII(1944): 214-229. 우리는 최근의 심령 연구에 관한 심리학 연구들의 참고문헌을 발견할 것이다. Rhine, Greenwood, *Extra-Sensory Perception after sixty years* (New York, 1940); R. Amadou, *La Parapsychologie* (Paris, 1954).

17 R. G. Trilles, *Les Pygmées de la forêt équatoriale* (Paris, 1954), 193, 180 이하, 144 이하; E. de Martino, *op. cit.*, 25 이하.

줄루족(les Zoulou)에게서도 통찰력의 예가 있다.[18] 끝으로 피지에서는 불을 통과하는 집단적인 예식의 진실성을 보증하는 많은 작가와 자료들도 있다.[19] 샤먼을 통해 들려주는 '정령들의 목소리'를 디스크에 녹음하기조차 했던 보고라즈(W. Bogoraz)는 추크치족(les Tchouktches)에게서도 여러 다양한 변이 현상을 관찰했다. 이 소리들은 현재까지 복화술처럼 해석되었으나 사실인 것 같지 않다. 왜냐하면 '목소리'가 분명히 샤먼 앞에 있는 기계 쪽에서 나오기 때문이다.[20] 이글루 에스키모족의 라스무센(Rasmussen)과 셀크남족의 구진드(Gusinde)는 많은 예감, 형안 등의 사례를 수집했다. 그리고 이 목록은 쉽게 추가될 수 있을 것이다[21].

이 문제는 심령현상 연구(parapsychologie)에 속한다. 그것은 우리가 이 장의 초반부터 다루고 있는 종교사의 관점에서 유익하게 토론할 수 있다. 심령현상 연구는 비정상적인 현상이 나타나는 조건들을 연구하며, 그것들을 이해하기 위해 애쓰며, 실로 그것들을 설명하려고 애쓴다. 종교사는 이러한 현상들의 의미에 관심을 두며, 그 의미를 더 잘 이해하기 위해 그것들을 다루었고, 그 의미에 가치를 부여했던 이데올로기 체계를 다시 구성하기 위해 노력한다.

---

18 엘리아데는 D. Leslie의 저서 *Among the Zulu and Amatongos* (Edinburgh, 1875)를 인용한 A. Lang의 책 *The making of religion* (London, 1909, 68 이하)에서 재인용한다. E. de Martino, *op. cit.*, 28.의 글 참고.

19 de Martino, *op. cit.*, 29-35.

20 Waldemar G. Bogoraz, "The Chukchee," *The Jesup North Pacifie Expedition*, vol. VII (1907); *Memoirs of the American Museum of Natural History*, vol. XI, 435 이하; de Martino, *op. cit.*, 46 이하; 엘리아데, *Le Chamanisme*, 229 이하.

21 De Martino, *op. cit.*, 71 이하. '샤머니즘의 용맹'에 관한 또 다른 예들은 엘리아데, *Chamanisme*에 기록되어 있다.

하나의 사례에 관하여 심령현상 연구는 영매의 힘으로 물건을 공중으로 떠오르게 하는 구체적 사례의 진실성을 확립하는 데 전념하고, 그것의 발현 조건을 연구한다. 동일 사례에 대해 종교사는 신화와 승천 의례들 사이의 관계를 이해하기 위해 승천과 주술 비행의 상징을 해석하려고 노력하고, 마침내 그것들에게 가치를 부여하고 정당화시키는 이데올로기 체계를 정의하는 데 이른다.

임무를 완수하기 위해 종교사가는 공중 부양의 진실성을 밝힐 필요도 없고, 어떤 사례가 실현될 수 있는 조건을 검증할 필요도 없다. '주술 비행'에 대한 온전한 신뢰, 모든 승천 의례, 땅과 하늘 사이에서 의사소통하려는 동기를 포함하는 모든 신화는 종교사가에게 똑같이 소중하다. 이런 신화들은 매우 커다란 가치를 지니는 영적 자료들이다. 왜냐하면 이런 신화들, 이런 의례들, 이런 믿음들은 우주 안에서 인간의 실존적인 상황을 표현하는 동시에 그의 어두운 욕망과 향수를 드러내기 때문이다. 어떤 의미에서 이러한 사실들은 종교사가에게 실제적인 것이다. 왜냐하면 각각의 것은 인간의 영혼 깊은 곳에 머물고 있는 진정한 영적 경험을 나타내기 때문이다.

우리가 다루는 주제에서 중요한 것은 가장 발전된 종교에서도 원시인의 정상을 넘어서는(paranormale) 경험이 계속되고 있다는 점이다. 기독교 전통에서처럼 동양의 종교 전통에서 입증되지 않은 샤먼의 '기적'이란 하나도 없다. 이것은 특히 '주술 비행'과 '불을 제어하기' 같은 샤먼의 경험들에 있어서는 정말 그렇다. 고대 사회와 아시아의 어떤 종교들 사이의 본질적인 차이점은, 기독교에 대해서는 아무것도 말하지 않더라도, 정상을 넘어서는(paranormauxe) 이런 권능에 부여하는 가치에 관계된다. 기독교는 물론이고 불교와 고전적인 요가는 '경이로운 권능'(범어로 siddhi, 범어의 속어인 팔리어로 iddhi)을 얻기 위한 어떤 방법도 제시해주지 않는다. 파탄잘리(Patañjali)가 오랫동안 싯디(siddhi, 경이로운 권능)에 대해 말함에도 그는 그들에게 해방을 획득하도록 하지는 않았다(*Yoga Sûtra*, III, 35). 붓다 역시 그것들을 알고 있었는데, 그는 '태고적' 샤먼들과 주술사들의 전통처럼 범인도 (panindienne) 주술의 전통을 따른다. 붓다가 회상하기를 비쿠 (bhikku)는 "그의 다른 형식 아래 경이로운 힘(iddhi)을 누린다. 하나로서 그것은 여러 개가 되며, 여러 개가 됨으로써 그것은 다시 하나가 된다. 그것은 보이게 되거나 보이지 않게 된다. 그것은 마치 공중에 떠 있는 것처럼 저항의 시험 없이 벽, 성벽, 언덕을 건너간다. 그는 물을 건너는 것처럼 딱딱한 땅을 통하여 위에서 아래로 관통한다. 그는 마치 딱딱한 땅 위를 걷는 것처럼 빠지지 않고 물 위를 걷는다. 그는 마치 새들이 날개로 날아가는 것처럼 하늘에서 다리를 꼬고 앉아서 여행한다. 달과 해가 그토록 차갑고 뜨거울지라도 그는 그것들을 만지고 손으로 느낀다. 그의 육체에 머물면서 그는 브라마(범천, Brahma)의 하늘에 도달한다. … 이러한 빛과 함께, 인간들의 귀를 초월하는 하늘의 귀로, 멀든 가깝든 간에, 인간들의 소리를 듣는 동시에, 하늘의 소리를 듣는다. … 그 자신의 마음을 가지고 다른 존재들, 다른 사람의 마음을 관통하고, 그것들을 안다. … 이렇게 평온한 마음을 가지고 그는 이전의 자신의 존재에 대해 알기 위해 그의 지혜를 사용한다."[22]

---

22 *Samañna Phalla Sutta*, 87 이하; *Dighanikâya*, I, 78 이하; M. Eliade, *Le Yoga*.

샤먼의 전통에서 확인되지 않고 붓다에 의해서만 언급되는 싯디 (siddhi)는 단 하나도 없다. 이전의 존재들에 대한 지식조차, 특히 인디언의 '신비주의적 훈련'은 북아메리카의 샤먼들에게서 입증되었다.[23] 그러나 붓다는 이러한 주술 과정의 덧없음과 특히 그것들이 노련하지 못한 정령의 눈에 비칠 수 있는 위험을 매우 잘 이해한다. 이러한 싯디의 현현 앞에서 비신자는 그것들이 붓다의 이론과 실천 덕택에 얻어진 것이 아니라고 반박할 수 있다. 그러나 그것들은 어떤 주술, 즉 통속적이고 무용한 파키리즘(fakirisme, 탁발승주의)의 결과이다. "만일 어떤 신자(어떤 불교신자)가 불가사의한 힘(iddhi)을 소유하고 있고, 그가 다른 것으로 변형(multiforme)된다고 할 때, 비신자는 그에게 다음과 같이 말한다. '선생님은 간드하르바(grand-harva)라 할 수 있는 그런 매력을 갖고 있습니다. 이 매력의 힘으로 모든 게 가능한 것입니다…' 오, 케바다(Kebaddah)! 왜냐하면 나는 불가사의한 것들(iddhi)을 실천할 때 위험을 느끼고, 그것들을 증오하고 혐오하고, 그것이 부끄럽기 때문이다!"[24]

파탄잘리(Patanjali)에게서와 마찬가지로 붓다에게서도 싯디 (siddhi)는 소유를 피할 수 없는 정상을 넘어서는(paranormales) 권력이다. 그들의 금욕주의적이고 명상적인 노동 가운데 요가수행자와 비쿠(bhikku)는 초감각적인 지각과 경험의 수준에 이르게 되고, 모든 다른 '놀라운 권능(pouvoirs)'이 그에게 주어진다. 붓다, 파탄잘리

Immortalité et liberté, 184.

23 Ake Hultkranz, *Conceptions of soul among North American Indians* (Stockholm, 1953), 418 이하.

24 *Kevaddha Sutta*, 4 이하; *Dighanikâya*, I, 212 이하; *Le Yoga*, 185-186 이하.

그리고 다른 이들은 이러한 '놀라운 힘'을 보여주는 위험뿐만 아니라 그들이 그 힘을 소유하는 자를 대표하는 위험에 주위를 끈다. 왜냐하면 요가수행자는 영적인 작업을 추구하고 종말의 해방을 얻는 대신 주술의 시험에 굴복하고 이 '놀라운 힘'을 향유하는 것에 그칠 위험이 있기 때문이다.

이 사실을 기억하자. 싯디(siddhi)는 고행의 성공 자체와 시도된 신비주의, 즉 기술들을 자동적으로 따른다. 만일 불교에서처럼 요가에서 해방이 인간 조건의 실제적인 초월과 대등하다는 것을 고려한다면, 달리 말해 우리는 한계가 없는 '조건'의 법(karma)에 의해 수립된 세속적이고 '자연적인' 존재로 '죽어야만'하고 '제약받지 않는' 존재로 '다시 태어나야만' 한다. 요가, 불교와 그것들과 유사한 금욕-신비주의 방법까지도 다른 계획 위에 그리고 완전히 다른 목표를 추구하면서 정신 신체 구조들의 변동에 의해 인간 조건을 변화시키려고 노력하는 태고의 기술들과 관념론을 연장한다. 신비주의적 생리학의 길고 고통스러운 수련에 의해 인도인 견습생은 그의 '감성'을 근본적으로 변화하는 데 이른다. 주의 깊게 요가의 텍스트를 읽으면서 우리는 종말적인 존재학상의 변동을 준비하는 단계들을 따를 수 있다. 우리는 여기서 그것들을 분석할 수는 없다. 그러나 견습의 초기부터 육체의 거의 믿을 수 없을 정도의 제어와 마찬가지로 초감각적인 지각(통찰력, 명확한 청력 등)을 가능하게 하기 위한 '세속적인 감성'의 구조들을 '폭발시키기 위해' 노력한다. 하타요가(Hathayoga)의 수련들, 무엇보다도 리듬에 따라 하는 호흡(prânâyâma)은 정상적인 행동으로는 접근할 수 없는 통로를 제공한다. 게다가 우리는 정상적인 행동이 점진적으로 '전복'되는 것에 참여한다. 경전에 기록된 바에 따르면 감각은 '대상들로부터 나오도록'(pratyâharâ) 그리고 그 자신을 성찰하도록 강요당한다. 왜냐하면 인간을 둘러싼 세속적인 조건은 운동을 통해, 무질서한 호흡과 정신의 분산 등을 통해 성격이 규명되기 때문이다. 요가수행자는 그 역(逆)을 수행하면서 세속적인 조건을 '전복시키기 위해' 노력한다: 부동성(âsana), 호흡 멈춤(prânâyâma), 한 점으로의 정신 심리적 흐름의 집중(ekâgratâ) 등. 자연스런 행동을 '전복시키려는' 의도는 불가사의한 요가·탄트라교의 외설적 실행 안에서 발견된다. 정상적인 '민감성'은 점진적으로 무너지고, 요가수행자는 신으로 변형되고, 그의 여자 동료를 여신으로 변형시킨다. 성적인 행위는 의례가 되고, 정상적인 생리학적 모든 반응은 '전복'된다. 정액의 배설을 멈출 뿐만 아니라 텍스트들은 '정자를 되돌아가게 하기'의 중요성을 강조한다(cf. *Le Yoga*, 270). 그것을 반복하기 위해 이 모든 노력은 '세속적인 인간의 죽음'을 추구한다. 그리고 요가의 목적이 '원시시대의' 주술사나 비의 수행자의 목적과 완전히 다르다 할지라도 요가나 탄트라교의 입문의례 상징은 상징적 죽음과 부활을 보여주는 샤먼의 입문의례 상징의 연장된 형태다.

'주술적 열기'와 '불을 제어하기'

원시인들에게나 인도 전통에서도 입증하기 불가능한 모든 '경이로운 힘'(siddhi)을 연구하기 위해서 우리는 단 한 개의 원형을 떠올리는 것으로 만족할 것이다. 그것은 '주술적 열기'와 '불을 제어하기'를 내포하는 초월적 권능들의 단계다. 우리는 이 연구를 통해 많은 것을 얻을 수 있다. 왜냐하면 우리가 가진 자료들은 가장 오래된 고대부터 가장 발달된 사회에 이르기까지 모든 문화 수준에서 발견되기 때문이다.

샤먼의 입문의례 시험 중의 하나는 잉걸불의 뜨거움뿐만 아니라 극도의 추위에도 견디는 능력을 포함한다. 예를 들어 만주족(les Mandchous)의 샤먼이 될 사람은 다음과 같은 시험을 참고 견뎌야만 한다. 겨울에 얼음에 아홉 개의 구멍을 파고, 지원자는 그 구멍 중의 하나에 들어가 얼음 밑으로 헤엄쳐서 두 번째 구멍으로 나온다. 그렇게 연속해서 아홉 번째 구멍까지 헤엄쳐야만 한다.25 그러나 인도·티벳의 어떤 입문의례를 통과하기 위한 시험은 겨울밤 동안에 옷을 벗고 눈 속에서 몸을 건조시키는 능력에 의해 제자(신봉자)의 준비 정도를 확인한다. 이 '육체적 열기'(체온)는 티베트어로 명사 gtûmmo(토우모)이다.

> 이불(시트)이 얼음물 안에 담겨 있다. 그것은 얼었고 꺼내면 뻣뻣하게 굳어 있다. 제자들 각자는 그것을 몸에 둘둘 말고, (체온으로) 녹여서 말려야만 한다. 시트가 마르면 바로 사람들은 다시 그것을 물속에 놓고 지원자는 다시 그것을 몸에 둘러야만 한다. 이런 의례가 날이 샐 때까지 계속된다. 결국 시트를 가장 많이 건조시킨 지원자가 승리자로 선포된다.26

---

25 Shirokogorov의 글인데, 엘리아데는 *Le Chamanisme*, 114에서 그 글을 인용했고, 다시 여기서 그 글을 인용하고 있다.

26 Alexandra David-Néel, *Mystiques et magiciens du Thibet* (Paris, 1929), 228 이하.

gtûm-mo는 인도 금욕주의 전통에서 잘 알려진 요가 · 탄트라교의 단련 방법이다. 우리가 다른 장(제7장 "주술적 열기" 참조)에서 살펴볼 쿤달리니(kundalini)[27]의 각성에는 매우 생생한 열기의 감각이 동반된다. 이것은 탄트라교의 요가의 신용(신뢰)의 발견이 아니다. 이미 『리그베다』(*Rig Veda*)에서 금욕주의적 노력, 일반적으로 타파스(tapas)는 '열기'의 생산자처럼 간주되었다. 여기서 우리는 매우 오래된 신비주의적 경험을 확인하게 된다. 왜냐하면 많은 원시인이 '타는 듯한' 것으로서 주술적 · 종교적 권능(pouvoir)을 나타내고, '열기'와 '화상'을 의미하는 용어들로 그것(열기)을 표현하기 때문이다. 이 주술적 · 종교적 권능은 신비주의자들과 주술사들의 독점물은 아니다. 그것(주술적·종교적 권능)은 군대의 입문의례 전투(신병의 군사 훈련) 시 생기는 '열광'을 통해서도 획득된다(제7장의 '주술적 열기' 참조).

'주술적 열기'는 '불을 제어하기'라고 부를 수도 있고, 잉걸불의 뜨거움을 무감각하게 만드는 기술과 관계가 있다. 샤먼의 세계라면 어디에서나 바라문교 탁발승(fakiriques, fakir[회교, 바라문교의] 탁발승, 최면술사, 요술쟁이, 예언자)의 환각이라 부르는 특이한 행적이 확인되었다. 샤먼은 영매 상태를 준비하면서 불타는 숯을 삼키고, 지글지글 타는 불을 만지는 등 숯을 갖고 논다. 아로카니(칠레의 중부 지방)의 샤먼 추대 축제 동안 스승들과 새로운 가입자들은 몸이 불에 데지 않고 그들의 옷도 불에 타지 않은 채 불 위를 맨발로 걷는다. 북아시아

---

27 쿤달리니(Kundalini)는 인간 안에 잠재된 우주 에너지로 생명과 영혼의 근원이다. 쿤달리니가 있다는 것을 알지 못하고 사는 사람이 많다. 이것이 있다고 해도 이것을 깨우지 못하면 속인에 머물고, 깨우면 초인이 된다. 산스크리트어로 '똬리, 돌돌 감긴 것'을 의미한다. (옮긴이 주)

전역에서 샤먼들은 자신의 육체에 상처를 내고 불타는 숯덩이를 삼키고, 불을 만질 수 있다. 똑같은 무훈들이 북아메리카의 샤먼들에게서도 입증되었다. 예를 들어 주니족(les Zuni)의 샤먼들은 갖가지 '불놀이'를 행한다. 그들은 숯덩이를 삼키고, 불 위를 걷고, 새빨간 불을 만질 수 있다. 마틸다 콕스 스티븐슨(Mathilda Coxe Stevenson)은 샤먼이 60초 동안 입 안에 잉걸불을 넣고 있는 것을 목격했다고 한다. 오지바(Ojibwa)의 바벤(wâbène)은 '불의 취급자'라고 불리는데, 불타는 숯덩이를 안전하게 조작한다(cf. *Le Chamanisme*, 63, 285).

이러한 행동은 때때로 집단적이다. 중국에서 구황신(sai-kong, 환국, 밝나라의 아홉왕, 숯불 위로 걷는 구황신 출제가 있음)은 불 위로 통과하는 의식을 행한다. 의례는 "불길에서 산책한다"는 모토를 내걸고 사원 앞에서 열린다. 구황신(의례를 주관하는 이)이 먼저 잉걸불 위로 걸어가면 더 젊은 그의 동료들이 따르고, 그다음에 관중들까지도 그 뒤를 따른다(*Le Chamanisme*, 400). 붉다못해 허옇게 달구어진 돌 위를 집단적으로 통과하는 가장 유명하고 가장 잘 연구된 예는 피지군도(Fidji)에서 발견된다. 어떤 가족들은 이 '능력'을 소유하고, 세습적인 방법으로 그것을 자손들에게 전해준다. 의례가 진행되는 동안에 수많은 비가입자 그리고 심지어 외국인도 불타는 숯덩이 위로 무사히 걸어간다. 이러한 '신념'에 관해 말하자면 정말 놀라운 것이며, 이러한 의례 상징을 존중하는 것은 필수적이다. 라로통가(Rarotonga)에서 돌아온 유럽인 중의 한 명은 통과 도중에 발에 화상을 입었다.[28] 이와 유사한 의례들은 인도 전역에서 산발적으로

---

28 Rarotonga 예전에 관한 참고 서적은 다음과 같다. W. E. Gudgeon, "The Umu-Ti,

발견된다. 마드라스(Madras)[29]에서 요가수행자는 참석한 사람들의 상당수가 불을 통과하도록 했는데, 그의 수행원들과 함께 마드라스의 주교 사이에서 준비되지 않은 사람들뿐만 아니라 믿지 않는 사람들까지도 통과하게 했다.[30]

'불을 제어하기'는 샤먼의 다른 행위(승천, 주술 비행, 사라짐, 물 위를 걷기 등)와 아울러 이슬람의 신비주의자들에게서 확인이 되었다. 이슬람 수도승(derviches)의 전통에 따르면, "족장(cheikh)의 가르침을 들으면서, 신비를 발견하면서, 세이드(séyyd)는 잉걸불 위에 두 발을 딛고, 불타는 숯 조각을 손으로 꺼내면서 완전히 연소된다."[31] 그리스의 어떤 지역에서는 지금도 불 위에서 행하는 집단적인 입문의례가 실행되고 있다는 것을 기억하자. 대중적인 기독교인의 신앙심(예배, dévotion)에 이미 통합되어 있는 이런 입문의례는 이론의 여지없이 고대부터 있었던 것이다. 기독교인이 등장하기 이전뿐만 아니라 아마도 인도-유럽인이 등장하기 이전에 이미 있었다. 상세한 내용을 살펴보자. 불에 무감각한 것과 불로 인해 연소되지 않는 것은 기도와 단식을 통해 획득된다. '신앙'은 본질적인 역할을 하고,

---

or Fire-walking Ceremony," *The Journal of the Polynesian Society*, VIII (1899); E. de martino, *Il Mondo magico*, 29 이하.

29 인도 남부 타밀나두 주(州) 벵골 만(灣)의 코로만델 해안에 있는 도시 '마드라스'는 1996년에 '첸나이'로 이름을 바꾸었다. 2022년 기준 도시 인구는 1,100만 명으로 인구 수에서 10대 도시에 속하며, 생활 지수에서는 4대 도시로 손꼽힌다. 1996년 기공식을 가진 이후 1998년 현대자동차 첸나이 공장이 준공되었다.

30 이 내용은 Olivier Leroy의 다음 책에서 부연된다. *Les Hommes salamandres. Sur l'in-combustibilité du corps humain* (Paris, 1931).

31 Cl. Huart의 글인데, 엘리아데, *Le Chamanisme*, 361에서 인용되었고, 엘리아데는 이 글에서 다시 인용한다.

잉걸불 위로 통과하는 것은 때때로 황홀경에서 이루어진다.[32]

따라서 구석기 시대의 문화로부터 근대 종교에 이르기까지 이러한 신비주의적 기술들은 철저하게 이어지고 있다. '주술적 열기'와 '불을 제어하기'가 갖는 진정한 의미를 추측하기는 어렵지 않다. 이 '놀라운 권능(pouvoirs)'은 어떤 황홀경 상태로 접근하는 것을 보여주며, 다른 문화적 견지(예를 들어 인도)에서 보면 영적으로 완전히 자유로운 상태로의 접근을 의미한다. '불을 제어하기'와 잉걸불의 뜨거움뿐만 아니라 극도의 추위에 대한 무감각함은 샤먼이나 요가 수행자가 인간 조건을 초월했고, 그들이 이미 '정령들'의 조건에 참여한다는 사실을 말해주는 것이다[33].

감각, 황홀경과 낙원

고대 종교에서 '정령들'의 일에 참여하는 것은 비의 수행자와 주술사들에게 주어지는 명예이다. '정령들'처럼 샤먼들은 '불연소성'을 갖고 있으며, 공중을 '날고', 보이지 않게 된다. 우리는 여기에서 중요한 사실을 발견할 수 있다. 즉, 샤먼이 할 수 있는 최상의 경험은 황홀경(extase)과 '영매'(transe)로 이어진다는 것이다. 샤먼은 황홀경 중에 영으로(en esprit) 신을 만나기 위해 가장 높은 하늘까지 혹은 달에까지 위험하고 기나긴 신비한 여행을 시도하거나 지옥까지 내려간다. 달리 말하자면 샤먼이 겪는 최고의 경험인 황홀경은

---

32 C. A. Romaios, *Cultes populaires de la Thrace* (Athènes, 1945), 84 이하; *Revue métapsychique* n° 23, *mai-juin* (1953): 9-19 이하.

33 이 책의 4장 마지막 부분 참고.

감각기관 너머에서 끝난다. 그것은 '영혼'만을 개입시키고 속박시키는 경험이지, 그 자신의 육체와 영혼 전 존재를 개입시키는 것은 아니다. 황홀경은 '영혼'의 분리로 해석된다. 즉, 죽음의 경험을 앞당겨서 경험하는 것이다.

다음의 사실은 매우 자연스럽다. 입문의례에서 이미 죽음과 부활을 경험한 샤먼은 아무런 제약 없이 육신을 떠난 자의 조건을 차용할 수 있다. 육체와 영혼의 분리는 그에게 치명적이지 않고 그는 단지 '영혼'만으로도 존재할 수 있다. 각각의 영매(transe)는 새로운 '죽음'이며, 영매 상태 동안 영혼은 육체를 버리고 우주 전 지역을 여행한다. 그러나 샤먼의 황홀경 상태가 보편적으로 '성스러움'을 보여주는 최상의 증거라고 여겨진다 할지라도 원시인의 눈에서 보면 샤먼의 황홀경은 샤먼의 초기 상황과 비교할 때 쇠약 (déchéance)한 것이다. 전통에 따르면 샤먼들은 실제로 하늘로 여행했다고 한다. 그들은 실제로 구름 위로 날았던 시대를 추억한다. 황홀경처럼 오직 영적으로만 실현되는 이 신비주의적 경험—주술 비행, 하늘로 승천, 지옥에 내려감—은 샤먼이 그의 육체 자체로 모든 기적을 실현하는 예전의 상황에 비교할 때 하등한 것으로 간주된다. '불을 제어하기'는 육적인 조건에서 얻어진 실제적인 '기적' 중 하나이다. 게다가 이것은 모든 샤먼의 지역에서 샤먼의 명성에 부여된 가장 크고 중요한 이유이기도 하다. 불을 제어하기는 샤먼이 육체적 존재로서 존재하면서 '정령'만이 하는 일에 참여한다는 것을 보여주는 증거이다. 불을 제어하기는 '감성'이 파괴됨 없이 변환될 수 있고, 인간 조건을 파괴하지 않고 인간 조건을 초월했다는 증거, 다시 말해 그의 초기의 완벽함 속에 그것을 '복구'했다는 증거이다. (우리는 한순간에 초기의 완벽함의 신비주의적인 이 동기로 되돌아올 것이다.)

　이전의 상황과 비교해볼 때 우리 시대의 '불을 제어하기' 수준은 그 전보다 쇠퇴(décadence)한 것이다. 마오리족들(les Maoris)은 그들의 선조들이 불타는 숯으로 가득 찬 커다란 구덩이를 건널 수 있었다고 주장한다. 그러나 오늘날 이 의례는 사라졌다. 그들은 므벵가(Mbenga)에게 옛날에는 구덩이가 지금보다 훨씬 더 넓었지만, 이 구덩이를 서너 번씩 통과했었다고 말한다.[34] 부리아테스족(les Bouriates)에 의하면 '옛날에' 대장장이-샤먼은 불을 혀에 댔고 녹은 쇠를 손으로 잡았다. 그러나 우리 시대에서 의례에 참석했던 샌드세제프(Sandschejev)는 새빨간 쇳덩이에 발을 갖다 대기만 했을 뿐이다(cf. *Le Chamanisme*, 410). 파비오초(Paviotso)는 입 속에 불타는 숯덩이를 넣고 새빨간 쇳덩이를 만지고도 무사했던 '오래된 샤먼들'에 대해 지금도 말한다(*Ibid.*, 271). 추크치족(les Tchouktches), 코랴크족(les Koryaks), 퉁구스족(les Tongouses)은 불의 땅 셀크남족(les Selk'nam)과 마찬가지로 '오래된 샤먼들'이 더 강했고, 오늘날 샤머니즘은 쇠퇴하고 있다는 것에 대해 동의한다(*Ibid.*, 227, 231, etc.). 야쿠트족은 샤먼이 그의 준마를 타고 하늘까지 날았던 시대를 회상하면서 그리워한다. 그 샤먼은 완전히 철갑을 두르고, 북을 치며, 구름 속에서 항해했다(*Ibid.*, 212).

　현재의 샤머니즘이 쇠퇴(décadence)한다는 것은, 고대인들의 종교와 문화의 역사와 비교해 볼 때, 샤머니즘이 부분적으로만

---

34 E. de Martino, *Il Mondo magico*, 174-175 이하.

기능한다는 것을 보여주는 역사적 현상이다. 우리가 언급했던 전통들을 보면 샤먼의 쇠퇴에 관한 신화가 나온다. 고대인들에 따르면 샤먼은 황홀경 상태에서 하늘을 난 것이 아니라 사실상(물질적으로, 육체적으로) 날았다. 그때의 승천은 '영으로'(en esprit) 된 것이 아니라 그의 육체로(en son corps) 된 것이었다. 그러므로 '영적'(spirituel) 상태는, 황홀경이 필요하지 않았던 이전의 상황(육체로 승천하던 상황)에 비교하면, 타락의 상태를 의미한다. 타락 이전의 시기에는 영혼과 육체 사이의 분리 가능성이 존재하지 않았다. 즉, 죽음이 존재하지 않았다. 죽음의 출현은 온전한 인간의 통일성을 깨트려 영혼과 육체를 분리하고 사후 생존(la survie)을 영적 원리로만 국한하였다. 즉, 원시 이데올로기에서 보면 현시점의 신비주의적 경험은 초기 인간의 민감한 경험보다 훨씬 더 열등하다.

결국 우리가 앞(제4장 '원시 전통에서 낙원에 대한 향수'의 첫 부분)에서 보았던 것처럼 신화에 의하면 조상이나 초기의 인간은 죽음도, 고통도, 노동도 알지 못했다. 그들은 동물들과 평화 속에 살았고 신을 직접 만나기 위해 어려움 없이 하늘에 오를 수 있었다. 그런데 하늘과 땅 사이의 의사소통을 끊는 파국이 생겼다. 이 파국은 속사(俗事), 고통, 죽음이라는 인간의 현재 조건을 만든 기원이 되었다.

영매 상태 동안에 샤먼은 낙원 신화가 보여준 인간 조건(즉, 타락의 결과들)을 소멸시키고, 초기의 인간 조건을 회복시키려고 애쓴다. 황홀경은 인류의 최초 상태를 일시적으로 재현실화한다. 살과 뼈로 하늘로 올라갔던 초기의 인간과는 다르게 샤먼은 황홀경 상태에서 육으로 하늘에 올라가는 것이 아니라 영으로만 하늘로 올라간다.

이제 우리는 샤먼의 황홀경이 쇠퇴처럼 보여지는 이유를 이해할 수 있다. 황홀경은 순수한 '영적' 경험이다. 샤먼의 황홀경은 '옛 샤먼들'의 권능과 비교할 바가 아니고 인간 조건을 완전하게 소멸시키는 데 이르지도 못한다. '옛 샤먼들'은 기적을 행했고, 특히 하늘로 날 수 있었지만, 영매 상태의 샤먼은 그렇지 못하다. '옛 샤먼들'도 이미 타락한 인간의 대리인이었고, '타락' 전 낙원의 조건을 회복시키려고 노력했다.

이와 같이 '권능'을 가졌음에도 황홀경을 평가절하하는 것은 '영성'을 경멸하거나 '주술'을 경외해서가 아니다. 즉, 옛 샤먼들이 뼈와 살로 올라갔던 것과 달리, 그 이후의 샤먼들이나 입문의례자들이 영으로만 올라가는 것을 경멸(평가절하)한다는 의미가 아니다. 그것이 의미하는 바는 잃어버린 낙원에 대한 향수, 현실에서 접근할 수 없는 지대나 신성, 그것이 의미하는 그대로 알고 싶어 하는 갈증이다. 즉, 원시인은 쉽게 접근할 수 있는 체화된 성스러운 것(Sacré)을 만나고 싶어 한다. 이는 어떠한 사물도 성스러운 것을 체화할 수 있다는 점, 즉 우주의 성현화(hiérophanisation)를 설명한다. 이것으로부터 원시인의 '정신적 열등함'을 추론해서는 안 된다. 원시인이 지닌 추상 능력과 사변 능력은 수많은 관찰자들에 의해 적절하게 입증되었다. 인간은 자신의 깊은 곳에 있는 충동(impulsions)으로 '낙원에 대한 향수'를 느낀다. 인간은 그 충동으로 자신의 존재 전체가 성스러운 것에 참여하기를 욕망한다. 낙원에 대하여 향수를 느낀다는 것은 곧 자신의 존재 전체가 성스러운 것에 참여하기를 욕망하는 것과 같은 의미이다. 이 말은 현재 자신의 존재 전체가 겉(apparente, 외형적, 껍데기)일 뿐이라는 것, 자신의 존재 자체가 단절(rupture)된 구성체라는 것을 의미한다. 현재 자신의 이런 모습을 발견한 인간은 온전하고

통일된 시기였던 낙원을 추억하며 그때로 돌아가고자 한다.

"Expérience sensorielle et expérience mystique"

(원시인들에게서 감각기관 경험과 신비주의 경험), *Nos sens et Dieu*

(Etudes carmelitaines, 1954.)

6장

승천의 상징체계와
'각성몽'

주술 비행

통치권에 대하여 연구한 호카르트(A. M. Hocart)는 '주술 비행'이
라는 견고하지만 최종 순간에서는 종속된 이데올로기와 제정일치
(祭政一致) 이데올로기를 검토한다. 동남아시아와 오세아니아의 왕
들이 사람들의 어깨에 들린 기구에 탑승하여 이동하는 것은 신격화
된 그들이 땅과의 접촉을 피하도록 하기 위함이었다. 그들은 신처럼
'공중을 날았다'.[1] 영국의 위대한 인류학자 호카르트의 특징인 완고
한 표현에도 불구하고 이 가설은 관심을 불러일으켰다. 왕 이데올로
기는 어떤 형태로든 하늘로의 승천을 잘 보여준다. 모든 문학에
영향을 주는 연구를 통해 빅커만(E. Bickermann)은 로마 황제의 신격
화가 이러한 종류의 승천을 포함한다고 제시했다.[2] 황제의 신격화는
긴 역사를 가진다고 말할 수 있을 것이다. 동양에서는 선사시대

---

1 A. M. Hocart, "Flying through the air," *Indian Antiquary* (1923): 80-82. 이 책은
  나중에 다음 책에 수록되었다. *The Life-giving myth* (London, 1952), 28-32.

2 E. Bickermann, "Die römische Kaiserapotheose," *Archiv für Religionswissenschaft*,
  27 (1929), 1-34 이하, 특히 9-13 이하.

이래로 그것과 관련되는 자료를 발견할 수 있다. 최근에 왕의 이데올로기와 고대 근동의 군주 의례 패턴을 연구한 비덴그렌(G. Widengren)은 복합적으로 구성된 승천을 잘 설명했다. 문화가 변화하고 역사 속에서 날조되어 원모습이 많이 바뀌었음에도 왕의 승천이라는 상징체계와 시나리오는 몇천 년 동안 보존되었다. 또한 똑같은 패턴이 모범적인 이미지 안에 그리고 신의 메신저, 선민(선출자), 신비에 싸인 선지자의 전기를 통해 지속되어 왔다.[3]

우리는 중국에서 유사한 상황을 만난다. 전설에 의하면 날기에 성공했던 최초의 군주는 전욱(Chouen, 顓頊, 중국의 연표에 의하면 2258~2208) 황제였다. 십중팔구 굉장한 주술사였던 요(Yao, 堯) 황제의 두 딸은 전욱 황제에게 '새처럼 나는' 기술을 알려주었다. 공중을 난 황제들의 다른 예들이 있다. 로퍼(B. Laufer)에 따르면 중국에서 이륜마차나 다른 기구들을 통한 '주술 비행'은 강박 증상처럼 셀 수 없이 많이 나온다.[4] '미성년자 유괴-예찬'의 범례들과 연결된 주술 비행도 있다. 황제(Hoang-ti, le Souverain jaune, 황색 군주)는 수염이 있는 용에 의해 70명이나 되는 그의 부인들 및 고문들과 함께 하늘로 납치되었다.

전욱(Chouen) 황제가 두 주술사로부터 나는 기술을 배웠다는 사실은 이 신화적 의례가 왕이 창조한 이데올로기가 아니라는 것을 추측하게 해준다. 결국 '깃털의 학자'나 '깃털의 주인'이란 용어들은

---

3 Cf. Geo Widengren, *The Ascension of the Apostle of God and the Heavenly Book* (Uppsala-Leipzig, 1950), Geo Widengren, *Muhammad, the Apostle of God, and his Ascension* (Uppsala-Wiesbaden, 1955), 204 이하.

4 B. Laufer, *The Prehistory of Aviation* (Chicago, 1928).

도교의 사제를 지칭한다. '날아서 하늘에 올라가는 것'은 중국어로 다음과 같이 표현된다. "새의 깃털로 변신한 그는 불사자처럼 올라갔다."[5] 도교의 신자들과 연금술사들은 공중으로 올라가는 힘을 가졌다.[6] 새들의 깃털에 대해 말하자면, 그것들은 '샤먼의 비행'을 설명하는 데 가장 빈번하게 사용되는 상징 중 하나이며, 중국 고대 상형문자 속에서 풍부하게 증명된다.[7]

이 장에서 방금 언급된 다른 문화 지역 각각에 대해 상세하게 제시하는 것은 무용하다. 하늘로의 비행은 군주들의 독점물이 아니며 주술사들, 현인들, 모든 종류의 신비주의자(비의 수행자)들 또한 행하는 것이었다. '주술 비행'이 통치권의 권한을 벗어나고 왕의 이데올로기 형성보다 연대적으로 앞선다는 것을 염두에 두자. 만일 군주들이 하늘에 오를 수 있는 능력이 있다면, 그것은 그들이 더 이상 인간 조건에 참여하지 않기 때문이다. 그러나 그들은 어떤 존재론적 변동을 실현했던 유일한 자도 최초의 사람들도 아니다. 그러므로 우리는 '주술 비행'에 대한 전설, 신화, 의례들의 거대한 총체를 구체화시키는 실존적인 상황을 간과하고 기술할 것이다.

인간의 조건을 초월하기 위해 반드시 '신격화'가 도입되어야 하는 것은 아니지만, 신적인 군주들의 이데올로기 안에서는 본질적인 개념이다. 중국과 인도의 연금술사들, 요가수행자들, 현인들,

---

5 B. Laufer, *op. cit.*, 16.

6 Lauffer의 글, 26 이하; 엘리아데, *Le Chamanisme et le techniques archaïques de l'extase*, 369 이하; A. Waley, *Nine Chinese Songs* (London, 1954).

7 Hentze, *Sakralbronzen und ihre Bedeutung in den frühchinesischen Kulturen* (Antwerpen, 1941), 100 이하, 115.

신비주의자들이 주술사들과 샤먼들과 마찬가지로 날 수 있는 능력
이 있다고 할지라도 신이 되었다고는 주장하지 않는다. 단지 그들의
행동이 무엇보다도 '정령'의 조건에 참여하고 있다는 것, 고대 인류
학을 이해하기 이런 조건에 참여한다는 것의 의미를 아는 것이
중요하다.

우선 '주술 비행' 기록을 통해 두 개의 커다란 범주로 구분할
수 있다: 1) 조상들의 공중에서의 불가사의한 모험(주술 비행 형태의
이야기) 그리고 일반적으로 인간-새(또는 새의 깃털로 장식한)에 관계된
모든 전설에 관한 신화와 전설 범주, 2) '비행'이나 하늘로의 승천의
구체적인 경험을 내포하는 의례와 믿음의 범주. 여기서 특히 우리가
관심 갖는 것은 두 번째 범주의 자료들이다. 승천할 때 나타나는
황홀경의 특성은 의심의 여지가 없다. 우리가 아는 것처럼 황홀경에
빠져들게 하는 기술들은 일반적으로 샤머니즘이라는 이름하에 알
려진 현상을 만들어 낸다. 이 현상 분석에 한 권(저자의 저서 『샤머니즘』
을 말함)을 전부 할애한 적이 있기에 여기서는 논의와 직접적으로
관계되는 결과들만을 다룰 것이다. '비행'은 그들의 육체를 기꺼이
포기하고 세 개의 우주 지역에서 '영으로'(en esprit) 여행하는 어떤
개인들의 능력을 유연하게 설명해준다. 사람들이 '비행'을 시도하는
것, 즉 황홀경(반드시 영매 상태를 내포하는 것은 아니다)에 빠지는 것은
다음 세 가지로 설명할 수 있다. 우선 더 높은 하늘에 제물로 바쳐진
동물의 영혼을 호송하고, 이 동물 영혼을 천신(Dieu céleste)에게
제물로 바치기 위해 또는 악마들에 의해 길을 잃고 유괴당했다고
가정되는 환자의 영혼을 찾기 위해—이 경우에 먼 지역으로 여행할
때는 수평으로 가고, 지옥으로 여행할 때는 수직으로 간다—, 마지막

으로 새로운 거처를 향해 죽은 자의 영혼을 인도하기 위해서다. 물론 집단의 목표를 가진 이러한 황홀경의 여행 이외에도 샤먼은 그 자신의 영적인 필요에 의해 황홀경을 수락하고 찾는다. 샤먼의 기능을 관리하고 합법화하는 사회-종교적 체계가 어떤 것이든 간에 수련-샤먼은 상징적인 '죽음'과 '부활'의 경험을 포함하는 입문의례 시험들을 과감하게 맞서야만 한다. 그의 입문의례 동안에 수련생은 하늘과 지옥을 여행하는 것으로 여겨진다. '샤먼의 비행'이 의례적인 '죽음'과 동등하다는 것은 분명하다. 영혼은 육체를 버리고 살아있는 자가 접근할 수 없는 지역으로 날아간다. 그의 황홀경에 의해 샤먼은 신들, 죽은 자들, 신령들과 동등해진다. '죽고', '부활하는' 능력, 다시 말해 기꺼이 육체를 버리고 복귀하는 능력은 그가 인간 조건을 초월했다는 것을 외연으로 나타내는 것이다.

여기에서 샤먼들이 황홀경을 얻는 수단에 대해 상세히 논하지는 않을 것이다. 단지 그들이 새들처럼 무관심하게 날거나 준마 또는 새에 올라타거나 그들의 북 위에서 날아올랐다고 주장하는 것만을 주목하자.[8] 샤먼의 특별한 이 기구는 영매 상태의 준비에 있어 매우 중요한 역할을 한다. 시베리아와 중앙아시아의 샤먼들 또한 그들의 북위에 앉아서 공중을 여행한다고 주장한다. 우리는 본포 (Bon-po) 사제들에게서 티벳에서와 똑같은 황홀경의 기술을 발견한 다.[9] 우리는 단어의 엄밀한 의미에서 샤머니즘이 덜 퍼져 있는

---

8 Cf. Eliade, *Le Chamanisme*, 180, 186, 193(샤먼이 새 위에 오른다), 185 이하(심부름꾼), 51 이하, 212 이하, 222 이하, 415 이하(샤먼이 새처럼 난다), 160 이하(그들은 북 위에 내려앉는다)를 참고할 것.

9 Helmut Hoffmann, *Quellen zur Geschichte der tibetischen Bon-Religion* (Wiesbaden,

문화 안에서조차도, 예를 들어 아프리카에서도 똑같은 기술을 만난다.[10]

그러므로 우리가 '주술 비행'에 관계된 이미지와 상징에 책임이 있는 실존적인 상황을 찾아야만 하는 것은 승천의 황홀경의 경험 안에서이다. 문화의 어떤 주기에서 또는 인류 역사의 어떤 순간에서 상징적 콤플렉스의 '기원'을 확인하는 것은 무용할 것이다. 엄격한 의미에서 샤머니즘의 특수성이라 할지라도 황홀경과 의례, 신앙, 상징은 모든 다른 고대 문화에서 폭넓게 입증된다. 아마 십중팔구 다양한 모습으로 드러나는 황홀경의 경험은 인간이 우주에서 특수한 상황을 자각한다는 의미에서 인간 조건과 공존한다.

만일 우리가 '비행'의 신화들과 전설들과 관계된 다른 사건들의 그룹을 고려한다면, 이 모든 것은 더욱더 명확하고 뚜렷이 드러난다. 우리의 이야기에서 이러한 신화들과 전설들의 서사적인 내용이 실제 황홀경 경험에 직접적으로 달려 있거나 꿈같은 창조이거나 순수한 상태에 상상력의 산물이든지 간에 상관없는 일이다. 어떤 점에서 몽환과 몽상은 황홀경의 환각에 참여한다. 우리는 조금 후에 어떤 의미에서 이 참여에 일치시켜야만 할지 보게 될 것이다. 심층심리학자들이 상상의 차원에서 전체로서의 인간 존재를 위해 초기의 중요성과 생명의 가치가 있음을 인정했다는 것을 상기해 보자. 상상의 경험은 낮의 경험과 실질적인 활동과 같은 자격으로 인간을 구성한다. 비록 그의 현실의 구조가 실질적인 존재의 '객관적

1950), 203.

10 Adolf Friedrich, *Afrikanische Priestertumer* (Stuttart, 1939), 193.

인' 현실들의 구조와 유사하지 않을지라도 상상의 세계는 '비현실적'
이지 않다. 우리는 철학적인 인류학을 위해 그의 창조의 중요성을
측정할 것이다.

신화학과 민속학에 나오는 '주술 비행'이 우리에게 감명을 주는
것은 매우 오래전부터 있었고 전 세계에 보편적으로 확산되어 있다
는 점 때문이다. 사람들은 가장 오래된 민속학적인 요소 가운데
하나로 주술 비행(Magische Flucht)을 꼽는 데 동의한다. 문화 고대
지층 안에서 그리고 여기저기에서 그것을 발견한다.[11] 정확히 말하
자면 '비행'에 관계된 것이 아니라 어지러울 정도의 도주에 관계된다.
수평적 방향에서 대부분의 시간, 이야기의 근본 생각이 민속학자들
이 생각하는 것처럼 죽음의 왕궁의 젊은 영웅의 도주와 죽음을
인격화한 끔찍한 형상에 의한 추적에 관계된다. 우리가 여기에서는
할 수 없는 더 긴 주술의 도주가 일어나는 공간의 구조를 분석하는
것은 매우 흥미로운 일일 것이다. 우리는 절박한 위험으로부터
불안을 구성하는 모든 요소를 제거하기 위해, 무서운 존재로부터
벗어나기 위해 모든 노력을 기울일 것이다. 주술의 준마보다 더
빨리, 바람보다 더 빨리, 생각만큼 빨리 도망친다. 그럼에도 영웅이
그의 추적자를 뒤로 떨어뜨리는 데 마침내 성공한 것은 아니다.
그는 하늘을 향해 날지 않고 순수한 수직 속에서 높은 곳을 향해
도주하지 않는다는 것을 주목하자. 주술 비행(Magische Flucht)의
공간적인 우주는 사람들과 죽음의 공간으로 남는다. 그것은 결코

---

11 Dr Marie Pancritius, "Die magische Flucht, ein Nachhal uralter Jenseits-
vorstellungen," *Anthropos*, 8 (1913): 854-879, 929-943; Antti Aarne, "Die
magische Flucht. Eine Märchenstudie," *FFC*, n° 92 (Helsinki, 1930).

초월되지 않는다. 속도는 환상적인 강함에 이르고, 그럼에도 공간 안에서 어떠한 분열도 없다. 신성은 이러한 악몽 속에, 죽음 앞에서의 인간의 도주 속에 개입하지 않는다. 영웅들을 도와주는 것은 호의적인 동물들이나 요정들이다. 그가 그의 어깨 위로 던지는 것은 주술의 물건이다. 그리고 그것은 웅대한 자연적인 방해물(산, 숲, 바다)로 변해서 마침내 그가 도망치는 것을 가능하게 해준다. '비행'과 공통적인 것은 아무것도 없다. 그러나 이렇게 어지러울 정도의 불안과 속도의 세계 속에서 본질적인 점을 끌어내는 것이 중요하다. 그것은 괴물의 존재로부터 구원되기 위한, 자유로워지기 위한 필사적인 노력이다.

새의 깃털을 이용해서든지, 다른 수단에 의해서든지 땅과 하늘 사이에서 자유롭게 왕래하는 인간 존재나 초인간에 관련된 수많은 신화, 이야기, 전설 속에서 공간은 완전히 다르게 소개된다. 복합적인 민속 신화가 보여주는 것은 사람들이 얼마나 빠른 속도로 날고, 얼마나 극적으로 공중 여행을 하는가에 있지 않고 다만 중력의 작용을 받지 않을 만큼 인간 존재 자체가 존재론으로 변동하였다는 데 있다. 하늘과 땅 사이에서 발생하는 '비행'과 의사소통의 모든 종류와 다양성을 검토하는 것은 가능하지 않다. 다만 비행 동기가 보편적으로 퍼져 있었다는 것[12] 그리고 그 동기가 신화들의 한 그룹과 불가분리하다는 것이다. 그 신화 그룹에 따르면, 최초 인간들은 하늘로부터 기원했고, 처음 그때의 낙원 상황은 하늘과 땅이 가까웠다. 신화에 나오는 선조들은 산, 나무 또는 덩굴을 기어

---

12 Gudmund Hatt, *Asiatic influences in American Folklore* (Kobenhavn, 1949), 56.

올라가면서 하늘에 쉽게 접근할 수 있었다.

특히 한 가지 사실이 우리의 목적에 부합한다. '비행'과 하늘로 승천하는 동기는 모든 고대 문화 단계에서 입증되었다. 이것은 종교적 경험의 강도에 볼 때 유달리 눈에 띄는 행동을 한다고 주장하지 않는 사회의 신화학과 민속학에서와 마찬가지로 샤먼들, 황홀경을 맛볼 사람들의 신화학과 예식 속에서도 입증되었다. 달리 말하자면 승천과 '비행'은 초기의 모든 인류에게서 공통적인 경험이다. 승천이라는 상징을 보여주는 역사에 따르면, 이런 경험을 통해 심오한 영성이 형성된다고 한다. 영혼새, '영혼의 날개' 등이 표현하는 상징과 '상승'처럼 영적인 생활을 표현하거나 승천처럼 불가사의한 경험을 표현하는 상징의 중요성을 상기해 보자.[13] 종교사학자들이 제시하는 모티브와 상징만으로는 충분하지 못할 수도 있다. 새의 상징이 무엇을 암시하는지는 더 풀어봐야 할 문제다. '새-영혼-비행'의 신화적 · 의례적 모티브가 이미 구석기 시대에 세워졌다는 것은 분명하다. 사람들은 이러한 의미를 알타미라 동굴의 암각화(Altamira, 새의 마스크를 쓴 사람)와 라스코 동굴의 유명한 부조(Lascaux, 새의 머리를 한 사람)에서 찾았다. 호르스트 키르크너(Horst Kirchner)도 이 동굴들의 그림에서 영매 상태에 빠진 샤먼을 보았다.[14] 영혼-새와 망령을 인도하는 새의 불가사의한 의미에 대해서는 충분히 연구되어 있기에 간단하게 암시하는 것으로 그치겠다. 영적인 삶, 특히

---

13 엘리아데, *Chamanisme*, 415 이하.

14 Horst Kirchner, "Ein archäologischer Beitrag zur Urgeschichte des Schama-nismus," *Anthropos*, 470 (1952): 244-286 이하, 특히 271 이하, 새의 상징에 관해서는 258 이하를 참조할 것.

지혜의 힘의 특성을 가진 상징과 의미의 모든 총체는 '비행'과 '날개'의 이미지와 동일선상에 있다. '비행'은 지혜와 비밀스러운 것들이나 형이상학적인 진실들에 대한 이해로 해석된다. 『리그베다』(VI, 9, 5)에 따르면, '지혜'(manas, intelligence)는 새 중에서 가장 빠르다. 그리고 『판카빔사 브라흐마나』(Pañcaviṃça Brâhmana, 1, 13)는 다음과 같이 말한다. "이해하는 자는 날개를 가진다." '비행'이 갖는 고대적이고 모범적인 이미지는 새로운 자각에 따라 새로운 의미화를 얻게 된다. 우리는 곧 가치를 다시 부여 과정으로 돌아올 것이다.

'비행'에 관계된 상징, 신화와 전설의 갖는 유구한 역사와 보편적인 확산은 종교사학자의 범위를 넘어 철학적 인류학의 분야로 나가게 하는 문제를 제기한다. 제기된 이 문제를 우리는 소홀히 다뤄서는 안 된다. 우리가 의도한 것은 본래의 영적인 상황을 보여주는 민속학(기술 인류학)과 종교사의 자료들이 현상학자와 철학자에게 흥미를 불러일으킬 것이라는 점이다. 그러나 만일 '비행'과 이와 유사한 모든 상징체계를 고려한다면 그들의 의미화는 대번에 드러난다. 즉, 일상적인 경험 세계 안에서 실행된 파괴라고 해석된다. 이 파괴의 이중적인 의도는 분명하다. 그것은 '비행'을 통해 획득한 초월인 동시에 자유다. '자유'와 '초월'을 지칭하는 용어들이 서양 고대 문화에서 나타나고, '자유'와 '초월'에 대한 경험이 증명된다. 우선 '자유'의 뿌리에 관해 증명하고자 하면 역사적인 어떤 순간에 창조된 조건들 속에서가 아니라 영혼의 깊은 곳을 연구해야 한다. 달리 말하자면 그의 문화 단계와 사회 조직의 형태가 어떻든 간에 절대적인 자유의 욕망은 인간의 본질적인 향수 속에 침전되어 있다. 공간이 초월되고 중력이 폐지된 상상의 세계에서 실행된 무한한 창조는 인간 존재의 진정한 근원이 어떤 것인지를 잘 보여준다. 땅에 고정되어 있는 관계들을 끊으려는 욕망은 우주적 압력과 경제적 불확실함(덧없음)에서 비롯된 것이 아니다. 창조는 세계 속에서 유일한 존재방식을 즐기는 존재로서 인간을 구성한다. 실추된 것 같은 자신의 한계들로부터 구원되고자 하고 충동과 자유로 복귀시키려는 욕망은 '비행'이라는 상징체계에 나타난 인간의 특수한 조건 속에서 파악되어야만 한다.

'비행'으로 실현한 높이의 파괴(rupture)는 '초월' 행위를 의미하기도 한다. 즉, 보통 사람이 접근할 수 있는 높이를 파괴하고 오르는 행위는 초월 행위이다. 이 행위는 가장 오래된 문화 상태와 만나는 것이고, 인간 조건을 '높은 곳으로' 초월시키고자 하는 욕망이고, 엄청난 '영성으로' 인간 조건을 변환시키는 것이다. 우리는 모든 신화, 의례 그리고 전설이 '영'(esprit)으로서 인간의 육체를 움직였다는 향수, 영의 양태로서 인간의 육적 양태를 극복하였다는 향수를 담고 있다고 해석한다.

이 몇몇 관찰을 정의하고 연장하기 위해서는 긴 분석이 필요하지만 여기서 분석을 시도할 필요는 없을 것 같다. 그러나 우리는 벌써 어떤 결론들을 얻었으며 그 결론들을 잠시 소개하는 것으로 만족할 것이다. 첫 번째는 일반적인 질서에 속하며 종교사 전반에 관계되는 것이다. 우리는 종교 생활이 오라노스 신들(dieux ouraniens, 그리스 신화)에 의해 지배당했다는 사실과 하늘로의 승천이라는 상징체계가 항상 초월성을 표현한다는 사실을 지적했다.[15] 따라

---

15 엘리아데, *Traité d'histoire des religions*, 103-104 이하.

서 특수한 제도와 지배적인 신화의 주제의 독점적인 기초에 관한 한 종교의 기술이 그것을 고갈시키지 않는 것 같다. 이것은 오로지 공중의 행동에 근거한 인간의 기술 같은 것이다. 그리고 그의 비밀스러운 열정들, 그의 향수들, 그의 실존주의적 모순들 그리고 그가 발언하는 모든 행해진 의견들보다 그에게는 더 본질적인 그의 모든 상상적인 세계는 버려두는 것이다. 만일 어떤 종교의 기술을 시행하면서 우리가 구전의 일부분을 이루는 신화, 전설, 이야기들에 함축된 모든 상징을 또한 다양한 풍습 속에서 그리고 주민의 구조 속에서 입증된 상징을 똑같이 고려한다면, 우리는 공식적인 신화학과 대중의 제례 속에서 겨우 암시되거나 부재하는 것 같은 종교적인 경험의 모든 차원을 발견할 것이다. 이런 함축된 형태의 신앙이 종교적 삶으로부터 '억압'되거나 위장되었거나 단지 '실추'되었다는 것은 또 다른 문제이기 때문에 우리는 여기서 멈추지는 않을 것이다. 상징들에 의해 함축된 종교적인 내용을 고려하지 않고는 종교를 파악하거나 기술할 수 없다는 것은 자명한 일이다.

우리의 특수한 문제로 되돌아가 보자. 다음의 사실을 정의하는 것이 중요하다. 역사를 통해 볼 때 '비행'과 승천이라는 상징에 복합적이고도 다양한 가치가 부여됨에도 그들 간의 구조적인 연대성은 식별된다. 달리 말하자면 '비행'과 승천이 다양한 종교에서 어떤 역할을 하는데, 이때 경험한 승천에 어떤 내용과 가치를 부과하든 간에 우리가 막 끌어낸 두 가지 본질적인 요소들은 언제나 존재한다. 그 둘은 자유와 초월인데, 이것들은 일상사로부터 단절과 인간 존재의 존재론적 변동에 의해 획득된 것이다. 그런 의미에서 황제는 더 이상 인간 조건을 공유하지 않고 자유롭게 공중에서 날 수 있었다.

그런 의미에서 요가수행자, 연금술사, 아르핫(arhat)이 마음대로 움직이고 날고 사라질 수 있는 능력을 소유한 것이다. 인도의 오랜 역사 속에서 일어났던 새로운 자각과 연속적인 영적인 경험들로부터 가져온 아주 중요한 개혁을 확인하기 위해서는 인도의 사건들을 주의 깊게 분석하는 것으로 충분하다. 이전에 저술한 나의 저서들 속에서 이러한 것들을 발견할 수 있다.[16] 그러므로 여기에서는 몇 가지 지적하는 것만으로도 충분할 것이다. '비행'은 불교도의 아르한(arhant)과 매우 흡사한데, 아르한은 '순식간에 한 점에서 다른 점으로 지나가다, 사라지다'라는 실론어(스리랑카어_옮긴이 주) 동사 라하트베(rahatve)를 파생시켰다는 것을 기억하자. 이 경우에서 우리는 분명히 민속학의 주제(날아다니는 지혜의 주술사)를 접하는데, 이 주제는 언어학적 창조라고 해석되어 대중적인 상상력에 너무도 강한 인상을 주었다. 그래서 '비행'은 아르핫이 갖는 특수한 의미와 영적 경험이라는 참여적 의미로 보아야 한다. 후자의 의미는 인간 능력에 대한 초월성을 선포한다. 일반적인 방법으로 우리는 모든 난닝(jñanin)과 요가수행자들처럼 아르핫은 '원할 때 죽는' 존재들인 카마카린(kamacarin)이라고 말할 수 있다. 쿠마러스와미(Coomaras-wamy)가 표현한 것처럼 카마카린이 내포하는 것은 "아무 데도 있지 않기 위해 조금도 움직일 필요가 없는 정령 안에 있는 사람의 상황이다."[17] 안난다 쿠마러스와미(Anada Commarasyamy)에 따르면 '사라지다'라는 관용적 표현은 '내적인 자리로 간다'는 문학적 표현

16 엘리아데, *Chamanisme*, 362 이하; *Le Yoga*, 316 이하.
17 Ananda Coomaraswamy, *Figures of Speech or Figures of Thought* (London, 1956), 1184.

인 안타르-하남-감(antar-dhânam gam)에 해당한다. 『카랑가보디 자타카』(kâlingabodhi Jâtaka)를 보면 공중으로의 비행은 '명상이라는 옷으로 육체를 감싸는 것'(jhâna vethanena)이라고 설명한다.[18] 이 모든 것은 형이상학적인 순수한 지식의 수준에서의 '비행'이나 '승천'이 육체적인 공간 이동을 표현하기 위해서가 아니라 지혜의 혜택을 입어 할 수 있는 공간적인 동시성을 표현하기 위해서 사용된 전통적인 상투적 문구라고 볼 수 있다.

더욱 흥미로운 것은 인간의 능력을 초월하여 집의 지붕을 넘어 날아가는 아르핫의 능력을 나타내는 그림들이다. 불교도들의 텍스트는 "궁궐의 지붕을 부수면서 공중으로 날아가는",[19] "그들 자신의 의지로 날아가는 그리고 집의 지붕을 통과해 공중으로 가는"[20] 아르핫에 대해 말한다. 아르핫인 모갈라나(Moggalâna)는 "둥근 지붕을 부수고, 공중으로 몸을 내던진다."[21] 이 상징은 이중으로 해석될 수 있다. 섬세한 심리학과 신비주의적 경험의 측면에서 그것은 '황홀경', 그러니까 브라마란드라(brahmarandhra)를 통한 황홀경과 영혼의 비상과 관계된다.[22] 형이상학적인 측면에서 그것은 피제약적인 세계의 폐지에 관계된다. 왜냐하면 '집'은 세계와 대등하기 때문이다. '집의 지붕을 부수는 것은' 아르핫이 높은 곳에서 세계를

---

18 A. K. Coomaraswamy, *op. cit.*, 183-184.

19 *Jâtaka*, III, 472.

20 *Dhammapada Atthakathâ*, III, 66; A. Coomaraswamy, "Symbolisme of the Dome," *Indian Historical Quarterly*, 14 (1938): 1-56.

21 *Dhammapada Atthakathâ*, III, 66; Coomaraswamy, *Ibid*.

22 요가 · 탄트라교의 기술에서 중요한 역할을 하는 '입구'(ouverture)를 지칭하는 용어에 관해서 엘리아데, *Le Yoga*, 245 이하, 270 이하를 참고할 것.

초월했다는 것을 의미한다. 신비주의적 기술과 형이상학적 지식의 방법으로 인도에서 획득된 세계의 초월성, '비행', 고대적인 민속학과 신화학을 분리하는 간격이 어떤 것이든 간에 여기서 사용된 다양한 이미지들이 유사하다는 것은 진실인 것 같다.

'주술사들'에게서는, 즉 그들 자신의 방법으로 공간 이동의 능력을 얻었다고 주장하는 사람들과 비의 수행자에 대한 모든 연구는 승천의 황홀경과 공중에 뜨는 현상학에 근거한다. 우리는 이 경우들에서 일일이 헤아릴 수 없는 다양성을 먼저 말하기 전에 우선 각각의 경우를 검토하여 정확한 의미를 끌어낼 것이다. 종교사에서 비교하는 것이 혼동을 일으키는 것이 아니라는 것을 확신하기 위해서는 차라투스트라(Zarathustra)[23]가 경험한 승천의 황홀경과 마하메드(Mahámed)[24]의 미라즈(mirâj)를 언급하는 것으로 충분하다. '비행', '황홀경', '승천'의 다양한 예들을 각각 분리하여 내용의 차이들을 최소한으로 만드는 것은 부질없는 일일 것이다. 마찬가지로 비교하지 않음으로써 구조 간의 연대성을 인식하지 않는 것도 헛된 일일 것이다. 그러므로 정령에 대한 다른 학문에서처럼 종교사에서도 의미작용에 대한 지혜를 가능하게 만드는 것은 구조들의 지식에서 비롯된다. 우리가 최초의 의미작용을 이해한 것은 그의 총체 속에서 '비행'의 상징체계를 끌어낸 후일 뿐이다. 그러므로 각각의 사례를 우선적으로 이해하는 것이 중요하다. 모든 문화 수준에서 역사적이

---

23 차라투스트라의 샤먼 구조에 관해서 엘리아데, *Chamanisme*, 356 이하와 G. Widengren, "Stand und Aufgaben der iranischen Religionsgeschichte," *Numen*, 2(1955), 66 이하를 참조할 것.

24 G. Widengren, *Muhammad, the Apostle of God*, 96 이하.

고 종교적인 맥락의 중요한 차이점들에도 불구하고 '비행'이란 상징은 항상 인간 조건의 폐지, 그리하여 인간 조건을 초월, 그래서 인간의 자유를 드러낸다.

붓다의 7보

이제 비행의 상징에서 얻은 결론을 토대로 우리가 이미 존중했던 상징과 이미지들의 다른 그룹들을 검토해 보자. 우선 계단의 중개로 하늘에 오름을 다루어 보자. 우선 여기에 매우 흥미로운 불교 경전이 있다. 그것은 어떤 점에서 전통적인 그림들이 형이상학적인 재가치 부여가 될 수 있는지를 우리에게 보여준다.

> 갓 태어난 붓다는 땅을 딛고 일어서서 흰 파라솔을 쓰고 북쪽을 향해 7보를 갔다. 그는 근처의 모든 지역을 주시하고, 황소 같은 목소리로 말한다. "나는 세상에서 가장 높은 자이다. 나는 세상의 최고이다. 나는 세상에서 가장 연장자이다. 이것은 나의 마지막 출생이다. 지금부터 더 이상 나를 위해 새로운 존재는 없을 것이다."[25]

붓다 탄생의 신화적 특성은 니카야-아가마(Nikây-Agama), 비나야(Vinaya) 등의 후일의 문학 속에서 그리고 붓다의 전기 속에서 다양한 방법으로 다시 시작된다. 나가르주나(Nâgârjuna)의 『마하프라냐파라미트스트라』(*Mahâprajñâpâramitâsastra*)를 번역하고 주석

---

25 *Majjhima-Nikâya*, III, 123.

하면서 에티엔느 라모트(M. Etienne Lamotte)는 가장 중요한 텍스트들을 정리했다. 붓다는 북쪽으로 7보 걸어간다. 또는 4, 6, 10개의 방향으로 걸어간다. 그는 땅 위에 또는 연꽃 위에 또는 4인치의 높이에 발을 내딛는다.[26] 처음에 북쪽으로 진행된 7보는 다른 다양한 방향(4, 6, 10개의 방향)으로 진행되고 더 복잡한 상징을 통해 신화적 주제로 통합되게 된다.

7보라는 주요한 상징에 집중하기 위해 붓다가 평평한 북쪽에 다다랐던 여러 방법(땅 위에 또는 연꽃 위에, 평평하게)의 분석을 잠시 미루기로 하자. 이 신비주의적 주제를 연구하면서 폴 무스(M. Paul Mus)는 우주론적인 구조와 형이상학적인 의미작용을 잘 강조한다.[27] 결과적으로 7보는 우주적 세계의 정상에 붓다를 가져다 놓는다. "나는 세상에서 가장 높다"(aggo'ham asmi lokassa)라는 표현은 붓다의 공간적인 초월(transcendance spatiale du Bouddha) 이외의 다른 것을 의미하는 것이 아니다. 우리가 아는 것처럼 일곱 개의 하늘에 해당되는 우주적인 일곱 계단을 건너가면서 그는 '세상의 정점'에 다다랐다. 다른 한편으로 '일곱 계단에서'(prâsâda)의 이름 아래 알려진 기념물은 우주의 북쪽의 절정에 달하는 세계를 상징한다(cf. Mus, *Barabudur*, 95, 320).

---

26 Etienne Lamotte, *Le Traité de la grande vertu de sagesse, de Nâgârjuna*, t. I (Louvain, 1944), 6 이하. sapta padâni 표상에 관해서는 A. Foucher, *L'Art gréco-bouddhique du Gandhâra* (Paris, 1905-1922), 154-155에 나오는 그림을 참고할 것. 그리고 엘리아데, *Images et symboles*, 98 이하를 참고할 것.

27 Paul Mus, *Barabudur. Esquisse d'une histoire du bouddhisme fondée sur la critique archéologique des textes* (Hanoï, 1935), 476-575 이하; Paul Mus, "La notion de temps réversible dans la mythologie bouddhique," *Annuaires de l'École pratique des hautes études*, 47(1937): 5-38.

탄생 신화는 갓 태어난 붓다가 우주를 초월하고 공간과 시간을 폐지한다는 것을 가장 간결한 정의로 표현해준다(그는 '가장 높고', '세계에서 가장 오래된 것이 된다'). 초월이 상징하는 것은 붓다가 7보를 실행하는 여러 방법을 통해 뚜렷하게 잘 드러난다. 그가 땅을 밟든지, 그의 발밑에 연꽃이 솟아나든지, 그가 '평지에서' 걸어가든지 간에 그는 이 세계와 함께 어떠한 직접적인 접촉에 의해서도 더럽혀지지 않았다. 땅 위에 편편하게 놓인 발의 상징에 관해 부르누프(Bournouf)는 폴 무스가(M. Mus)가 되찾아 주석했던 불교의 텍스트를 이미 참조했었다(*Barabudur*, 484): "세상의 우두머리가 전진하는 곳, 낮은 장소들은 일어서고, 세워진 장소들은 결합되어 간다" 등. 붓다의 발아래에서 땅은 '매끈하게' 되었다. 그것은 축소된 규모와 폐지된 삼차원을 의미한다. 즉, 공간적인 초월의 다채로운(이미지가 풍부한, 비유가 풍부한) 표현이다.

공간적인 초월에 대한 상징을 형이상학으로 해석해보면 불교의 명상이 가닿는 최고 지점에 이르게 된다. 그러나 이 상징은 불교의 창조물은 아니다. 하늘에 오름으로써 세계를 초월하는 것은 분명 불교 이전 시대에도 알려졌었다. "전체적으로 봐서 희생은 하늘로 이끄는 배이다"(*Çatapatha Brâhmana*, IV, 2, 5, 10). 제의 메커니즘은 dûrohana, 즉 '힘들게 오르기'이다. 제의 집행자는 희생제물 위에 놓인 말뚝 계단을 올라간다. 그리고 꼭대기에서 그는 (새의 날개처럼) 손을 펴고 외친다. "나는 하늘에 있는 신들에게 이르렀다. 나는 불사자가 되었다!"(*Taittirîya Sambitâ*, 1, 7, 9) "진실로 제물을 드리는 자는 하늘의 세계에 이르기 위해 사다리와 다리를 만든다"(*Ibid.*, VI, 6, 4, 2).[28] 이 경우를 통해 우리는 베다철학(베다교)에서 말하는 희생은 주술적 · 종교적 효력을 갖기 때문에 신앙과 연관 있음을 알게 된다. 그렇다고 불교에서 말하는 탄생이 우주를 초월하는 것이라고 말할 수는 없다. 단지 우리가 말할 수 있는 것은 붓다의 걸음과 제의 집행자가 희생제물 위에 놓인 말뚝 계단을 오르는 것 간에는 유사점이 있다는 점이다. 두 경우 모두 우주의 북쪽 또는 '세계의 중심'과 동등한 우주의 최고 꼭대기에 다다른다는 유사한 결과를 보인다.

'가장 높은 지점'에 닿기 위해 일곱 하늘을 붓다가 통과하는 것, 다시 말해 전 우주의 일곱 하늘에 해당되는 우주의 일곱 계단을 통해 승천하는 것은 인도에서, 중앙아시아에서 그리고 고대 근동에서 공통적으로 나타나는 상징 의례의 묶을 수 있는 주제다. 이 주제에 관하여 신앙과 의례의 체계를 연구한 『샤머니즘』(*Chamanisme*, 237, et passim)을 참조할 수 있다. '붓다의 7보'는 미트라(페르시아의 태양신 _옮긴이 주)에 대한 비의 속에서 입문자가 일곱 개의 계단을 오르는 것과 유사하고 또한 시베리아의 샤먼들이 제례 때 자작나무에 새긴 눈금(7, 9, 또는 12단의 하늘을 상징하는 7, 9, 12개의 눈금)을 밟고 하늘에 오르는 것과 유사하다. 이런 의례와 신화는 공통적인 구조를 가진다. 우주는 일곱 개의 계단처럼 여겨진다(i. e. 전 세계의 일곱 개의 하늘). 꼭대기는 우주의 북쪽에 의해서 또는 북극성에 의해서 또는 최고천에 의해서 형성된다. 꼭대기가 상징하는 것은 '세계의 중심'이 상징하는 것과 동등하다. 최고의 하늘에 오르기는, 다시 말해 세계를 초월하는 행위는 '중심' 가까이에서 일어난다(사원, 왕궁이 있는 도시

---

28 엘리아데, *Images et symboles*, 57; *Le Chamanisme*, 362 이하.

혹은 우주 나무와 유사한 제물의 나무, 세계 축과 비슷한 제물의 말뚝). 단계들의 파괴, 즉 땅에서 하늘로의 통과가 이루어지는 것은 '중심'에서 비롯된다.[29]

붓다의 탄생을 다루면서 초월을 나타내는 고대의 상징을 재해석하게 된다. 붓다의 7보, 바라문교, 시베리아나 미트라(페르시아의 태양신) 의례 사이의 주요한 차이는 그들의 종교적 방향과 그들와 다양한 형이상학으로의 귀결이다. 탄생 신화는 고통스럽고 더럽혀진 이 세상으로부터 붓다가 어떻게 초월하는지를 보여준다. 브라만과 샤먼의 의례들은 신들의 세계에 참여하거나 죽음 이후의 최고의 조건을 보장받거나 지고신의 도움을 얻게 하늘로 승천하는 것을 보여준다. 미트라의 불가사의한 의례 속에서 입문자는 최고천까지 오르고, 자신들을 보호하는 수호 행성들의 영향들로부터 자신들을 '정화하기' 위해 일곱 하늘을 통과하는 것을 상징적으로 표현한다. 그러나 이 모든 '모티브'의 구조는 동일하다. "일곱 하늘을 통과하면서 그리고 우주 꼭대기, 극에 다다르면서 세계를 초월하는 것이다."

폴 무스(Paul Mus)가 지적한 것처럼 인도의 우주론 속에서 창조가 시작되었던 지점은 꼭대기이다. "창조는 밑에서 위로 연속적인 단계에 의해 점차적으로 이루어진다." 극은 단지 우주적인 운동 축일 뿐만 아니라 가장 '오래된' 장소이다. 세계는 극으로부터 실존으로 왔다. 붓다가 소리친 것은 다음과 같은 이유에서다. "세상의 절정에 있는 것은 나다. … 왜냐하면 내가 가장 연장자이기 때문이다." 왜냐하면 우주의 꼭대기에 다다르면서 붓다는 세상의 시작과

---

29 엘리아데, *Images et symboles*, 52 이하.

동시대적이 되기 때문이다. 그는 시간과 창조를 허물었고, 우주 창조설을 선행하는 초시간적인 순간 속에 위치한다. 그러므로 초기의 상황, 즉 '순수한' 시간 속에 아직 저당 잡히지 않았기 때문에 부패하지 않은 상황으로 복귀시키기 위한 '과거로의 회귀'가 문제되는 것이다. '과거로 돌아가는 것', 세계의 가장 '오래된' 점에 다다르는 것은 기간을 없애버리는 것, 시간의 작품을 파괴해버리는 것과 동등하다. '세계의 절정'에 도착하면서 공간을 초월했다고 선포했던 것처럼 '세계의 연장자'라고 소리치면서 붓다는 시간에 관해 그의 초월성을 주장한다. 두 개의 그림은 세계의 전적인 초월과 시공간을 넘어 역설적이고 '절대적 상태'의 회복을 표현한다.

　　인도의 우주발생론이 꼭대기에서 창조를 시작하게 하는 유일한 것이 아니라는 것을 주목하자. 셈족들의 전통에 의하면 세계는 배꼽(중심부의 이미지)을 떠나면서 창조되었고, 이와 같은 생각들이 다른 곳에서도 발견되었다.[30] '세계의 중심부'는 당연히 우주의 가장 오래된 장소이다. 그러나 우리가 몰두하는 상징의 관점 속에서 '노년'은 세계가 펼쳐지기 시작하는 순간, 즉 시간이 몰려드는 순간을 의미한다. 달리 말하자면 '노년'은 초기의 시간의, '최초의' 시간의 형식이다. 붓다의 '장자됨'(aînesse, jyeshta)은 그가 세계의 탄생 전에 이미 있었다는 것, 세계가 존재하기 시작하는 것과 시간이 출현하는 것을 보았다는 것을 말하는 방식이다.

　　다른 한편으로 우리는 하늘에 의례적인 승천이 항상 '중심부'에서 일어났다는 것을 알고 있다. 샤면의 나무는 '세계의 중심부'에서

---

30 엘리아데, *Le Mythe de l'éternel retour*, 36 이하, 323 이하.

발견된다고 여겨진다. 그것은 우주 나무와 비슷하기 때문이다. 그리고 인도에서 제물의 말뚝(yûpa)은 세계 축의 복제이다. 그러나 이와 유사한 상징은 인간의 거주지와 사원(신전)의 구조 자체 속에서 입증된다. 모든 성전(지성소), 궁궐, 왕궁이 있는 도시, 광의로 해석하면 모든 집들이 상징적으로 '세계의 중심부'에 위치했기 때문에 이러한 어떤 건축에서도 단계들의 파괴가 가능하다는 결론이 나온다. 다시 말해 공간적인 초월(하늘에 오름)과 동시에 시간의 초월(세계가 아직 존재하지 않던 초기의 순간으로의 회귀)이 가능하다는 것이다. 이것이 우리를 놀라게 하지 않는 것은 우리는 인간의 모든 주거지가 세상의 이미지이고 새로운 집의 각각의 건축이 우주발생론을 되풀이한다는 것을 알고 있기 때문이다. 요컨대 이 연대적이고 보충적인 상징들은 모두에게 적당한 전망 속에서 똑같은 의미작용을 소개한다. 인간에게 있어서 공간적으로 '위를 향해' 가면서, 일시적으로 '반대로', '거꾸로' 가면서 세계를 초월할 가능성이 존재한다. 이 세계를 초월하면서 우리는 초기의 상황으로 회귀한다. 그것은 세계의 시작의 완전한 상태, '최초의 순간'의 완벽성, 즉 아무것도 '더럽혀지지' 않았고 아무것도 '마모되지' 않았던 때이다. 왜냐하면 세계는 이제 막 태어났기 때문이다.

다양한 수단들에 의해 그리고 여러 관점으로부터 떠나면서 종교적 인간은 항상 '시작의 완벽성'을 주기적으로 회복하며 재생하고 쇄신하려고 노력한다. 다시 말해 생명의 최초 원천을 발견하면서 생명이 모든 창조처럼 아직 신성했을 때, 그것은 창조주의 손으로부터 나왔기 때문이다.

힘들게 오르기(Dûrohana)와 '각성몽'

우리는 비행, 오름, 계단 오르기를 통한 승천이 꿈속에서 매우 빈번하게 등장하는 주제라는 것을 안다. 이 주제 중의 하나는 꿈이나 상상의 활동에 지배적인 모티브가 되기까지 했다. 이것은 이미 또 다른 경우에서 주석했던 예를 우리로 하여금 다시 보게 만든다.[31] 줄리앙 그린(Julien Green)은 1933년 4월 4일 그의 일기에 다음과 같이 기록했다.

> 나의 모든 책 속에 두려움이나 좀 더 강렬한 다른 모든 감정에 대한 생각은 설명할 수는 없지만 계단에 관련되어 있는 것 같다. 어제 나는 내가 썼던 소설을(참고문헌을 참조) 다시 보다가 문득 알아차렸다. 나는 나도 모르는 사이에 어떻게 이것(계단 오르기)을 그토록 자주 반복할 수 있었는지를 자문한다. 어린아이인 나는 계단에서 사람들에게 쫓긴다. 우리 어머니도 젊은 시절에 같은 두려움을 가지셨다. 아마도 내 안에 무엇인가가 남아 있는 것 같다.

앞에서 말한 '붓다의 7보'는 줄리앙 그린의 책 속에서 왜 계단이 "두려움이나 좀 더 강렬한 다른 모든 감정에 대한 생각"에 관련되어 있는지 이해하는 것을 돕는다. 계단은 특히 하나의 존재방식에서 다른 존재방식으로의 통과(passage)를 의미한다. 존재론적인 변동(mutation)은 통과의례에 의해서만 실현된다. 그리고 결과적으로

---

31 엘리아데, *Images et symboles*, 64 이하.

전통적인 사회에서는 출생, 입문의례, 성욕, 결혼, 죽음으로 인해 다양한 통과의례가 만들어진다. 단절(rupture)을 통해서만 양태가 변한다. 이 단절은 두려움과 기쁨, 유혹과 반감(불쾌감, 혐오)이라는 양가감정을 일으킨다. 이러한 이유에서 올라감(escalade)은 성스러운 것(sacralité)에 접근하는 것—특히 단계의 단절—을 상징하고 또한 죽음을 상징한다. 죽은 자의 영혼이 산길을 기어오르거나 나무 위를 올라가는 전설들은 흔하다. '죽는다'[32]라는 동사는 앗시리아어(기원전 7세기 전후 터키 일대를 지배한 나라의 언어)로 '산에 매달리다'라는 뜻으로 표현되며, 이집트어로 '매달리다'는 '죽는다'의 완곡어법이다. 줄리앙 그린의 작품 속에서, 그 자신이 놀라움을 갖고 지적한 것처럼, 모든 극적인 사건들(죽음, 범죄, 사랑의 누설, 유령의 나타남)은 계단 위에서 일어났었다. 달리 말하자면 작가의 상상력은 그가 고안한 등장인물 중의 한 명이 결정적인 사건에 부딪히는 순간마다 무의식적으로 계단과 같은 전형적인 이미지를 통해 표현하고자 했다. 이러한 결정적인 경험에 의해 그 등장인물은 '다른 사람'이 된다.

　　프로이트는 계단을 올라가는 것을 성적 욕망의 감춰진 표현으로 해석했다. 심리학자들은 그 후에 이것이 일방적이고 약간 단순한 해석이라고 지적했고 보충했다.[33] 그러나 전체에서 보면 프로이트에 의해 해독된 성적인 의미화는 계단의 상징에 상반된 것은 아니다. 왜냐하면 성적인 행위는 그 또한 '통과의례'를 이루기 때문이다.

---

32 엘리아데, *Images et symboles*, 62.
33 예를 들어 R. Desoille, *Le Rêve éveillé en psychothérapie* (Paris, 1945), 294 이하.

환자가 그의 꿈속에서 계단을 올라가는 것은 그의 무의식 속에 매몰된 성적인 욕망을 이와 같은 방법으로 만족시킨다는 결론이 나온다. 또한 그의 존재의 가장 깊은 곳에서 이 환자가 '아연실색한' 상황과 부정적이고 불모의(불임의, 열매를 맺지 못하는) 상황으로부터 빠져나오는 것을 말하는 방법이다. 위기에 직면한 영혼의 사례에서 문제가 되는 꿈이 보여주는 것―항상 프로이트에 의해 부여된 오로지 성적인 의미와 함께―은 심리적으로 불균형한 상태는 성적인 욕망 행위를 통해 해결될 수 있다고 지적한다. 행위의 변화, 즉 존재방식의 변화와 유사할 수 있는 환자 상황의 변동에 의해 해결될 수 있다는 것이다. 달리 말하자면 프로이트가 무의식적인 성적 욕망의 상징으로서 계단의 이미지를 설명하는 것은 의례들과 신화들 속에서 계단이 '통과'를 의미한다는 것과 완전히 일치한다.

프로이트가 정신분석에서 사용하는 환원의 방법이 어떻게 상징의 기능을 인정하는지를 알아보아야 할 것이다. 문제는 애석하게도 비행과 승천이라는 상징들에 할애된 이 글에서 이것을 다룰 수 없다는 것이다. 드주아이유 로베르(Desoille Robert)[34]는 '각성몽'(rêve éveillé) 기술을 잘 활용하여 정신분석학적 치료가 뚜렷한 효력을 가져다주지 않았던 때에 성공적으로 치료를 획득했다. 드주아이유가 그의 환자들에게 가장 빈번히 상상하도록 요청하는 '각성몽'의 형태는 계단을 오르거나 산에 올라가기이다.

---

34 드주아이유(Robert Desoille, 1890~1966)는 프랑스의 심리치료사(psychothé-rapeute)로, '지시된/유도된 각성몽'(rêve éveillé dirigé)의 창안자로 알려져 있다. 바슐라르는 드주아이유의 방법에 관심을 갖고 자신의 책(『대지와 휴식의 몽상』[1948]의 제6, 7장 등, 『공기와 꿈』[1943]의 제4장)에서 다루고 있다. (옮긴이 주)

즉, 심리 치료는 (각성몽 기술의 도움으로_옮긴이 주) 적극적인 상상을 하는 가운데 계단과 산을 오르는 구조에서 '통과'와 '존재론적 변동'의 사고를 포함하는 어떤 상징들이 소생되면서 이뤄진다. 종교사학자의 연구에 의하면 이 상징들은 항상 성스러운 현실을 경험하는 인간이 당면한 현실과 상황을 드러낸다. 왜냐하면 고대 문화에서 성(聖)은 특히 실제(réel)이기 때문이다. 이렇게 적극적인 상상의 도움으로 종교적인 상징들을 단순히 반복하면(더 정확히 말하자면 수많은 종교 속에서 풍부하게 증명된) 심적인 회복에 이르고, 결국 치유에 성공한다. 즉, 상승하는(올라가는) '각성몽'의 정신 인도[35]는 영적인 기술(technique spirituelle)을 무의식적인 심리 활동 분야에 적용한 것이다.

드주아이유가 환자들에게 계단과 산을 기어오르는 것을 상상하도록 암시할 뿐만 아니라 '날아서 가는 것'[36]을 상상하도록 암시한다는 것을 배우게 될 때 이것은 더 뚜렷하게 드러난다. 가스통 바쉴라르(Gaston Bachelard)[37]가 '운동에 관한 상상력' 형태로 각성몽을 정의한

---

35 "상승하는(올라가는) '각성몽'의 정신 인도"의 원문은 "la psychagogie du rêve éveillé ascensionnel"이다. 드주아이유가 고안한 방법을 '지향된/유도된 각성몽'(rêve éveillé dirigé)이라고 부르는데, 엘리아데는 계단 상징과 연결하여 '지향된/유도된'(dirigé)을 '상승하는'(ascensionnel)으로 대체하여 설명한다. 'psychagogie'는 그리스어 ψυχα γωγία로, '정신/영혼'(soul)을 뜻하는 'ψυχή', '인도하다'(lead)는 'ἄγω'의 명사형 α γωγία의 합성어(soul guidance)이다. 정신 인도, 영혼 인도 등으로 번역될 수 있다. (옮긴이 주)

36 Desoille, *op. cit.*, 29 이하, 36 이하, 146 이하.

37 바쉴라르(1884~1962)는 프랑스의 철학자, 과학 철학자, 문학 비평가, 시인 등의 직함을 갖고 있다. 그는 영미권 과학인식론과 대비되는 프랑스 과학인식론의 기초를 닦았다. 그의 '인식론적 단절(rupture)' 개념은 조르주 캉길렘, 미셸 푸코, 루이 알튀세르, 피에르 부르디외와 같은 프랑스 철학자들에게 영향을 끼쳤다. 엘리아데가 이 맥락에서 사용하는 단절(rupture)도 바쉴라르의 것과 연관된다. 그의 저서들(『불의 정신분석』, 『물과 꿈』, 『공기와 꿈』, 『대지와 의지의 몽상』, 『대지와 휴식의 몽상』 등)은 문학비평에서

것은 옳은 일이다(*L'Air et les songes*, Paris, 1943, 129). "영혼의 상승(élévation)은 영혼의 평안함(sérénité)과 짝을 이룬다. 빛 속에서 그리고 상승(élévation) 속에서 역동적 일체(unité)가 이뤄진다"(139). 사람들은 민속학, 종교사와 신비주의 속에서 비행과 승천의 의미를 더 높이 끌어올렸고 초월과 자유의 상상이 중요하다는 것을 확인했다. 만일 환원적인 방법에 의해 제안된 일면적인 인과론을 피하고자 원한다면 다음과 같은 결론에서 멈추지 않으면 안 될 것이다. 꿈, 적극적인 상상, 신화적이고 민속학적인 창조, 의례들 그리고 형이상학적인 명상에 대한 다양하고도 결속시키는 관점에서 볼 때, 황홀경에 이르게 하는 체험 관점에서 볼 때 승천이라는 상징은 항상 '두려워 떠는' 상황에 대한, '막힌' 상황에 대한 단절(rupture)을 의미하고, 다른 존재방식으로 향하는 통로를 내어주는 일종의 단계의 단절을 의미한다. 다양한 맥락 속에서(예를 들어 꿈, 황홀경, 의례, 신화학 등) 보충적인 의미를 발견하게 되고 구조적으로 볼 때 하나의 패턴에서 정리되는 연대적인 의미를 발견하게 된다. 각각의 맥락(꿈, 황홀경, 의례, 신화학 등)에서 특별한 의미를 '푼' 이후에 그리고 그 각각의

'테마 비평'이라는 장르를 여는 데 기여했다. 엘리아데는 본서의 이 문맥에서 『공기와 꿈』을 인용하면서 바슐라르가 참조한 드주아이유의 '지시된/유도된 각성몽'을 한 장을 할애하면서 다룬다. 비슷한 시기를 살았던 바슐라르와 드주아이유는 처음부터 연구자의 길에 서지는 않았다. 바슐라르는 우체국에서 근무하면서 독학했고, 그 후 교사로서 활동하다가 학위 과정을 마치면서 소르본대학교의 교수가 된다. 드주아이유는 가스-전기 분야의 엔지니어로, 40년 넘도록 프랑스 국영기관인 EDF에 근무하다가 은퇴 후(1953년) 본격적인 각성몽 연구에 몰두한다. 바슐라르는 드주아이유가 하는 치료 시술회에도 직접 참가하는 등 그의 방법론에 깊은 관심을 갖고 『공기와 꿈』 이외에도 『대지와 휴식의 몽상』(제6, 7장 등)에서 언급하였다. 이 내용에 관해서는 『공기와 꿈』의 번역서(정영란, 이학사 출간, 2000/2020년) 제4장 각주 1번을 참조할 수 있다. (옮긴이 주)

준거를 안에서 사람들이 전체 속에서 각각을 통합하고자 할 때만 어떤 하나의 패턴이 암호화된 메시지 형태로 우리에게 주는 모든 것을 해독하는 데 이르게 된다. 왜냐하면 각각의 상징은 '체계를 만들'기 때문에 상징을 실제적으로 이해한다는 것은 개별적인 적용 사례의 전체를 고찰하면서다.

승천이라는 상징을 가장 '순수한'(pure) 영(esprit)의 활동이라는 관점에서 풀 때 가장 심오한 의미를 얻게 된다. 이럴 때 형이상적이고 비의적인 측면에서 '진정한 메시지'가 드러난다고 말할 수 있다. 또한 의례, 신화, 꿈, 영혼 인도(psychagogie)의 측면에서 각기 다르게 이해된 의미가 우리에게 완전하게 전달되고, 그 의미가 각각의 비밀스러운 의도를 드러내는 것은 영의 활동 안에서 승천이라는 상징(신을 향한 영혼의 오름, 불가사의한 황홀경 등)이 차지하는 가치 때문 이라고 말할 수 있다. 결과적으로 꿈이나 각성몽에서 계단이나 산을 기어오르는 것은 심오한 영혼의 수준에서의 '재생'의 경험으로 해석된다(위기의 해결, 정신의 복귀). 그러나 우리가 살펴보았듯이 대승 적(mâhâyanique) 형이상학은 붓다의 승천을 세계의 중심부로 가는 것, 즉 공간과 시간의 이중적인 초월성을 의미하는 것이라고 해석한 다. 대다수의 전통은 방위 기점(배꼽)으로부터 세계의 창조가 시작되 었다고 말한다. 그러므로 세계의 중심에 도달하는 것은 우주의 '출발점'이나 '시간의 시작'에 도착하는 것, 결국 시간을 폐기하는 것이다. 달리 말하자면 승천과 비행에 대한 상상을 통해 심오한 영혼에 각인된 재생의 효과를 더 잘 포착하게 한다. 왜냐하면 의례와 황홀경 그리고 형이상학적인 측면에서 볼 때 승천이야말로 시간과 공간을 폐기하고 세계 창조의 신화적 순간을 향해 인간을 '떠밀'

수 있다는 것을 알고 있기 때문이다. 그러므로 인간을 세계의 탄생과 동시대적으로 만들면서 '새로 태어나게' 하는 것이다.[38] 간단히 말해 영혼 깊은 곳에서 경험되는 '재생'의 의미는 종교와 비의 속에서 이미지와 상징이 시간의 폐지를 표현하는 바로 그 순간에 가장 완벽하게 얻을 수 있다.

그러나 문제는 생각했던 것보다 덜 간단하다. 사실상 심층심리학자는 공간과 시간이라는 범주가 의식의 경험 속에서 작용하듯이 무의식의 역동성이 공간과 시간의 범주에 의해 작용하지 않는다는 것에 동의한다. 융(C. G. Jung)은 이 주제를 거론하면서 인간이 '영원에 대한 경험'을 가질 수 있는 것은 집단무의식의 초시간적인 특성 때문이며, 정신적인 면에서 완벽한 재생이라고 풀이되는 공간과 시간에 대한 재활성 때문이라고 명백하게 단언했다. 이것은 분명한 사실이다. 그러나 어려움이 아직도 남는다. 왜냐하면 정신의 가장 '순수한' 활동이 드러내는 의미와 무의식의 가장 심오한 부분이 드러내는 상징의 기능과 그 메시지 사이에는 연속성이 있다고 심층심리학자들이 말하고 있기 때문이다. 그러나 이 연속성은 뜻밖의 것이다. 그 이유는 심리학자는 일반적으로 무의식과 의식의 가치 사이의 대조와 갈등을 주장하고, 철학자는 영혼을 생명 또는 살아 있는 질료에 비교하기 때문이다.

'최초 형태'로의 환원과 유물론적 가설은 이전의 상황에서, 이를테면 태아의 상황에서 행동, 존재방식, 영혼의 범주 등의 '기원'을 찾는다. 유물론자들은 인과론자들에 의해서 영의 활동가 창조를

---

38 이 책의 제2장 식인종의 근심을 볼 것.

본능, 선, 유아의 외상성 장애로 축소하도록 권유받았다.

어떤 관점에서 보면 원인의 '기원'이라는 좁은 범위로 복잡한 현실을 '설명'하는 것은 유용하기는 하나 그 설명은 한계를 갖는다. 우리는 창조된 모든 것이 시간 안에서 시작을 가지고 있다는 것만을 확인한다. 그것은 누구도 부인하지 않는 것이다. 그러나 태아의 상태가 성인의 존재방식을 설명하지 않는다는 것은 분명하다. 태아는 성인의 질서 안에서 거론될 때만 의미를 갖는다. 인간을 '설명하는' 것은 태아가 아니다. 왜냐하면 세계 속의 인간은 태아 상태라는 방식으로 존재하는 것이 아니기 때문이다. 정신분석가가 말하는 것도 태아 자체가 아니라 태아기로 심적인 퇴행을 하는 것에 대해서 말한다. 중요한 것은 다음과 같은 것이다. 사실 '퇴행'은 항상 가능하지만, 다음과 같은 의미 말고는 어느 것도 의미하지 않는다. 살아 있는 질료는 죽음으로써 아주 간단한 질료 단계로 돌아가거나 조각상이 산산조각 난다면 가공하지 않는 자연의 최초 단계로 퇴행할 것이다. 그러나 문제는 다른 데 있다. 어떤 순간부터 구조나 존재방식이 생겨났다고 알려졌는가? 제도적 활동 이전의 때를 소홀히 하는 신화는 없다. 그런 때가 있었다고 말하는 것은 어떤 것을 속이는 것이 아니다. 정령의 이런저런 가치가 '선-역사'를 가지기 때문에 신화의 베일을 벗겨버리고자 시도하는 것은 부질없는 일이다. 코끼리 앞에서 처음에는 태아였을 코끼리를 주목하는 것처럼 말이다.

본론으로 되돌아와서 말하자면 '배아' 단계에서 상징들의 기능을 설명하는 것은 허사다. 어떤 상징들의 궁극적인 의미는 그들의 '성숙' 단계에서만 드러난다. 다시 말해 우리가 영(Esprit)의 가장 복잡한 범위 안에서 그 기능을 설명할 때다. 이런 것을 반복하다

보면 항상 실체 또는 살아 있는 질료와 영(Esprit) 사이의 관계를 중요하게 생각하게 된다. 그러므로 결국 우리는 이러한 관계를 연구하는 철학적 관점에 이른다.

질료와 영 사이의 이 역설적인 관계가 그 시초부터 인도의 철학적 사고를 동요시켰다는 것을 기억하는 것은 흥미로운 일이다. 우리는 서양에서 제시된 모범적인 해법 가운데 하나를 잘 알고 있다. 그것은 모든 존재론적 근거인 실체를 거부하면서 그리고 그 실체가 '환상을 일으키게 하는'(mâyâ) 것이라고 선포하면서 문제를 해결하고자 하는 것인데, 이러한 해결책은 이미 베단타(Vedânta)[39]에 의해 주어졌다. 그러나 우리는 삼키아(Sâmkhya)와 요가에 의해 제안된 해법과 융의 집단무의식 개념을 설명하고자 하는 몇몇을 제외한 해법에 대해서는 잘 알지 못한다. 삼키아는 실체(Substance, prakriti)와 정신(Esprit, purusha, 참된 자기)이라는 두 개의 원리를 전제한다. 후자는 항상 개인적인 방식에 속한다. 삼키아와 요가는 베단타의 원리에 의해 가정된 개인적인 영(esprit, âtman)과 보편적인 영(Esprit, brahman) 사이의 동일성을 거부한다. 그러나 자연과 영(Esprit) 사이에 어떤 실제적인 관계도 존재할 수 없다 할지라도, 실체(prakriti) 자체가

---

39 베단타(Vedanta) 철학은 가장 근대적인 힌두교 학파의 토대를 이루고 있는 철학 체계이다. 아트만(개인적 원리)과 브라만(우주적 원리)을 동일시하는 정도와 그 관계의 본질에 대한 개념에서 차이를 보이며 여러 베단타 학파가 발전했다. 베단타라는 용어는 산스크리트로 베다(가장 오래된 인도의 경전)의 결론을 뜻한다. 베다는 만트라 브라흐마나 아란야카 우파니샤드를 경전으로 삼는데 앞의 두 경전은 제의, 뒤의 두 경전은 지식에 관한 것이다. 베단타는 후자를 말한다. 베단타 철학의 주요 명제를 보면 "다양성은 없다. 다양성이 실재한다고 생각하는 사람은 생에서 생으로 방황한다. 고요한 사람은 우주가 나와서 다시 그 우주 속으로 사라지는 브라만 속에 산다. 이 모든 것이 브라만이다" 등 환상을 제거하기 위한 방법을 제시하고 있다. (옮긴이 주)

그 자신의 '무의식적이고', '앞 못 보는' 존재방식이라 할지라도, 적어도 겉으로 보기에는 실체가 존재의 헤아릴 수 없이 많은 환각 (illusion) 속에서 인간을 얽매고 계속적으로 고통 받게 한다고 할지라 도 실체는 실제로 영(Esprit, purusha)의 구원을 위해 일한다. '이해하 기' 불가능한 그것은 정신(Esprit)을 '이해하게 하기' 위해 노력한다. 운명적으로 제약을 받는 실체는 영(Esprit)이 해방되도록, 즉 정신 (Esprit)이 제약 받지 않도록 하는 역할을 한다.[40](아리스토텔레스에게서 이해하기 쉽지 않은 질료[Matière] 또한 '목적'[but]을 보여준다. 목적은 형상 [Forme]을 돕는다.) 모든 인도 문학 작품은 질료인 '무의식'과 이 무의식 에 포함되지 않고 그 자체가 초시간적이고 자유로운 존재방식인 영(Esprit), 순수한 '의식' 사이의 역설적인 관계를 설명하는 데 기여했 다. 이 철학적 노력의 예기치 않은 결과들 가운데 하나는 일종의 '목적론적 본능'이라고 이해한 무의식(prakriti)이 영(Esprit)의 행위를 모방한 것이라고 밝힌 것이다. 여기서 무의식이란 무의식의 활동을 통해 미리 보여준 영(Esprit)의 존재방식이라고 이해된다.

이러한 인도인의 관점에서 승천이라는 상징을 연구하는 것은 의미있는 일이다. 결과적으로 우리는 무의식(prakriti)의 활동 속에서 순수한 의식(purusha)이 드러내는 궁극적인 메시지를 담은 확실한 '의도'를 확인한다. 꿈과 상상의 세계에서 그토록 자주 나타나는 '비행'과 '승천'의 이미지는 불가사의한 형이상학의 측면에서만 완전 히 이해될 수 있다. 이런 이미지들은 자유와 초월에 대한 관념을 명확하게 표현한다. 그러나 정신적인 면보다 열등한 다른 부분에서

---

40 엘리아데, *Le Yoga*, 44 이하.

도 이런 이미지들은 동일하게 '자유'와 '초월'을 궁극적으로 보여준다.

"Symbolisme de l'ascension et ≪rêves éveillés≫"(승천의 상징체계와 '각성몽'), (다음 세 논문을 통합함, *Numen*, 1956, 1; *l'Hommage Van der Leew*, Nijkerk, 1950; "l'Hommage Ananda K. Coomaraswamy," in *Art and Thought*, Londres, 1948.)

1948, 1950, 1956.

7장

—

종교사에서
권력과 신성함

히에로파니(성현)

　1917년 마르부르크(Marburg) 대학교의 루돌프 오토(Rudolf Otto) 교수가 그의 소책자 『성스러움』(*Das Heilige*)[1]을 출간했을 때, 세계적인 반향을 일으킬 베스트셀러를 세상에 내놓았다는 것은 조금도 의심할 여지가 없었다.[2] 독일에서는 20쇄 이상 이 책을 찍었고, 급속도로 유명해진 이 작은 책자는 12개 언어로 번역되었다. 이전에 없었던 이 성공을 어떻게 설명할 수 있을까?

　그것은 아마도 작가가 제시한 새로운 전망과 독창성에 기인하는 것 같다. 신과 종교에 대한 사상을 연구하는 대신에 루돌프 오토는 종교 경험의 절차를 분석하는 데 힘썼다. 그는 신학자와 종교사학자

---

1 이 책에서 오토는 아직 명확한 표상을 갖추지는 않았지만 초자연적 존재를 표상하는 어떤 것을 지칭하기 위해 라틴어 누멘(numen)을 변형시켜 누미노즈(numenose)라는 단어를 만들었다. 이 신조어는 사람의 피조물 됨을 일깨우는 '무서운 신비'를 표현하고자 고안되었고 언어로 설명할 수 없는 절대 타자도 암시한다. 독일어의 'heilig(성스러운)'가 갖고 있는 합리적이고 도덕적인 개념을 뛰어넘는 개념으로 사용된다. 이 책은 1987년 분도출판사에서 『성스러움의 의미』로 출간된 바 있다. (옮긴이 주)

2 Rudolf Otto, *Das Heilige* (Breslau, 1917); *Aufsätze, das Numinose betreffend* (Gotha, 1923).

의 이중적 역할을 했을 뿐 아니라 타고난 심리학적 정교함을 통해 종교 경험이 갖는 특수성과 내용을 성공적으로 끌어내었다. 그는 종교의 사변적이고 합리적인 측면보다 비이성적인 측면에 집중했다. 오토는 루터를 읽었고—그는 그것을 어딘가에서 명확하게 고백한다— 신자에게서 '살아있는 신'이 의미하는 것이 무엇인지를 이해했다. 그가 말하는 살아있는 신은 철학자들의 신도, 에라스무스의 신도 아니었다. 살아있는 신은 하나의 사상, 추상적인 개념, 단순한 도덕적인 비유도 아니었다. 오히려 살아있는 신은 '분노', 신의 공포심(무서움)에서 표명된 어마어마한 힘이었다. 그리고 루돌프 오토는 그의 책 *Das Heilige*에서 이렇게 끔찍하고 비합리적인 경험의 특성들을 끌어내려고 노력한다. 그는 성(聖) 앞에서, 불가사의한 두려움(mysterium tremendum) 앞에서, 강력한 힘을 끌어내는 위엄(majestas) 앞에서 공포의 감정을 발견한다. 그는 존재의 완벽한 충만함으로 드러나는 황홀한 신비(mysterum fascinans) 앞에서 종교적인 두려움을 발견한다. 오토는 이 모든 경험을 누미노즈(numineuse, numenose)로 표현한다. 이런 경험은 신의 힘이 계시됨으로 발생한다. 누미노즈는 '완전히 다른'(ganz andere) 어떤 것처럼 특별히 눈에 띄게 된다. 그것은 근본적으로 그리고 완전히 다른 것이다. 그것은 인간적이거나 우주적인 어느 것과도 유사하지 않다. 그의 관점으로 보면 인간은 심오한 공허감, '하나의 창조물에 지나지 않는다는 존재'감, (소돔 성에서 오십 인의 의인을 찾는_옮긴이 주) 주(야훼_옮긴이 주)께 말한 아브라함의 용어로 표현하자면 '재와 티끌'(창세기 18:27)과 같은 존재라는 감정을 가질 뿐이다.

루돌프 오토의 예리한 분석들을 통해 우리는 다음과 같은 관찰을

하게 된다. 성(聖)은 항상 자연적인 힘들과는 완전히 다른 질서의 능력으로 나타난다. 비종교적인 정신생활에서 빌려온 용어 또는 자연 영역에서 빌려온 용어로 두려움(tremendum), 위엄(majesta), 황홀한 신비(mysterium fascinans) 등을 솔직 담백하게 표현한다고 볼 수도 있지만, 이런 유사 용어로는 '완전히 다른' 것을 표현할 수는 없다. 자연적인 경험 자체에서 빌려온 용어들은 인간의 자연적 경험을 초월하는 모든 것을 암시만 할 뿐이다.

성(聖)은 어떤 힘, 어떤 능력으로 재현된다. 성(聖)의 재현 행위를 가리키기 위해 우리는 '히에로파니'(hiérphanie)란 용어를 제안했다. 이 용어는 편리하다. 왜냐하면 이 용어는 어떤 보충적인 정의도 내포하지 않기 때문이다. 이 용어는 어원에 담긴 내용 그 자체로서 설명 가능하다. 성(聖)의 어떤 것은 우리에게 보여지고 재현된다. 종교의 역사(가장 기본적인 것에서 가장 진화된 것까지)는 상당수의 히에로파니와 성스러운 현실의 재현을 반영한다. 가장 기본적인 히에로파니로부터(예를 들어 돌이나 나무, 어떤 대상 안에 성(聖)의 표명) 예수 그리스도 안에 신이 성육신하는 최상의 히에로파니에 이르기까지 연속성 문제가 해결된 것은 한 번도 없었다. 역사적인 면에서가 아니라 구조적인 면만을 놓고 볼 때 우리는 각각의 종교에서 비의적인 행동을 발견하게 된다. 다시 말해 '자연적'이고 '세속적'인 이 세계에서 반드시 필요한 대상들, 이런 대상들 안에서 우리는 '완전히 다른' 어떤 것을 발견한다.

근대 서양인은 다양하게 나타나는 여러 형태의 성(聖) 앞에서 불편함을 느낀다. 예를 들어 돌이나 나무를 통해 나타난 성을 이해하고 받아들이기란 쉽지 않은 일이다. 돌 그 자체를 숭배하거나 나무 그 자체를 예찬하는 것이 아니라는 것을 잊어서는 안 된다. 성스러운 돌, 성스러운 나무는 돌 그 자체로서 그리고 나무 그 자체로서 숭배되는 것은 아니다. 그것들은 히에로파니이기 때문에 더 이상 돌도 아니고 나무도 아닌, 성스러우면서도 '완전히 다른' 무엇인가를 '보여주기' 때문에 숭배되는 것이다.

성이 드러나는 형태와 수단은 민족과 문명에 따라 다양하다. 그러나 그것은 항상 역설적인 사실로 남는다. 즉, 이해하기 어려운 성은 드러나면서도 제한되며 절대적 존재로서 이렇게 멈춘다. 이것은 종교적 경험의 특수성을 이해하는 데 매우 중요하다. 만일 재현된 모든 성이 동등하다는 것을 받아들인다면 그리고 만일 가장 보잘것없는 현현과 가장 무시무시한 신의 현현이 같은 구조일 뿐 아니라 그 현현들이 성현의 변증법에 의해 설명된다는 것을 받아들인다면, 민족과 문명에 따라 종교 생활이 본질적인 면에서 크게 다르지 않음을 알게 될 것이다. 가까이에서 예(돌 안에 있는 히에로파니와 지고신의 현현, 성육신)를 하나 검토해 보도록 하자. 커다란 신비는 '성(聖)이 표명된다는 사실 그 자체'와 같다고 볼 수 있다. 왜냐하면 우리가 앞에서 살펴보았던 것처럼 성이 표명되면서 제한되고 '역사화'되기 때문이다. 우리는 성이 돌 안에 드러날 때 어떤 점에서 제한되는지를 이해한다. 그러면서도 우리는 신 자신이 예수 그리스도로 성육신하면서 제한되고 역사화되었다는 것을 잊어버리는 경향이 있다. 반복해서 말하자면 이것은 커다란 신비인 동시에 두려운 신비다. 성이 제한된다는 것을 보여준다. 예수 그리스도는 아람어로 말했다. 그는 산스크리트어도, 중국어도 말하지 않았다. 그는 삶 속에서 그리고 역사 속에서 제한되는 것을 수락했다. 그가 신이 되기를 계속한다 할지라도 그는 더 이상 전능하지 않다. 완전히 다른 측면에서 성이 어떤 돌이나 어떤 나무 안에 자신을 표명하면서 전지전능이 되는 것을 거부하고 제한하였던 것처럼 말이다. 물론 수많은 히에로파니 사이에는 커다란 차이점들이 있지만 동일한 구조와 변증법을 따른다는 것을 결코 잊어버려서는 안 된다.

마나와 역현(힘의 현현)

지금까지 성(聖)을 드러내는 히에로파니가 갖는 구조의 유사성을 검토했으나 이제는 좀 더 접근하여 히에로파니의 능력과 역동성을 검토해보도록 하자. 모든 히에로파니는 역현(힘의 현현, kratophnie), 힘의 표명이다. 놀랍게도 사람들은 보편적이고 공통적인 힘의 관념을 담고 있는 멜라네시아어 명사인 마나(mana)[3]를 분석하여 종교의 기원을 찾으려고 시도했다. 실제로 마나의 경험을 검토해본 결과, 여기에서 가장 오래된 종교적 경험이라는 가설을 끌어낸 것은 다소 조급한 것이었고, 학문적으로도 충분히 검토되지 못한 채 일반화된 것이었음을 알게 되었다. 그럼에도 마나의 개념은 종교사 안에서 충분히 중요하기 때문에 그리고 성에 대한 인간의 가장 순수하고 본래적인 경험들을 마나가 회복한다고 믿기에 이 문제는 충분히 강조해야 할 것이다.

마나가 무엇으로 이루어지는지 기억해 보자. 19세기 말경 영국의 인류학자이자 성공회 선교사인 코드링턴(Codrington)은 멜라네시아

---

3 이 점에 대하여 엘리아데, *Traité*, 30 이하를 참고.

인들이 힘이나 물리적이지 않은 영향력에 대해 말하는 것을 주목했었다. 그는 『인류학과 민속학을 통해 살펴본 멜라네시아인의 민속』에서 다음과 같이 기록했다. 이 힘은 "어떤 의미에서는 초자연적인 의미이지만, 육체적인 힘 안에서 또는 인간이 가진 모든 종류의 힘과 능력 안에서 드러난다. 비록 거의 모든 대상이 수레로 운반될 수 있다고 해도 이 마나는 물리적으로 운반될 수 있는 그런 것이 아니다. 정령들이 죽은 자들이나 초자연적 존재들의 영혼들일지라도 그것을 소유하고 그것과 의사소통할 수 있다."[4] 따라서 코드링턴의 정보에 의하면 우주적 창조의 웅대한 행위는 항상 신성이 지닌 마나에 의해서만 가능했다. 씨족의 족장은 마나를 소유했으며, 마나가 너무 강한 영국인들은 마오리족들을 노예로 만들었다. 기독교 선교사의 직무는 원주민의 의례에 나타난 마나보다 상위의 마나를 소유한다. 만일 작은 배가 물고기를 잡는 투망이나 치명적으로 상처를 입히는 화살처럼 마나를 소유하기만 한다면 빠를 것이다 (Codrington, *op. cit.*, 120). 존재하는 모든 것은 마나를 소유한다. 달리 말하자면 모든 것은 마나를 지녔기 때문에 효과적이고, 창조적이고, 완전한 모습으로 인간에게 나타난다.

마나가 어떤 대상 안에서든지 또는 어떤 행동 안에서든지 표명될 수 있다는 사실에 근거하면서 우리는 그것이 우주 안에서 확산되고 비개인적(보편적인) 힘에 관계된다는 것을 가정했다. 이 가설을 통해 우리는 다른 문화권에서도 초기부터 마나와 유사한 개념이 있었다는 것을 알고 탐구하게 되었다. 예를 들어 북아메리카 이로쿼족의

---

4 R. H. Codrington, *The Melanesians* (Oxford, 1891), 118.

오렌다(l'orenda des Iroquois), 휴런족의 오키(l'oki des Hurons), 아프리카의 피그미족의 메그베(megbé des Pygmée africains) 등이 결국 마나(mana)라는 멜라네시아의 용어에 의해 표현된 똑같은 신성한 힘을 나타낸다는 것을 발견했다.[5] 어떤 이론가들은 마나에 대한 믿음이 완전히 다른 종교적 형태를 선행한다는 것과 마나가 전(前)-애니미즘의 단계를 명확히 보여준다고 결론지었다. 애니미즘은 여러 모습으로 표명된 영혼(âme)의 존재(죽은 자들의 영혼, 정령들, 악마들)에 대한 믿음을 전제한다. 우리는 타일러(Edward Burnett Tylor)가 애니미즘에서 종교의 최초의 단계를 확인했다는 것을 기억한다. 타일러에 의하면 가장 오래된 종교적인 신앙은 우주가 무수히 많은 영혼에 의해 생기가 가득해지고, 채워지고, 역동적이게 됨을 바라는 믿음이다. 그러므로 우리는 세계 어디서나 표명되는 비개인적(보편적인) 힘의 존재인 마나를 막 발견했다. 우리는 종교의 최초의 단계가 전-애니미즘이었다고 결론 짓게 된다.

여기에서 우리는 인간의 가장 오래된 종교적 신앙이 어떤 것이었는지를 결정하지도, 종교의 기원에 대해 토론하지도 않을 것이다. 그러나 마나의 초기 보편적 특성에 근거한 기존의 이론들은 최근에 이뤄진 연구를 통해 수정된다. 흥미로운 것은 마나가 가진 불가사의한 힘이 세기말(코드링턴이 마나의 개념을 지식 세계에 드러내었을 시점)에도 비개인적(보편적인) 힘이 아니라고 생각했었다. 더 정확히 말하자면 다른 모든 고대인에게서처럼 멜라네시아인들에게서도 비개인적(보

---

5 *Traité*, 31 이하; Hutton Webster, *Magic. A sociological study* (Stanford, 1948), 3 이하.

편적) 그리고 개인적이라는 개념은 부재했었다.

'개인적' 그리고 '비개인적'(보편적)

좀 더 가까이서 사물들을 관찰해보자. 코드링턴은 다음과 같이
말했다. "만일 어떤 돌 하나가 예외적인 힘을 숨겨두고 있다는 것이
관찰되었다면, 그것은 어떤 영(정신)이 거기에 연결되어 있기 때문이
다. 죽은 자의 뼈는 마나를 소유한다. 왜냐하면 죽은 자의 영혼이
거기서 발견되기 때문이다. 그러므로 한 개인이 그 자체로서 마나를
소유하고, 죽은 자의 혼(ghost) 혹은 영(spirit)과 함께 그토록 긴밀한
관계를 가질 수 있고 그의 뜻대로 그것을 사용할 수 있는 것이다"
(Codrington, op. cit., 119). 사물들과 인간들이 마나를 가진다고 말하게
되는 것은 그들이 어떤 최상의 존재로부터 그것을 받았기 때문이다.
달리 말하자면 그들이 마나와 관계함으로써 성(聖)에 신비스럽게
참여한다는 것이다. 코드링턴은 다음과 같이 마나를 정의했다. "이
힘은 그 자체로서 비개인적임에도 불구하고 항상 이 힘을 지휘하는
한 개인에 연결되어 있다. … 어떤 사람도 스스로 이 힘을 가질 수
있는 것은 아니다. 그는 그가 하는 모든 것을 개인적 존재, 즉
자연의 영들이나 조상들의 도움을 받아 행한다"(Ibid., 119). 코드링턴
이 인용한 것을 보면 마나는 사물들과 존재들에게서 분리된 실체가
갖는 힘이라고 볼 수는 없다.
    호카르트(Hocart), 호그빈(Hogbin), 윌리암슨(Williamson), 카펠
(Capell)의 연구들과 다른 연구들은 마나의 본질과 구조를 조금
더 명확하게 정의했다.6 "만일 마나가 항상 개인적인 존재에 관계된

다면, 어떻게 비개인적(보편적) 존재가 될 수 있었을까?"라고 호카르트는 반어적으로 자문한다. 예를 들어 인간을 위해 이 힘을 사용해야할 권능(pouvoir)을 가졌음에도 구아달카날(A Guadalcanal)과 말라이타(Malaita)는 나마나(namana)를 소유한 죽은 자의 정신과 영혼일뿐이다. 호그빈은 다음과 같이 기록했다. "한 인간은 힘들게 노동할수 있다. 그러나 영들의 동의를 받지 않고서 그 힘은 인간에게유익한 것이 되지 못한다"(H. Ian Hogbin, 257). "영들의 도움을 받아성심껏 노력함으로써 마나를 자유롭게 사용해야 한다. 그들에게제물을 바치는 것은 그들의 승인을 얻기 위한 가장 일반적인 방법이다. 이 이외에 다른 의례들도 마찬가지로 그들에게 만족을 주고도움을 얻어내는 데 있다"(*Ibid.*, 264).

이런 맥락에서 학자들은 수족(les Sioux)과 알곤킨스족(les Algonkins)에게서 와칸다(wakanda)와 마니토(manito) 개념을 분석했다. 아메리카 연구가 폴 라딘(Paul Radin)은 문제되는 용어들이 '신성한', '이상한', '중요한', '놀라운', '이상야릇한', '강한'을 의미하지만, '타고난힘7의 의미를 포함하지는 않는다고 말한다. 라딘에 따르면 "그들의주의를 끄는 것은 우선 실재의 존재에 관한 문제이다"(P. Radin, 352). 또 다른 아메리카 연구가 라파엘 카르스텐(Raphael Karsten)은

---

6 H. Ian Hogbin, "Mana," *Oceania*, vol. VI (1936): 241-274; A. Capell, "The word 'Mana': a linguistic study," *Oceania*, vol. IX (1938): 89-96; R. W. Williamson, *Essays in Polynesian Ethnology* (Cambridge, 1939), 264 이하; 엘리아데, *Traité*, 44-46 이하; Paul Radin, *Die religiöse Erfahrung der Naturvölker* (Zürich, Rhein-Verlag, 1951), 12-19 이하.

7 P. Radin, "Religon of the North American Indians," *Journal of American Folklore*, vol. 28 (1914): 335-373.

이렇게 지적했다. "만일 한 사물이 영적인 존재의 주거지로서 혹은 비개인적(보편적) 주술의 힘을 소유한 것처럼 이해되었다면, 그것은 완전히 쓸데없는 문제이다. 이 문제에 대해 인도인은 정확한 답을 줄 수 없을 것이다. 왜냐하면 개인적인 것과 비개인적인 것 사이의 명확한 구별이 존재하지 않았기 때문이다."[8]

따라서 문제는 존재학적인 용어로 제기되어야만 한다. 한편으로 존재하는 것(existe), 실재적인 것(réel) 그리고 다른 한편으로 존재하지 않는 것(n'existe pas)이 그것이다, 그러나 개인적 · 비개인적(personnel-impersonnel), 물질적 · 비물질적(corporel-incorporel)이란 용어는 아니다. 왜냐하면 이런 용어의 개념은 가장 진화된 문화 속에서 획득할 수 있는 정확한 표현인데, '초기 인류'의 의식 속에서는 찾을 수 없기 때문이다. 따라서 마나를 가진 것은 존재론적인 측면에서만 존재하며, 효과적이고, 번식력이 있으며, 풍부하다. 고대의 영적인 지평 안에서 의미를 가지지 않는 개념, 즉 마나의 '비개인성'은 긍정되지 않는다.

구체적으로 다시 설명해보자. 마나의 개념은 도처에서 발견되지 않는다. 말하자면 그것은 종교사에서 보편적으로(universellement) 알려진 개념이 아니다. 마나는 범-멜라네시아의 개념조차 아니다. 멜라네시아의 여러 섬에는 이 개념이 알려지지 않았다.[9] 호그빈은

---

8 Raphael Karsten, *The Civilisation of the South American Indians* (London, 1926), 375.
9 예를 들어 마나라는 개념은 뉴기니의 섬 Wogeo, 솔로몬 군도의 Otant에는 알려지지 않았다(cf. Hogbin, *Mana*, 268). 또한 Wagawaga와 Tubetude 등에서도 그러하다(cf. C. G. Seligman, *The Melanesians of British New Guinea* [Cambridge, 1910], 576; Capell, *op. cit.*, 92).

다음과 같은 결론을 내렸다. "마나는… 조금도 보편적이지 않다. 따라서 초기의 종교 일반적 이론을 세우는 하나의 기초로서 사용하는 것은 잘못된 것일 뿐만 아니라 허위가 될 것이다"(Hogbin: 1936, 272).

시행착오를 거치면서 민족학자들이 시도한 이러한 분석들과 이 모든 새로운 관찰들로부터 어떤 결론을 끌어낼 수 있는가? 입증되지 못한 많은 가설이 주는 교훈은 항상 신중해야 한다는 것이다. 우리는 근대인들에게서처럼 '초기 인류'에게도 성(聖)이 다양한 형태 아래 나타난다는 것과 이러한 모든 히에로파니는 힘으로 가득차 있다는 것에 동의할 것이다. 성은 강하고 강력하다. 왜냐하면 그것은 실재적이고, 효과적이고, 지속적이기 때문이다. 성-속(sacré-profane)의 대립은 실재와 비실재 사이의 또는 거짓-실재(pseudo-réel) 사이의 대립으로 해석된다.[10] 힘은 현실(réalité), 영속(pérennité)인 동시에 효력(efficacité)을 의미한다. 그러나 성(聖)은 단계에 따라 서로 다른 양태로 표명된다는 사실을 항상 고려해야만 한다. 우리는 방금 마나가 어떤 대상에도 그리고 어떤 행동에도 스며들 수 있다는 것과 그것이 지칭하는 주술적 · 종교적인 힘은 다양한 근원(죽은 자들의 영혼들, 자연의 정령들, 신들)으로부터 유래된다는 것을 보았다. 멜라네시아인들이 암암리에 성(聖)의 여러 절차를 주장하는 것은 당연하다. 신들, 영들, 죽은 자의 영혼들 등 인용된 몇몇 보기들에

---

10 물론 고대 언어에서 철학자들의 과장된 전문 용어(실재-비실재[réel-irréel] 등)를 발견할 것이라고 기대해서는 안 된다. 그러나 우리는 전문 용어 la chose를 만난다. 고대 민족들의 의식에서 강함(fort), 거룩함(sacré)이란 표현은 현실에서 통용되던 표현이었다.

대한 단순한 분석만으로도 그러한 사실을 알게 된다. 그러나 멜라네시아인들의 종교 생활은 신들이나 영들이 준 마나 안에 국한되지 않는다. 게다가 신화학, 우주발생론, 복잡한 의례들과 신학에 걸쳐 있다. 이것은 성(聖)이 드러나는 데 다양한 절차가 있다는 것과 다양한 주술적·종교적 힘들이 다양한 양태에 작용하고 있다는 것을 말한다. 마나를 가진 작은 배가 드러내는 힘은 상징, 신화 또는 신의 형상에서 발산되는 힘과 비교할 때 질적으로 다른 것이다. 마나의 힘은 직접적으로 나타난다. 우리는 어떠어떠한 사물 안에서 또는 어떤 효과적인 행동 안에서 그 힘을 보고, 느끼고, 확인할 수 있다. 창조자의 힘—멜라네시아[11]에서 도처에서 증명된 어떤 존재들의 힘—은 간접적으로만 느껴진다. 멜라네시아인은 창조자가 세계를 만들기 위해 커다란 힘을 사용해야만 했었다는 것을 모르지 않는다. 그러나 그들은 이 힘을 더 이상 그러한 의미로, 직접적으로 느끼지는 않는다. 따라서 이 창조자들은 거의 숭배를 받지 않는다. 그들은 멀리 있는 수동적인 신들이 되었다. 그리고 우리는 곧 종교사에 있어 이러한 현상이 가지는 중요성을 보게 될 것이다.

그러므로 우리는 성(聖)이 다양하게 드러날 때 각 단계의 차이가 있음을 알 수 있다. 어떤 히에로파니는 명백하다. 또 다른 히에로파니는 그들의 구조 자체가 눈에 띄지 않고 은밀하다. 어떤 히에로파니는

---

11 창조자의 힘 — 멜라네시아의 최고 존재에 관해서는 W. Schmidt, *Der Ursprung der Gottesidee*, vol. I (Münster in Westfalen. 1912), 412 이하, 480 이하를 참고할 것. 멜라네시아의 오라노스에 관해서는 R. Pettazzoni, *Dio*, I (Roma, 1922), 139 이하를 참고할 것.

일일이 기록할 수 없을 만큼 빈번하게 나타난다. 다른 히에로파니는 더 많이 드물게 나타난다. 이런 확인은 중요하다. 왜냐하면 그것은 우리가 '초기의' 주민들이 가진 종교 생활의 잘못된 관점으로부터 근본적인 악이 무엇인지 이해할 수 있기 때문이다. 우리는 어떤 히에로파니가 빈번하게 나타나는 것 때문에 그리고 폭력적이라는 것 때문에 놀라기도 한다. 멜라네시아인들이 마나로 가득 찬 대상과 그 행동의 영원성을 믿었다는 것을 주목하면서 우리는 그들의 종교가 이런 신성하고 불가사의한 힘 안에서 배타적인 신앙으로 귀결된다는 결론을 내렸다. 그러나 여러 다른 종교 생활에 관한 사항은 간과되었다.

종교적 경험의 다양성

이러한 관점이 주는 착오 때문에 종교적 민족학의 연구를 위협받기도 하는데, 우리는 쉽게 그 이유를 이해할 수 있다. 하나의 현상을 관찰하여 얻게 된 관점은 이 현상 자체를 구성하는 데 있어서 매우 중요한 역할을 한다. 근대 과학 이론은 현상을 창조하는 것은 척도라고 단언한다. 이 척도는 말하자면 관점이다. 앙리 푸엥카레 (Henri Poincaré)는 자문했다. "코끼리를 현미경으로밖에 연구하지 않았던 자연주의자가 이 동물을 충분히 안다고 할 수 있겠는가?" 여기 우리가 방금 말했던 것을 명확한 방법으로 비춰주는 한 예가 있다. 예전에 '인도시민봉사단'(Indian Civil Service)으로 활동한 애벗 (J. Abbott)은 500쪽이 넘는 거대한 분량의 책(*The Keys of Power. A Study of Indian Ritual and Beliefs*, London, 1932)을 출간했다. 여기서 그는 인도인의 의례와 신앙이 총체적으로 권력(puissance)의 생각, 주술적·종교적 힘을 포함한다는 것을 증명하기 위해 애썼다. 이것은 아주 오래전부터 잘 알려진 것이다. 그러나 우리가 잘 알지 못하는 것은 인도인들의 눈에 권력(pouvoir)을 구현할 수 있는 것들은 무한하다는 사실이다. 즉, 사물, 존재, 제스처, 행동, 기호, 생각 등 무한한 것이 권력을 구현할 수 있다. 결국 만일 우리가 이 책의 용어를 이해하게 된다면 인도인들의 눈에 권력(pouvoir)을 갖지 않는 것이 있을 수 있다고 말하는 것이 오히려 불가능하다. 애벗은 놀랍도록 세심하게 모든 것이 인도인의 눈에는 권력으로 가득 차 있다고 말하면서 이런 것들을 제시한다. 가령, 남자, 여자, 철, 금속, 창공, 돌, 색깔, 식물, 다양한 제스처 또는 다양한 기호들, 해, 달, 주(7일), 낮, 밤 등의 여러 부분처럼 제시한다. 이 모든 것은 인도인들의 눈에는 힘으로 가득 찬 것이다.

이 책을 읽은 후에 근대 인도 주민들의 종교 생활(신앙)을 샤크티(çakti), 쿠드랏(kudrat), 바르캇(barkat), 피르(pir), 파르바(parva), 바리쉬(balisth) 등 신성한 힘(force sacrée)을 나타내는 단어로 국한시킬 권리가 우리(서양 사람)에게 있을지 자문해볼 수 있다. 분명히 그렇지 않다! 이런 용어를 제외하고라도 종교를 만드는 데 함께 기여하는 다른 요소들이 있다: 신들, 상징들, 신화들, 도덕적이고 종교적인 사고들 등. 애벗은 우리에게 그것에 대해 때때로 말하지만, 이 모든 신들, 이 신화들, 이 상징들 등이 숭배받는 이유는 그것들이 권력(puissance)을 소유했기 때문이라고 덧붙인다. 이것은 확실한 사실이다. 그러나 그것들이 가지는 권력은 동등한 것일까? 과자 또는 신성한 과일의 샤크티 또는 바르캇이 신비주의적 명상에 의해,

위대한 신들에게 숭배에 의해, 고행(금욕 정신)에 의해 획득된 권력과 똑같은 기력—아마도 똑같은 질—을 가지지 않는다는 것이다.

문제의 논거를 좀 더 잘 포착하기 위해 유럽의 한 마을의 종교 생활을 검토해 보도록 하자. 아마도 우리는 어떤 장소들, 어떤 나무들과 어떤 식물들의 힘 안에서 상당한 수의 신앙, 아주 많은 미신(시간, 숫자, 기호, 악마의 존재, 사후의 생활에 관한), 성인들의 전기에 숨겨진 신화학, 절반은 성서적이고 절반은 이교도적인 우주발생론 등을 발견한다. 신앙과 미신들의 총체를 유럽에 있는 한 마을의 종교를 연구하고 결론 지을 권리가 우리에게 있을까? 전혀 그렇지 않다. 왜냐하면 신앙과 미신 이외에도 또한 기독교인의 생활과 의례가 있기 때문이다. 적어도 어떤 지역에서는 성인들에 대한 믿음은 하나님과 예수 그리스도에 대한 믿음보다 더 높은 빈도와 강도를 가지고 나타날 수 있다. 그러나 이 신앙, 특히 기독교의 신앙이 그 자체로서 존재한다. 비록 이 신앙이 항상 적극적이지 않을지라도 그것은 결코 완전히 파괴되지 않는다.

이 두 범례—인도의 농부들에게 행한 애벗의 조사와 유럽의 한 마을에서 실시된 우리의 조사—는 우리에게 어떻게 종교사 속에서 힘과 성(聖)의 문제를 제기해야만 할 것인가를 보여준다. 진실로 성은 항상 힘으로서 표명된다. 그러나 이 표명들 사이에는 수준과 빈도의 커다란 차이가 있다. '초기 인류'가 신성한 힘이 갖고 있는 기본적이고, 직접적이고, 즉각적인 표명과는 다른 힘을 생각하지 않았다고 말할 수는 없다. 오히려 그들은 생각, 에너지의 근원에 대해 매우 잘 이해한다. 수많은 '초기' 주민들은 신들이 세계를 무로부터 오로지 생각에 의해, 즉 정신을 집중하면서 창조했다고 믿는다.[12] '초기 인류'의 모든 천신(Dieu céleste)은 그들의 지혜, 그들의 지식, 그들의 '예지'를 외연으로 나타내는 속성과 매력(명성)을 소유한다. 천신(Dieu céleste)은 모든 것을 보고, 따라서 그는 모든 것을 안다. 그리고 이 초자연적 질서의 지식은 그 자체로서 하나의 힘이다(엘리아데의 *Traité*, 62). 폴리네시아인들의 지고신, 아이호(Iho, Io)는 영원하고 전지하다. 그는 크고 강하고, 만물들의 기원이며, 신성하고, 불가사의한 모든 지식의 근원이다.[13] 더 발전된 종교에 관해서도 마찬가지이다. 지혜, 전지, 예지는 천신(Dieu céleste)의 신성의 속성일 뿐만 아니라 힘이다. 그리고 인간은 그것들을 고려해야만 할 필요가 있다. 바루나(Varuna)[14]는 "공중에서 나는 새들의 흔적을 안다. … 그는 바람의 방향을 안다. … 그리고 모든 것을 아는 그는 모든 비밀, 모든 행동, 의도를 정탐한다…"(*Rig Veda*, I, 35, 7; *Atharva Veda*, IV, 16, 2-7). 사실상 바루나(Varuna)는 강력한 신, 위대한 주술사(Grand Magicien)이다.[15] 그리고 사람들은 그 앞에서 덜덜 떤다. 아후라 마즈다(Ahura Mazdah, 예지의 신)[16]는 전지하다.

---

12 샤먼들은 고행과 집중에 의해 자기 자신을 창조한다. R. Pettazzoni는 창조 존재자들의 이미지는 원시인들에게서 샤먼의 행동을 관찰함에 따라 이루어진다고 가정한다. 그의 논문 "Mythes des origines et mythes de la création," 75 이하, *Proceedings of the VIIth Congress for the History of Religions* (Amsterdam, 1951), 67-78을 참고할 수 있다. 우리는 그 과정이 꼭 반대였다고 믿는다. 왜냐하면 그들의 기술 속에서 샤먼들은 신화적 모델을 모방하려고 애쓰고, 이 신화적 형상들은 그들 차례에 하늘의 존재의 이미지에 속하기 때문이다. 그리고 참고로 엘리아데의 책 *Le Chamanisme et le techniques archaïque de l'extase* (Paris, 1951)과 이 책의 몇 페이지 뒷부분을 참고할 수 있다.

13 R. Pettazzoni, *Dio*, 173 이하; *L'Onniscienzia di Dio* (Torino, 1955), 501 이하.

14 바루나(Varuna)는 힌두교 신화에 나오는 최고의 신적 권위의 상징이다. (옮긴이 주)

15 바루나는 하늘의 신인 동시에 최고의 신, 주술사이다. 엘리아데, *Traité*, 70 이하; *Images et symboles* (Paris, 1952), 제III장 "Le 'dieu lieur' et le symbolisme des noeuds."

텍스트가 우리에게 말하기를, 그는 '알고 있는 자', '실수하지 않는 자', '아는 자'이다. "그는 필연적이고, 전지한 지혜로 가득 찼고, 절대로 잘못이 없다"(엘리아데의 *Traité*, 74).

지고존재자의 운명

우리는 몇몇 범례를 통해 소위 '초기의' 종교들도, 우리가 다신교로 지칭한 종교들도 전지전능한 창조자 신의 생각을 모르지 않는 듯하다. 그럼에도 이러한 최상의 신들이 거의 종교적 활동을 하지 않는다는 것을 이해하기 위해서는 좀 더 가까이서 사물들을 고려하는 것으로 충분할 것이다. 차라투스트라(Zarathustra)의 개혁에 엄청난 종교적인 생명력을 부여한 마즈다(Ahura Mazda)는 다음에 다루기로 하자. 마찬가지로 충분히 복잡한 신, 바루나(Varuna)도 제쳐 놓고 지금은 '초기의' 지고신들만을 다뤄보자. 그들은 예배를 받지 않았다. 그들은 먼 곳에 있는 신들처럼 여겨지고, 따라서 수동적이고, 무관심하고, 진실로 유휴신들(遊休神, deus otiosus의 복수형 dei otiosi)이다. '초기 인류'는 지고존재자들의 본래의 힘에 대해서 매우 잘 알고 있다. 예를 들어 그들은 신이 세계와 생명과 인간을 창조했던

---

16 '지혜로운 왕'이라는 뜻을 가진 조로아스터교의 예지의 신이다. 아후라는 '주'를 의미하는 칭호이고, 마즈다가 원래 신 이름이다. 이 두 용어가 분리되어 사용된 적도 있었으나 주로 붙어서 사용된다. 최초의 생식자, 세계 창조자인 아후라 마즈다는 빛과 어둠을 만들 때를 정하는 질서의 아버지다. 종말론의 심판 개념인 의로운 자와 위선자를 구별하는 것도 바로 이 신이다. 조로아스터는 이 신에게 정의로운 심판에 관해 질문했다. 후대에 악의 창조신인 아리만이 등장하지만 아후라 마즈다는 아리만을 타파하고 전 세계를 정화하여 새로운 세계를 만들게 된다. (옮긴이 주)

자라는 것을 알고 있다. 그러나 그들의 신화에 따라서 얼마 후 이 최상의 신들과 창조자들은 가장 높은 하늘에 은둔하기 위해 땅을 버렸다.[17] 대신 그들은 그들의 아들 또는 그들의 메신저 또는 이를테면 그들에게 종속되어 있고, 창조에 참여하고, 그것을 완성하거나 그것을 유지하기를 계속하는 또 다른 신성을 남겼다.

하늘에 은둔한 헤레로족(les Héréros)의 지고신, 은담비(Ndyambi)[18]는 하위의 신성에게 인성을 양도했다. 원주민은 이 신에 대해 이렇게 설명한다. "우리가 이 신에게 제물을 바쳐야 하는가? 우리는 이 신을 두려워할 필요가 없다. 우리 죽은 자(okakurus)와는 달리 이 신은 우리에게 어떤 해도 입히지 않기 때문이다." 툼부카족(les Tumbukas)의 지고존재자는 "인간들의 평범한 일들에 관심을 갖기에는" 너무도 크다. 지고존재자가 멀리 떨어져 있음과 무관심은 적도 아프리카의 팡족(les Fang)의 노래 안에서 감탄할 만큼 훌륭하게 표현되었다.

은자메(Nzame, 신)는 위에 있고, 인간은 낮은 곳에 있네. 신은 신이고,

---

17 페타조니(Raffaele Pettazzoni)는 창조 행위를 마치고 나서 활동하지 않게 되었다는 것으로 창조신들의 냉담과 무위를 설명한다. 그의 책 *Mythes des origines et mythes de la création*, 75를 참고. 이것은 부분적으로는 사실이다. 그러나 창조와 우주 발생이 인간의 창조 행위 전반에 모델을 제시한다는 것을 간과해서는 안 된다. 이 점에 관해서는 엘리아데, *Mythe de l'éternel retour*, 38 이하를 참고.

18 아프리카 남서부에 사는 헤레로족은 하늘로 은둔한 지고신 은담비를 숭배했다. 엘리아데는 이런 숭배가 지속되지 못한 이유를 현실적으로 인간과 가까이하지 못하고 하늘로 은둔한 신의 속성 때문이라고 말하고 있다. 그래서 일상생활에서 인간은 지고신을 가까이하기보다는 인간 가까이에 거하는 신 중에서 숭배 대상을 찾는다. 가령 위대한 피조물들 가운데, 여성의 인격을 가진 것 가운데, 위대하고 신비로운 조상 가운데 등. 그러나 극단적인 위협 앞에서는 다시 자신들로부터 멀리 있는 지고신을 찾는다. 엘리아데는 이런 이중적인 숭배 사상을 유대인이 야훼를 숭배하다가 바알을 숭배하게 되는 계기를 설명하면서 재증명하고 있다. (옮긴이 주)

인간은 인간이라네. 각자는 고향에, 각자는 자기 집에 있네.[19]

더 많은 예를 제시할 필요는 없을 것이다. '초기의' 종교들 안, 도처에서 천공의 지고존재자는 종교적 현실성을 잃었다. 그는 인간들과 멀어졌다. 그럼에도 다른 신들과 요정들, 악마들과 조상들 곁에서 행해진 모든 청탁이 실패했을 때 우리는 그를 기억하고 마지막 순간에 그에게 간청한다. 가령 가뭄이 지속될 경우 에웨족(Ewe)의 지고존재자인 드징베(Dzingbé, 우주의 아버지)에게 비를 간청한다. "오 하늘이여, 누구에게 우리는 감사드려야만 할까요. 가뭄이 너무 심하나이다. 비를 내려보내 주시어, 땅이 생기를 얻고, 밭이 풍성해질 수 있도록 해주소서!" 불의 땅의 셀크남족(Selk'nam)은 그들의 지고존재자를 '천상에 거주하는 자'(Habitant de Ciel) 또는 '천상에 있는 자'라고 부른다. 이 신에게는 성화상도 없고 사제도 없다. 그리고 사람들은 기후가 악천후일 때도 제물을 바치고 병이 들었을 때도 기도한다. "높은 곳에 계시는 주여, 제 자식을 데려가지 마소서. 그는 아직 너무 어리나이다." 폭풍우 동안 피그미족의 세망(Pygmées Semang)은 대나무 칼로 장딴지에 상처를 내고 다음과 같이 소리치면서 옆에 핏방울을 뿌린다. "타 페든(Ta Pedn)! 저는 단련되지 않았나이다. 제 잘못의 대가를 치르니, 제 빚을 받아주옵소서. 내 잘못의 대가를 치르겠나이다." 다른 신들과 여신들의 도움이 믿을 수 없다고 증명되었을 때 오라온족(les Oraon)은 지고존재자인 다르메스(Dharmesh)를 향한다. "우리는 모든 것을 다 시도해 봤나이

---

19 엘리아데, *Traité d'histoire des religions*, 51 이하.

다. 그러나 여전히 당신의 도움을 구하나이다!" 그리고 그들은 다음과 같이 소리치면서 흰 닭을 제물로 바친다. "오 신이시여! 우리의 창조자! 우리를 가엾게 여기소서!"[20]

이 점을 여기서 강조하자. 지고존재자들은 점진적으로 그들의 종교적인 현실성을 잃는다. 그 대신에 인간에게 더 가깝고, 더 '구체적인' 그리고 더 '역동적인' 다른 신의 형상들로 대체된다: 태양신들, 대여신들, 신비주의적 조상들 등. 이 신의 형상들은 부족의 종교적 삶의 총체를 거의 몰수하는 데 이른다. 그러나 극도로 비탄(고뇌)의 경우에 우리가 헛되이 모든 것을 시도했을 때, 특히 하늘로부터 온 재난의 경우—가뭄, 천둥, 전염병—에 우리는 지고신을 향하고 그에게 간청한다. 이 태도는 '초기의' 원주민들에게만 독점적이지는 않다. 옛 유대인들에게 일어났던 일을 회상해 보자. 유대인들은 비교적 경제적으로 번영되고 평화로운 시대를 살 때는 매번 야훼(Jahvé)로부터 멀어지고, 그들의 이웃 신인 아스다롯(Ashtartés)[21]과 바알(Ba'als)[22]에게 가까워진다. 역사적인 재난만이 진정한 신을 향해 억지로 그들의 시선을 가져가게 하면서 똑바른

---

20 엘리아데, *Traité*, 52, 54, 56, 123 이하.

21 고대 근동에서 섬기던 대여신이다. 구약성서 열왕기상에서는 시돈 사람의 여신으로 나타난다. 솔로몬은 이와 함께 모압의 그모스 신당과 암몬의 밀곰신당을 세웠다. (옮긴이 주)

22 고대 근동의 여러 부족이 섬기던 신으로 특히 가나안 사람들은 풍요의 신으로 섬겼다. 아스다롯이 여신인 반면 바알은 남성신이다. 페니키아에서는 각 도시의 수호신으로 숭배되었다. 태양신인 엘 다음으로 위대한 그는 천둥으로 무장하고 번개를 상징하는 창을 지니고 암소에 올라탄 모습으로 등장한다. 이집트에서는 외래 신으로 숭배되었다. 구약성서에서는 토지 소유자로 간주되는 신들의 총칭이며 곡물, 과실, 가축 등 결실 및 성장을 주관하는 신으로 숭배되었다. 그러나 차츰 바알 신앙이 야훼 신앙을 혼란케 했기 때문에 우상 숭배로 내몰리게 되었다. (옮긴이 주)

길로 그들을 데려다 놓는다.

그러면 그들은 신에게 부르짖어 이르되, 우리가 여호와를 버리고 바알과 아스다롯을 섬김으로 범죄하였나이다. 그러나 우리를 원수들의 손에서 건져내소서. 그리하시면 우리가 주를 섬기겠나이다(사무엘상 12:10).

유대인들은 역사적인 재난에 따라[23] 역사에 의해 통치된 소멸의 절박함 속에서 야훼[24]를 향해 돌아선다(군사 대제국). '초기 인류'는 우주적 재난의 사례 안에서 그들의 지고신들을 회상한다. 그러나 지고신에게로의 회귀가 의미하는 것은 다른 신들에게서처럼 똑같다. 극도로 비판적인 상황 안에서, 집단의 존재 자체가 문제되는 한정된 상황 안에서 우리는 지고신을 찾기 위해서 평상시에 생명을 보장하고, 찬양하는 신성을 포기한다. 이것은 십중팔구 큰 역설이다. '초기 인류'에게서 지고신으로 대체되었던 신성은 유대인들에게서 바알과 아스다롯처럼 풍요, 부유, 생명의 충만이었다. 간단하게

---

23 엘리아데, *Le Mythes de l'éternel retour*, 152 이하.

24 구약성서에서 야훼(여호와)는 엘로힘(하나님)과는 전혀 다른 개념이다. 구약성서에 보면 야훼 하나님은 각각 '여호와', '하나님'으로 표기되기도 하고 '여호와 하나님'으로 표기되기도 한다. 구약학자들에 따르면 야훼 하나님은 각기 다른 지고존재자이기에 어떤 부류는 야훼께 제의를 드리고, 어떤 부류는 하나님께 제의를 드렸다. 그러나 또 어떤 부류는 야훼 하나님께 제의를 드렸다. 모세는 광야에서 야훼가 '스스로 있게 될 자'로 알게 되었다. 이 글에서 엘리아데가 말하고자 하는 것은 야훼 또는 하나님은 지고존재자라는 것이다. 그러나 구약성서에 따르면 유대인은 역사 속에서 인간과 함께하는 야훼 하나님이란 개념을 갖고 있었고, 신약성서에서는 인간의 몸으로 육화된 예수에게서 인간 곁에 있는 신의 모습을 발견했다. (옮긴이 주)

말하자면 생명을 찬양하고 과장하는 신성들은 인간의 생명만큼 우주적 생명(식물, 농업, 가축들)이다. 겉으로 보기에 이 신성들은 강하고 힘이 세다. 그들의 종교적 활동은 바로 그들의 힘에 의해, 그들의 한없는 생명의 저장고에 의해 바로 설명된다. 그럼에도 그들의 경배자는 유대인들과 마찬가지로 '초기 인류' 역시 모든 대여신, 모든 태양신이나 땅의 신 그리고 모든 조상과 악마가 그들을 구원하기에는, 다시 말해 실제적으로 비판의 순간들 속에서 그들에게 존재를 보장할 수 없었다는 감정을 가지고 있었다. 이 신들과 이 여신들은 생명을 재생산하고 증가시키기만 할 수 있다. 그리고 더구나 그들은 '평범한' 시대 동안에만 이 임무를 수행할 수 있다. 간단히 말해 그들은 우주의 리듬을 감탄할 만큼 훌륭하게 지배하는, 그러나 위기의 순간(유대인들에게서 '역사적' 위기)에 남자 사회나 우주를 구원할 수 없다는 것이 명백해진 신성들이었다.

이 현상을 어떻게 설명할 수 있을까? 우리는 아래에서 그것을 살펴볼 것이다. 지고신을 대체한 다양한 신들은 가장 구체적이고 가장 굉장한 힘들, 생명의 힘들을 축적했다. 이런 맥락에서 이해된 신은 출산을 전문적으로 다루었으며 창조신이 갖고 있는 '특수화'되었고 더 섬세한, 더 '고귀한', 더 '영적인' 힘들을 잃었다. 소위 인간 성향으로 '퇴화한 종교'라 부르는 모든 드라마에 대해서는 조금 후 다시 부연할 것이다. 생명의 신성화를 발견하면서 인간은 점진적으로 그 자신이 발견한 것에 마음을 빼앗기게 된다. 그는 즉각 생명을 경험하게 한 생기에 찬 히에로파니와 기쁨을 포기했다. 그럼으로 즉각적으로 일상적인 필요를 공급해주는 신성으로부터 멀어졌다. 근대인을 특징 짓는 역사 속에서의 타락을 염두에 두고 생각한다면 인간의 최초 '타락'은 생명에 관계된 타락이었는데, 인간 속에 내재되어 있는 생명력과 신성을 발견하면서 의기양양하게 되어 더욱 타락했다고 볼 수 있다.

'강한 신들'

제의와 종교 활동의 대상인 지고존재자들을 몰아내고 우주를 풍요롭게 하는 주술적·종교적인 힘인 생명이 어디서나 신성시되었음을 염두에 두어야 한다. 20세기의 서양인들에게 나타나는 것은 생명의 신성화이지, 생명 그 자체는 아니다. 그러나 겉으로 보기에만 이상한 사실이 있다. 인간이 발전하면 할수록 점점 더 그는 그의 생존의 수단들을 완성하고 문명을 발전시키며, 점점 더 인간의 종교 생활은 우주의 풍요와 출산의 신비를 반영하는 많은 피조물과 관계를 갖게 된다. 그러나 '초기 인류'에게는 어디서나 입증된 우라노스의 지고존재자들이 더 발전된 사회 속에서는 거의 잊혀지고 있다. 특히 농업의 발전은 신의 계급(등급)에 근본적인 변화를 가져온다. 첫 번째 단계로 높이 올리는 것은 위대한 여신들(Grandes Déesses), 어머니 여신들(Déesses Mères)과 그들의 남편들, 위대한 남성신들 (Grands Mâles)이다. 우리는 몇 개의 예들을 인용할 것이다. 그러나 그것을 반복하기 위해 서양의 관점, 즉 유물론적 관점에서 이 사실들을 해석해서는 안 된다. 전통 사회의 종교 생활과 관점들을 변화시켰던 것은 기술이 지니는 주술적·종교적인 의미이지, 기술 발전 그 자체는 아니다. 기술로서의 농업이 고대인의 영성에 어떤 영향을 줄 수 있었다고 믿어서는 안 된다. 이러한 맥락에서 볼 때 실제적이고도 실용적인 도구와 그것에 가치를 부여하는 상징을 분리하거나 기술과 기술이 내포하는 주술적 종교적 작용을 분리한 일은 없었던 듯하다. 초기에는 가래나 쟁기가 남근을 상징하고, 흙은 대지의 자궁을 상징한다는 것을 잊지 말자. 농사 행위는 생식 행위와 비슷했다. 오스트리아·아시아권(austro-asiatiques)의 많은 언어 속에서 쟁기는 오늘날도 여전히 남근과 같은 명사이다.[25] 흙은 대지, 어머니를, 씨앗은 정액을 그리고 비는 하늘과 땅 사이의 신성한 결혼(hieros gamos)을 상징하는 것이다. 간단히 말해 우리의 눈에는 기술이 진보하여 생긴 변화로 보이는 모든 것은 전통 사회에서는 주술적·종교적 우주 안에서의 변화로 본다는 것이다. 어떤 신성화는 더 강력하고 더 즉각적으로 접근할 수 있는 어떤 다른 것들에 의해 대체된다.

이 현상은 보편적이다. 우리는 우리의『종교형태론』에서 어떻게 천공의 옛 신들이 더 역동적인 신들에 의해, 태양신들에 의해 또는 천둥신과 다산신들에 의해 도처에서 쫓겨났는지를 증명했고, 그것을 연구했다. 인도·아리안의 옛 천신(Dieu céleste)인 디아우스(Dyaus)는『베다』(Védas)에 매우 드물게 나타난다. 아주 옛날에 그의 자리는 바루나(Varuna)와 파자냐(Parjanya), 폭풍의 신이 장악했다. 이 후자의 신은 베다의 신 중에서 가장 대중적인 인드라(Indra, 고대 인도의 영웅신, 신의 왕_옮긴이 주) 앞에서 소멸된다. 왜냐하면 인드라는 모든 힘들과 모든 풍부함의 절정이기 때문이다. 인드라는 우주적이고

---

25 엘리아데, *Traité d'histoire des religions*, 227, 285 이하; 이 글의 제8장 마지막 부분을 참고.

생물학적인 에너지와 생명의 충만을 구현한다. 그는 물과 자유롭게 말을 하고 구름을 연다. 그는 수액과 피를 돌게 하고, 모든 습기에 명령하고, 모든 풍부함을 보장한다. 텍스트는 그를 '천 개의 고환을 가진' 신, '밭의 주인', '땅의 황소', 밭, 동물, 여인을 수태시키는 자라고 명명한다. 인드라의 모든 권한과 매력은 연대적이며, 그가 다스리는 분야들은 서로 통한다. 가령 벼락은 비르트라(Vrtra, 세상의 모든 물을 훔친 가뭄의 신, 인드라와 싸우다 죽는다)를 강타하여 그 속에 담고 있던 물을 배출하게 하고, 벼락 후 들리는 소리인 천둥은 비를 내리게 하거나 신의 술인 소마(soma)를 엄청 마시거나 밭을 비옥(수정)하게 하는 등 강력한 성적 능력을 드러내는데, 이것은 생명의 힘의 현현(épiphanie)이라고 볼 수 있다. 허풍과 자만 같은 아주 작은 제스처도 심지어 과잉으로 분출한다. 인드라의 신화는 생명의 충만한 모든 표명 사이에 존재하는 심오한 단위를 감탄할 만큼 훌륭하게 표현한다(*Traité*, 84).

또 다른 예가 있다. 메소포타미아의 가장 오래된 신 중의 하나가 아누(Anu)였다. 그의 이름은 '하늘'을 의미한다. 그리고 그것은 6,000년 전에 이미 나타났다. 그러나 역사 시대에 아누는 이른바 추상적인 신이 되었고, 그의 숭배는 겨우 살아남았다. 그의 자리는 그의 아들 엔릴(Enlîl 혹은 Bêl), 벼락과 다산의 신, 대모신(Grande Mère)의 남편에 의해 장악되었다. 또한 큰 암소(Grande Vache)라고 불리는 할머니는 일반적으로 벨투(Bêltu)나 베리트(Bêlit)라는 이름으로, 'Maîtresse'(안주인)로 간주되었다. 왜냐하면 특히 메소포타미아와 근동에서 천신(Dieu céleste)과 창조주 대신 '강한', '다산의' 신들로 대체되는 것은 마찬가지로 중요한 다른 현상과 함께 동반되기 때문이다. 다산의 신(Dier Fécondateur)은 위대한 여신, 위대한 대지의 어머니(Magna Mater agraire, 대지모신)의 남편이 된다. 그는 우라노스의 오래된 신들처럼 더 이상 자율적이지도 전능하지도 않다. 그는 신의 커플(배우신)의 구성원의 상황으로 축소되었다. 우주발생론은 신성한 결혼(hiérogamie)에 의해 대체되었다. 다산의 신은 더 이상 세계를 창조하지 않으며 단지 세계를 비옥하게 하는 데 만족한다.[26] 그리고 어떤 문화들 안에서 다산의 남성신은 충분히 절제 있는 역할로 제한된다. 세계의 다산을 보장하는 것은 위대한 여신(Grande Déesse) 혼자뿐이기 때문이다. 점차 그의 남편은 동시에 그의 어머니의 연인이기도 한 그의 아들에게 자리를 내어준다. 주기적으로 죽고 부활한다는 사실이 특징이 되는 타무즈(Tammuz, 메소포타미아의 다산의 신), 아티스(Attis, 대모신 퀴벨레의 남편), 아도니스(Adonis, 가령 아도니스는 복과 장수를 의미하는 '여러해살이풀'이다) 등은 식물의 신들로 알려져 있다.

강한 신을 만들기 위해 천신(Dieu céleste)을 축출하는 것은 우라노스(Ouranos)의 신화에서도 강조된다. 물론 이 신화는 그리스 판테온에서 일어났던 그리고 우리가 여기서 토론할 수 없는, 많은 다른 변신(변화)을 반영한다.[27] 그러나 우라노스—그의 이름은 '하늘'을 의미하며 그의 부인 가이아(Gaia)와 함께 퀴클롭스(Cyclopes)를 비롯

---

26 엘리아데, *Traité*, 68 이하, 87 이하.

27 예를 들어 Georges Dumézil, *Ouranos-Varuna* (Paris, 1934); W. Staudacher, *Die Trennung von Himmel und Erde. Ein vorgriechischer Schöpfungsmythus bei Hesiod und den Orphikern* (Tübingen, 1942); 엘리아데, *Traité d'histoire des religions*, 76 이하를 참고할 것.

한 많은 신들과 다른 많은 괴물을 낳았다——는 그의 자녀 중의 한 명인 크로노스(Kronos)에 의해 거세되었다. 우라노스의 거세는 무능의 신화적 이미지이며, 따라서 천공의 옛 신의 무기력한 신화적 이미지이다. 그의 자리는 지고신의 속성과 천둥의 속성을 동시에 겸비한 제우스(Zeus)에 의해 점령되었다.

어떤 천신(Dieu céleste)들은 지고신들처럼 자신을 드러내면서 그들의 종교적 활동을 보존하는 데 성공했다. 달리 말하자면 그들은 다른 질서의 주술적·종교적 명성들에 의해 그들의 힘을 강화시켰다. 결국 지상권(주권, souveraineté)은 판테온에서 절대적인 지상권(suprématie)을 유지할 수 있는 신성한 힘의 근원을 이룬다. 이것은 제우스(Zeus), 주피터(Jupiter), 중국의 천신(Tien), 몽골 신의 경우이다. 지상권(souveraineté) 관념은 모든 다른 신들보다 마즈다(Ahura Mazda)가 위에 있다는 것을 보이기 위해 차라투스트라(Zarathustra)가 행한 종교개혁[28]에서 잘 볼 수 있다. 또한 우리는 야훼(Jahvé) 또한 지고신의 요소들을 포함한다고 말할 수 있다. 그러나 야훼의 인성은 더 많이 복잡하기 때문에 우리는 이것을 따로 다룰 것이다. 지금은 유대인들의 일신교적, 예언자적 그리고 메시아적인 혁명이

---

28 기원전 70년경 고대 페르시아에서 태어난 조로아스터, 일명 차라투스트라가 30세 때에 천사장이 찾아와서 아후라 마즈다에게 가라고 일렀다. 아후라 마즈다는 조로아스터에게 예언자의 사명을 부여하고 참 종교의 교리와 의무를 가르쳤다. 유목민에서 정착민으로 바뀌는 과정에서 요청된 종교개혁의 과업을 맡은 조로아스터는 다년간 대중을 상대로 설파하거나 왕국에 거하면서 설법하지만 탐욕스런 사제들의 모함에 빠지게 된다. 그럼에도 왕자의 아내 도움으로 왕을 자신의 신앙으로 끌어들이는 데 성공한다. 여기서 종교개혁이란 다산의 신 미트라(Mithra), 질서의 신 우루바나(Uruwana), 전쟁의 신 인타라(Intara), 진실의 신 아샤(Asha) 등 민중의 많은 신 중 아후라 마즈다를 최상의 신으로 세운 것이다. (옮긴이 주)

바알(Ba'als)과 베리츠(Bêlits)에 대항하여, 천둥과 다산의 신에 대항하여, 남성신과 위대한 여신에 대항하여 실현되었다는 사실을 강조하는 것으로 만족하자. 한편으로 풍부하고 극적인 신화학을 누리는 맹렬한 현현(épiphanies) 안에서 인간에게 드러나는 강하고 역동적인 신들에게, 즉 '황소들'(Taureaux), '풍요'(fécondateurs), 위대한 어머니(Magna Mater)의 파트너, 주신제의 신성(divinités orgiastiques), 바알(Ba'als)과 아스다롯(Ashtartés)에 풍만하고 피를 흘리는 제사를 드린다(다양한 제물, 주신제 등). 그리고 다른 한편으로 '초기 인류'의 지고신의 모든 속성을 포함하고, 게다가 모든 다른 질서의 종교적 활동과 권력(puissance)을 소유하고 있는 유일한 야훼(창조주이며, 전지전능하다)이다. 바알과 아스다롯과는 달리 야훼는 다양하고 많은 신화들을 즐기지 않는다. 왜냐하면 그의 제사는 복잡하지도, 주신제(오르기아) 같지도 않기 때문이다. 그는 피 흘리는 제물과 복잡한 의례를 싫어한다. 그는 바알과 아스다롯의 제사에 의해 제약을 받던 것과는 완전히 다른 종교적 행동을 신자에게 요구한다. 이사야에 의해 기록된 야훼의 말씀을 들어보자.

너희의 무수한 제물이 내게 무엇이 유익하뇨? 나는 숫양의 번제와 살진 짐승의 기름에 배불렀고 나는 수송아지나 어린 양이나 숫염소의 피를 기뻐하지 아니하노라. … 헛된 제물을 다시 가져오지 말라! 분향은 내가 가증히 여기는 바요 월삭과 안식일과 대회로 모이는 것도 그러하니 성회와 아울러 악을 행하는 것을 내가 견디지 못하겠노라. … 너희의 손에 피가 가득함이라 너희는 스스로 씻으며 스스로 깨끗하게 하여 내 목전에서 너희 악한 행실을 버리며 행악을 그치고 선행을 배우며 정의를 구하며 학대 받는 자를 도와주며 고아를 위하여 신원하며 과부를 위하여 변호하라 하셨느니라(이사야 1:11-17).

유대-그리스도교의 커다란 종교적 혁명의 상속자이며 혜택자인 우리에게 야훼의 명령은 분명히 좋은 의미를 갖는 것 같은데, 어떻게 이사야와 동시대의 유대인들이 야훼의 비할 데 없이 순수하고 간단한 제사보다 남성신과 풍요의 제사를 더 좋아할 수 있는지를 우리는 자문해본다. 그러나 유대인들을 유혹하기를 멈추지 않는 생명의 기본적인 드러남이 진정한 종교적 경험을 이루고 있다는 것을 잊어서는 안 된다. 유대인들이 주기적으로 돌아서는 이교도는 모든 고대 동양의 종교적 생활을 대표하는 것이다. 그것은 우주적 성현(히에로파니)에 의해 지배된, 따라서 생명의 신성화를 찬양하는 크고 매우 오래된 종교였다. 그 뿌리가 동양의 원시사(B. C. 3000~1000) 안에 깊이 뻗어 있는 이 종교는 생명의 신성화 발견과 우주, 인간, 신을 연결하는 연대성의 자각을 반영한다. 야훼가 싫어하고 예언자들이 싸우기를 멈추지 않는 피 흘리는 많은 제물은 우주의 다양한 지역들 사이의 신성한 에너지의 순환을 보장한다. 이 순환 덕분에 전체의 생명(Vie)을 유지하는 데 성공한다. 몰록(Moolch)에게 바치는 잔악한 어린이 제물조차도 종교적으로 심오한 의미를 갖는다. 이 제물에 의해 우리는 그에게 속한 신성을 돌려주었다. 왜냐하면 장자(첫 번째 아이)는 자주 신의 아이로 여겨지기 때문이다. 결국 모든 고대 동양에서 어린 소녀들은 사원에서 하룻밤을 보내야만 하는 관습이 있었고, 이렇게 해서 신의 아이(다시 말해 신의 대리인, 사제 또는 그의 사자, '외부인')를 품게 되었다. 어린이의 피는 이렇게 말라버린 신의 피가 다시 생기게 했다. 왜냐하면 소위 풍요함의 신성은 세계를 지탱하고 그의 풍만을 보장하기 위해 전개된 노력 속에서 그들 자신의 본질(실체)을 고갈시키기 때문이다. 그러므로 신성들은 그 자체로 주기적으로 재생되어야 할 필요가 있다.[29]

야훼의 예배는 우주의 풍요와 생명의 연속을 보장한다고 주장하는 피 흘리는 모든 의례를 거부한다. 야훼의 힘은 완전히 다른 질서에 속한다. 일신주의와 유대 예언자적인 특징적인 특성인 제사의 간소함은 '초기 인류'에게서 지고신들에 대한 제사의 본래의 간소함과 통한다. 우리가 이미 말했던 것처럼 이 제사는 거의 사라졌으나 우리는 그것이 무엇으로 이루어져 있는지 알고 있다: 제물, 첫물(prémices)과 지고신들에게 드리는 기도들. 유대 일신주의는 문화적 수단의 단순함으로 돌아온다. 게다가 모세의 율법은 제사의 은폐를 내포하는 신앙과 종교적 경험을 강조한다. 그리고 이것은 그의 가장 커다란 새로움이다. 우리는 종교적 범주처럼 신앙의 발견이 신석기 시대 이래로 종교사에 의해 가져온 유일한 새로움이라는 것을 단언할 수 있을 것이다. 야훼는 강하고 전지전능한 신이기를 계속한다는 것을 주목하자. 그러나 그가 우주적인 커다란 사건들 속에서 이러한 힘과 예지를 표명할 수 있다 할지라도 그는 사람들에게 직접 말을 거는 것을 좋아한다. 야훼에 의해 활동이 개시된 종교적 힘들은 영적인 힘이다. 이러한 종교적 관점의 변화는 매우 중요하므로 우리는 거기로 다시 돌아와야 할 것이다.

---

29 엘리아데, *Le Mythe de l'éternel retour*, 162 이하.

권력의 인도 종교들

　지금부터는 신성한 힘의 신화들, 의례들과 철학들을 담고 있지만
지금까지 잘 알려지지 않은 한 종교에 대하여 전념해보자. 우리는
인도와 샤크교(çaktisme),[30] 탄트라교(tantrisme),[31] 위대한 여신의
다양한 제사들을 포함하는 커다란 종교적 운동에 대하여 언급했다.
이렇게 복잡한 종교 의례를 간단하게 요약하면서 소개하는 것은
매우 어려운 일이다. 단지 몇 가지 본질적인 사실들만을 떠올려
보자. 탄트라교는 현재의 인간 조건(칼리-유가 시대[kali-yuga]의 조건,
암흑의 시대)에서 가장 적합한 종교 경험으로 여겨질 수 있다. 오늘날
정신이 육체에 지나치게 제약을 받기 때문에 탄트라교는 구원을
찾는 적합한 수단으로 영을 마음대로 사용한다. Védas와 Upanishad
당시에 사용된 수단을 이용하여 해방을 추구하는 것은 칼리-유가
시대(kali-yuga)[32]에서는 헛된 일이다. 인간은 타락했다. 이 말은
육체 안에 정신이 '엄폐'되었다는 점에 근거한다. 이런 이유 때문에
탄트라교는 금욕과 순수한 명상을 거부하고, 세계를 제어하고, 마침
내 구원에 이르게 하는 다른 기술들에 호소한다. 탄트리카(tantrika,

---

30 샤크교. 네팔과 티벳 등에서 샤크티신을 숭배하는 힌두교의 한 종파. 경전은 탄트라, 힘,
　능력을 뜻하는 샤크티는 여신(모신)이고 시바는 남신이다. (옮긴이 주)

31 탄트라교. 밀의적 수행법을 담은 탄트라 경전에 근거한 힌두교, 불교 등의 종파를 뜻한
　다. 힌두교 3대 종파인 비슈누파는 상히타, 시바파는 아가마, 샤크티파는 탄트라라고 불
　린다. 엘리아데는 여신을 숭배하는 샤크티파와 탄트라파를 남신을 섬기는 시바파와 대
　립적으로 설명하기 위해 이 대목에서 나란히 표기하고 있다. (옮긴이 주)

32 유가(Yuga)는 인도에서 시대(Age of Time)를 지칭하는 용어이고, 네 시기로 구분한
　다. 가장 오래된 시기부터 Krita (Satya) Yuga, Treta Yuga, Dvapara Yuga, Kali
　Yuga라고 부른다. 칼리-유가는 현재의 시대이다. (옮긴이 주)

탄트라교 신자)는 우파니샤드의 지성인(sage de l'Upanishad), 요가수행자(Yogi) 또는 붓다(Bouddha)처럼 세계를 더 이상 거부하지 않는다. 그는 완전한 자유를 누리면서 세계를 정복하고 지배하려고 애쓴다.

그렇다면 모든 탄트라교의 이론적인 기초는 무엇인가? 세계는 시바(Civa)와 샤크티(Çakti)라는 두 개의 원리들에 의해 창조되고 통치된다. 시바는 절대적인 수동성, 영(정신)의 부동성, 운동과 창조를 나타내기 때문에 우주적 모든 단계의 생명(Vie)은 샤크티의 표명에서 기인한다. 구원은 탄트리카(탄트라교 신자)의 몸 자체 안에서 두 원리를 연합함으로 얻어진다. 정확하게 말하자면 그의 몸 안에서 그리고 그의 심리-정신적인 경험 속에서 얻어진다. 우리는 이것을 상세하게 다루지는 않을 것이다. 탄트라교에서 중요한 역할이 위대한 여신(Grande Déesse)의 다양한 형태 안에서 표명된다는 것을 기억하고, 그러나 여인 속에서 활동적인 샤크티에 의해 주어진다는 것을 기억하는 것만으로도 충분할 것이다. 이것이 바로 세계를 계속적으로 창조하는 우주적인 힘인 샤크티이다. 왜냐하면 우리는 이 세계의 일부이고 세계의 포로이기 때문에 세계를 낳고, 먹이고, 지탱해주는 샤크티에게 도움을 구하지 않고서 구원을 찾는다는 것은 소용없는 일이다. 『탄트라타트바』(Tantratattva)는 끊임없이 이 점을 강조한다. "샤크티는 모든 존재의 뿌리이다. 우주가 나타나는 것은 샤크티로부터이다. 그리고 세계가 소멸될 곳도 샤크티 안에서다."[33] 또 다른 텍스트는 다음과 같은 방식으로 그것을 찬양한

---

33 *Tantratattva de Siva-candra Vidyarnava Bhattacārya* (London-Madras, 1914), vol. II, 17. 이 책은 A. Avalon이 번역하여 두 권으로 출판되었다.

다. "브라마(Brahma)가 우주를 창조하고, 비슈누가 보존하고, 시간의 끝에서 시바가 우주를 파괴하는 것은 오로지 너(Çakti)의 힘 덕택이도다. 너 없이, 그들은 그들의 임무를 완수할 능력이 없도다. 따라서 정확히 말해 세계의 창조자, 보존자 그리고 파괴자는 바로 너(Çakti)이다."[34] 시바는 『마하니르바나 탄트라』(Mahânirvâna Tantra) 안에서 여신(Déesse)에게 말한다. "오, 데비(Devi)여, 당신은 진정한 내 자신이도다!"

위대한 여신에게서 인격화된 이 우주적 힘의 개념은 탄트라교에서 발명한 것이 아니다. 전-아리안(pré-aryenne) 시대의 인도와 그것을 연장하는 대중적인 인도[35]는 신석기 시대 이래로 그의 형태들, 그의 이름들과 그의 신화들이 어떤 것일지라도 위대한 어머니의 예배를 알고 있다.[36] 위대한 여신의 인도 제사는 고대 근동을 지배했던 풍요(다산)의 다른 모든 제사와 유사하다. 탄트라교는 위대한 어머니의 신화학과 의례의 커다란 부분을 동화할 뿐만 아니라 구원의 신비주의적 기술 안에서 태고의 유산을 재해석하고, 체계적으로 만들고, 변형했다. 탄트라교는 위대한 여신 안의 인격화된 우주의 힘을 육체와 영혼 자체 안에서 발견하려고 애쓴다. 이런 흔적은

---

34 A. Avalon이 Hymns to the Goddess (London, 1913)에서 인용한 Devi-bhāgavata 의 구절을 엘리아데가 재인용하고 있다.

35 인도-아리안족은 기원전 2000년경 카스피해와 흑해 사이의 초원 지대로부터 동쪽으로 이동하기 시작하여 기원전 1500년경 인더스강 부근에 정착했다. 이들에 대한 전설은 구전되다가 성직자이자 시인인 브라만에 의해 산스크리트어로 기록되어 『베다』라고 부르는 책에 기록되었다. 이들은 인도 원주민들과 전쟁하였을 뿐 아니라 자기들끼리도 전쟁하면서 정착했다. 이들이 활동한 시기가 바로 베다 시대다. (옮긴이 주)

36 엘리아데, Le Yoga, 339 이하.

탄트라교의 수행 과정에 나타나는데, 그 수행 과정이란 쿤달리니[37] 안에 있는 힘과 동일한 힘을 일깨우는 것이다. 즉, 잠자고 있는 쿤달리니를 뿌리에서 줄기까지, 심지어 뇌까지 올라오도록 하는 것이다. 이때 시바와 쿤달리니는 통합된다.

쿤달리니가 '깨어남'을 확인할 수 있는 것은 매우 활발한 열기가 감각을 통해 드러남으로써이다. 이 사건을 본 사람은 모든 주의를 집중하게 한다. 왜냐하면 인도의 가장 대중적인 신화 중의 하나는 어떻게 위대한 여신이 모든 신들의 불같은 에너지로부터 태어났는지를 우리에게 이야기해주기 때문이다. 괴물 같은 악마 마히샤(Mahisha)가 세계와 신들 존재 자체를 위협했을 때 브라마(Brahma)와 판테온 전체는 비슈누와 시바 곁에서 도움을 찾았다. 분노에 가득 찬 모든 신들은 그들의 입으로부터 나왔던 불의 형태 아래 그들의 에너지를 함께 분출했다. 이 불들은 결합되면서 18개의 팔을 가진 여신의 형태를 마침내 취한 불 구름을 생기게 했다. 그리고 괴물 마히샤를 무찌르는 데 성공한 여신인 샤크티는 세계를 구했다. 하인리히 짐머(Heinrich Zimmer)가 지적했던 것처럼, 신들은 "샤크티에게 그들의 에너지, 유일한 힘, 근원을 방출했는데, 모든 것이 거기로부터 초기에 나왔다. 그 결과는 우주적인 힘(권능)의 초기의 상태의 커다란 부흥이었다."[38]

---

37 5장 옮긴이 주 참조.
38 Heinrich Zimmer, *Myths and Symbols in Indian Art and Civilization*(New York, 1946), 191. 이 책은 M. S. Renou가 번역하였다(Paris, Payot, 1951, 181 참고).

'주술적 열기'

우리는 분노가 증가함에 따라 강하게 된 신들의 '권력'이 불꽃의 형태로 표명되었다는 사실을 충분히 강조하지 않았다. 열기와 불은 신비주의적 심리학의 측면에서 주술적·종교적 권력이 깨어남을 의미한다. 요가(Yoga)와 탄트라교 안에서 이 현상들은 충분히 통용되고 있다. 우리가 위에서 말했던 것처럼 우리가 쿤달리니를 환기시킬 때 우리는 극도로 강력한 열기를 느낀다. 요가수행자의 몸을 통해 쿤달리니가 일깨워지는지 아닌지는 요가수행자의 몸이 시체처럼 무기력하고 찬지 아니면 불타오르는지를 보면 알 수 있다. 쿤달리니가 지나지 않은 곳은 차갑고, 쿤달리니가 거쳐 간 곳은 뜨겁다.[39] 다른 탄트라교의 텍스트에 따르면 이러한 '주술적 열기'는 성적인 에너지의 '변모'에 의해 획득된다고 정의한다.[40] 이러한 기술들은 탄트라교의 혁신이 아니다. *Majjhima-Nikāya*(I, 244, etc.)는 우리가 호흡을 통해 얻는 '열기'를 암시한다. 불교의 저서 『드하마파다』(*DHAMMAPADA*, 387)는 예를 들어 붓다가 '불탄다'고 단언한다. 붓다는 고행, 타파스(tapas)를 실천했기 때문에 '불탄다'. 게다가 이 용어의 최초의 의미는 '극도의 열기'였으나 타파스는 일반적으로 고행의 노력을 지칭하게 되었다. 타파스는 이미 『리그 베다』(*Rig Veda*)에서

---

39 A. Avalon, *The Serpent Power* (Madras, 1924, 2e édition), 242.

40 Lama Kasi Dawa Samdup et W. Y. Evans-Wentz, *Le Yoga tibéain et le doctrines secrètes*, tr. française (Paris, 1938), 315 이하, 322 이하. 참고로 H. Maspero, "Les procédés de 'nourrir le principe vital'"을 추천한다. 이 글은 "La religion taoïste ancienne," *Journal asiatique* (avril-juin, juillet-septembre, 1937): 177-252, 353-430 이하에 나오는데, 특히 205를 참고하면 된다.

입증되었고, 그의 권능은 우주적 측면에서뿐만 아니라 영적인 측면에서도 마찬가지로 창조자들이었다. 타파스에 의해 고행은 통찰력 있게 되고 신들과 합병될 수 있다. 그의 편에서 우주적 신 프라자파티(Prajapati)는 고행에 의해 극도의 높은 온도로 '데워지면서' 세계를 창조한다. 결국 그는 북아메리카 부족들의 우주발생론 속에서 어떤 신들처럼 주술적 발현에 의해 세계를 창조한다.[41]

여기서 우리는 인도 종교에서뿐만 아니라 종교의 일반 역사에서도 극도로 중요한 문제를 다룬다. 힘의 과잉, 주술적·종교적 힘은 매우 생생한 열기처럼 경험된다. 힘의 신화들과 상징들은 더 이상 문제가 되지 않는다. 문제가 되는 것은 고행의 심리학 자체를 변형시키는 경험이다. 이 경험이 가장 오래된 시대의 신비주의자들과 주술사들에 의해 알려졌다는 것을 믿는 것은 정말 당연하다. '초기의' 대다수의 부족들은 '불타는' 것으로서 주술적·종교적 능력을 나타내고 '열기', '화상', '매우 뜨거운' 등을 의미하는 용어들에 의해 그것을 표현한다. '초기의' 주술사들(magiciens)과 요술쟁이들(sorciers)이 소금물이나 고춧가루를 탄 물을 마시거나 극도로 자극적인 식물들을 먹는 것은 이러한 이유에서다. 그들은 이렇게 그들의 내부의 '열기'를 증가시키기를 원한다. 근대 인도 이슬람교도들은 신과 소통한 인간을 '불타는 존재'라고 여겼다. 기적을 행하는 누군가는 '끓어오르는 자'로 불린다. 광의로 해석하면 어떤 주술적·종교적 '권능'을 포함하는 모든 종류의 인간 또는 행동은 '불타는' 것처럼 간주된다.

---

41 타파스(Tapas)의 샤먼적 가치에 대하여 *Le Chamanisme et le techniques archaïques de l'extase*, 370 이하를 참고할 것.

역시 세계 도처에 샤먼들과 마녀들이 '불의 지배자'로 유명하다는 것을 기억해야만 한다. 그들은 붓다는 숯덩어리를 삼키고, 새빨간 불을 만지고, 불 위를 걸어간다. 다른 한편으로 그들은 추위에 커다란 저항력을 갖고 있다. 히말라야의 고행자들과 마찬가지로 북극 지역의 샤먼들 역시 그들의 '주술적 열기' 덕택에 상상을 초월하는 저항력을 입증한다.[42]

우리가 앞(5장)에서 지적했던 것처럼 '불을 제어하기'와 '주술적 열기'의 이 모든 기술들의 의미는 더욱 심오하다. 이 기술들은 황홀경 상태나 영적인 자유가 제약받지 않는 상태로 접근하는 것을 가리킨다. 그러나 극단적인 열기로서 경험된 이 신성한 힘은 샤머니즘의 그리고 신비주의적 기술들에 의해서만 오로지 얻어지는 것은 아니다. 그것들은 군 복무 동안에 병사들을 움직이게 하는 경험을 통해서도 얻을 수 있다. 인도 · 유럽어의 '영웅적'이라는 어휘의 여러 용어— furor, ferg, wut, ménos—는 신성화의 다른 측면과 권능의 체화 (incorporation)를 특성 짓는 이러한 '극도의 열기'와 '분노'를 바로 표현하는 것이다.[43] 요가수행자나 샤먼처럼 젊은 영웅은 자신의 입문의례라는 전투 동안에 '뜨거워진다'. 아일랜드의 영웅 쿠슈라인 (Cûchulainn)은 첫 무공 때 너무 '뜨거워져서' 사람들은 그에게 세 드럼이나 되는 찬물을 가져다주었다.

사람들은 첫 번째 통에 그를 넣었는데, 그에게서 나오는 열기가 너무

---

42 엘리아데, *Chamanisme*, 412 이하; 이 책의 제5장을 참고할 것.
43 Georges Dumézil, *Mythes et dieux des Germains* (Paris, 1939); *Horaces et les Curiaces* (Paris, 1942).

강해서 마치 사람들이 호두 껍질을 깨는 것처럼 이 물은 물통의 나무와 물통의 테두리를 깨버렸다. 두 번째 물통 안에서 물은 주먹처럼 커다란 거품을 내며 끓었다. 세 번째 물통 안에서 열기는 어떤 사람은 견딜 수 있고, 또 다른 사람들은 견딜 수 없는 것이었다. 그러자 어린 소년의 분노는 줄어들었고, 사람들은 그에게 옷을 입혔다.[44]

극도의 열기로서 표명되는 이러한 '분노'는 주술적·종교적 경험이다. 이것은 그 어떤 '세속적'인 것도, '자연적'인 것도 가지고 있지 않으며 신성화에 대한 소유의 포착의 신드롬이다. 신성한 힘으로서 이 분노는 통합과 '승화'의 궁극적인 작업에 의해 미묘하게 되고, 분화되고 변형될 수 있다. 인도어 크라투(kratu)는 처음에는 '주로 인드라(Indra)의 타는 듯한 전사의 고유한 에너지'를 정의하는 것으로 시작해서 나중에는 '승리한 힘, 영웅적인 힘과 열정, 용맹함, 전투의 취미(기호)'를 의미했다. 그리고 광의로 해석하면 일반적으로 '힘'과 '위엄'을 의미하며, 결국 '르타(rta)의 규정을 따르고 행복에 이를 수 있도록 하는 경건한 인간의 힘'을 지칭하는 것으로 끝난다.[45]
그럼에도 힘의 격렬하고 엄청난 증가에 의해 유발된 '분노'와

---

44 *Tâin bô Cuâlnge*에 나오는 내용인데, Dumézil에 의해 요약되고 번역되어 *Horace et les Curiaces*, 35 이하에서 인용된 것이다. 또한 G. Dumézil, *Légendes sur les Nartes* (Paris, 1930), 50 이하, 179 이하에서 접할 수 있다. 그리고 동일 저자의 *Horace et les Curiaces*, 55 이하를 참고하면 도움이 된다.

45 Kasten Ronnow, "Ved. kratu, eine wortgeschichiliche Untersuchung," *Le Monde oriental*, vol. 26 (1932): 1-90; Georges Dumézil, *Naissance d'archanges* (Paris, 1945), 145 이하. 『기타』에서 khratu의 의미는 특히 베다의 kratu, khratu, 즉 도덕적, 종교적에 해당된다. 이것은 경건한 인간의 종교적 노력이며, 신자의 삶 속에서 악에 대항하여 싸운 인간의 경건한 용맹이라 부를 수 있을 것이다(Dumézil, *op. cit.*, 154).

'열기'는 대다수의 인간에게 두려움을 느끼게 한다는 것은 분명하다. 이러한 힘은 '야만적인' 상태에서 특히 주술사와 전사들에게 관계된다. 종교 속에서 신뢰와 균형을 찾는 사람들은 주술적인 '열기'와 '불'에 대해 저항한다. 산스크리트어로 고요함, 영혼의 평화, 열정의 부재, 고통의 경감을 지칭하는 샹티(çānti)라는 용어는 '불', 분노, 열, 결국 악마의 권력(puissances)에 의해 유발된 '열기'를 소멸시키려는 의미를 본래적으로 포함하는 샴(çam)이란 어원으로부터 유래한다.[46] 베다 시대의 인도인들은 주술에 대한 위험을 느꼈다. 그들은 과잉 권능(pouvoir)의 유혹에 대항해 저항한다.[47] 진정한 요가수행자는 그 역시 사마디(samādhi)로부터 완전히 제약받지 않는 상태를 얻기 위해서 '주술적 권능'의 유혹(siddhi)—날 수 있거나 혹은 보이지 않게 되기—을 이겨내야만 한다. 그럼에도 우리는 '열기'의 경험 또는 '권능'의 획득이 주술의 구슬을 사용하여 가능해진다고 결론 내리지는 않는다. 모든 종류의 '권력'(puissance)처럼 '열기', '화상', '내부의 불', 빛나는 현현(épiphanies)은 가장 발전된 신비주의와 종교사 안에서 보편적으로 입증되었다. 샤먼, 요가수행자 또는 '영웅' 같은 성인은 그들에게 적합한 견지에서 세속적인 인간 조건을 초월하고 신성화를 육체화해 감에 따라 초자연적인 열기를 경험한다.

---

46 D. J. Hoens, *Sânti, A contribution to ancient Indian religious terminology* ('s Gravenhage, 1951), 177 이하.

47 한편 우리는 주술적·종교적 힘에 의해 끌리는 것을 느낀다. 다른 한편 우리는 밀리는 것을 느낀다. 이 양가감정의 의미에 대해서는 *Traité d'histoire des religions*, 26 이하, 393 이하를 볼 것.

'권력'과 '역사'

흐름을 놓치지 않도록 하자. 우리는 유대인에게서 야훼의 진정한 종교와 바알과 아스다롯 안에 구현된 우주의 신성화의 경험 사이의 갈등을 발견했다. 이것은 완전히 다른 질서에 속한 종교적 권력 (puissances) 사이의 알력이다. 이것은 한편으로 오래된 우주적 성현 (hiérophanies)이며, 다른 한편으로 야훼 그리고 오로지 우주 안에서 뿐만 아니라 특히 역사 안에서 표명되는 인간의 형태 아래 드러난 신성화이다. 우리는 인도의 쪽으로 눈을 돌리기 위해 야훼에 관한 신앙 분석은 이 지점에서 멈췄었다. 인도의 쪽으로 눈을 돌려서 확인한 권력의 종교는 샤크교(çaktism)와 탄트라교(tantrisme)에서 정점에 다다른다. 칼리-유가(kali-yuga) 시대의 타락한 세계 안에서 우리는 우리 몸 안에서 잠자는 우주적 에너지를 깨울 때만 그리고 사하스라라-카크라(sahasrāra-cakra)까지 거슬러 올라가도록 권할 때만, 시바(Çiva)에 의해 상징화된 순수한 의례와 결합하도록 강요할 때만 구원을 얻을 수 있다. 우리는 바알과 위대한 여신들의 제사를 통해 유명해진 동양 원시사의 대중적인 종교들과의 차이점을 이미 살펴보았다. 탄트라교는 내재화된 대담한 행위를 드러낸다. 만신전 (판테온), 초상학(iconographie), 탄트라교의 의례 등은 영혼, 의식, 육체가 함께 참여하는 다중적 경험에 의해 은폐되고, 동화되고, '실현'되어갈 때만 가치를 갖는다. 겉으로 보기에 샤크티의 역할은 매우 중요한 것 같지만 실제로 구원은 샤크티와 시바의 연합(union)에 의해 획득된다는 것을 잊어서는 안 된다. 탄트라교(tantrisme) 안에서 시바, 순수한 의식은 수동적이다. 그의 '무능'은 '초기의'

종교들 안에서 유휴신(遊休神, deus otiosus) 상태와 유사하다. 지고존재자는 수동적이고, 무관심하고, '부재(absents)'가 되었다. 그들의 자리는 강하고 힘 있는 신의 형상들에 의해 장악되었다. 이 상황은 우리에게 샤크티의 탄생 신화를 기억나게 한다. 지고존재자 형상을 한 신들(Dieux)은 여신을 창조하기 위해 그들의 '권력'을 통합했다. 지금 힘(force)과 생명을 보유한 것은 그녀이다. 그러나 탄트라교의 신자(tantrika)는 반대의 과정을 되풀이하기를 노력한다. '무능하고', 수동적이 된 순수한 영, 지고존재자인 시바는 역동적이 되기 위해 (창조 행위에 의해) 우주 안에서 흩어지고 그로부터 떨어져 나간 자기 자신의 샤크티와 결합해야만 한다. 이 역설적인 행위의 실현—두 개의 반대 원리의 통합—은 생리학적으로 매우 강한 열기에 의한 것이라고 설명된다. 이것은 우리가 살펴보았듯이 주술사와 신비주의자에게서 보편적인 현상이다. 그리고 우리는 그 의미를 이해한다. 초자연적인 열기는 역설의 실현을 의미하는데, 그것에 의해 인간 조건은 초월된다. 만일 우리가 초기의 종교사의 관점 안에서 이 과정을 상상해보기를 원한다면, 우리는 그의 자리를 차지했던 권력과 함께 그를 통합하면서 지고존재자가 '다시 움직이게' 시도한다고 말할 수 있을 것이다. 시바는 순수한 영, 절대적 의식의 상징이면서 샤크티와의 결합을 통해 '활발하게' 되려고 노력한다. 그의 이런 노력은 그가 '무능하게' 되었을 때조차도 사람들은 지고존재자를 위한 존경과 숭배를 지속한다.

결과적으로 이러한 지고존재자는 우리가 인간의 종교적 잠재의식이라고 부를 수 있다는 것으로부터 결코 완전히 사라지지 않을 것이다. 그가 '무능력하게 되고', 따라서 제사가 없게 될 때도 그에게 본질적인 것(그의 초월성, 그의 전지, 그의 우주적 힘)은 지고존재자와 조금도 공통점을 가지지 않는 상징과 의례들 안에서 살아남아 있다. 세계 도처에서 하늘의 상징은 초월에 대한 신성을 표현한다. '위에' 있는 것, '높여져' 있는 것은 특히 성(聖)을 대표한다. 신화로부터 멀어지고 제사(예배) 안에서 대체된 하늘이라는 상징은 중요한 의미를 갖는다. 하늘이라는 상징은 많은 의례들(승천, 기어오르기, 입문의례, 왕위 등), 신화들(우주 나무, 우주적인 산, 화살들의 사슬 등), 전설들(주술 비행 등) 안에서 나타난다. 모든 종교 안에서 상당히 중요한 역할을 맡은 '중심'의 상징은 하늘의 상징과 연결된다. 하늘에 침투하는 것을 가능하게 하며, 단계(수준)의 파괴가 일어날 수 있는 곳은 '세계의 중심'이다.[48]

좀 더 부연해 보자. 우리가 살펴보았듯이 지고존재자들의 작품인 우주 발생은 고대 사회의 종교적 의례 안에서 계속해서 특권적인 자리를 차지하고 있다. 세계의 창조는 모든 '창조'의, 모든 건축의, 모든 실제적이고 효과적인 행동의 원형이 된다. 그리고 우리는 이 호기심 많은 현상에 참여한다. 창조자는 종교적 활동을 더 이상 하지 않지만, 창조는 모든 종류의 행동에 모델로 사용된다. 의례적인 제단, 집 또는 작은 배등을 만들 때, 환자의 치유나 왕의 즉위를 시행하거나 수확을 보전하려고 노력할 때, 부부 행위를 거행하거나 여자의 불임증을 치료하려고 노력할 때, 전쟁을 준비할 때 또는 시적인 영감을 찾을 때 집단을 위해 또는 개인을 위해 많은 중요한 다른 상황들 속에서 우리는 세계의 창조를 상징적, 의례적으로

---

48 엘리아데, *Traité d'histoire des religions*, 47 이하, 103; *Images et symboles*, 33 이하.

모방한다.

또한 해마다 우리는 새로운 세계를 창조하기 위해 세계에 대한(남자사회에 대한) 상징적 파괴를 행한다. 해마다 창조의 원형적인 제스처를 의례적으로 모방하면서 우주 창조를 반복한다.[49] 이 모든 것은 천공에 있는 지고존재자들의 구조와 행동으로부터 유래하는 상징이 무엇을 보여주는지를 입증한다. 즉, 이 지고존재자들이 제사로부터 배제된 후에도 고대인의 종교적 생활 속에서 계속해서 지배했다는 것이다. 상징은 암시적이고 은밀한 방법으로 세계로부터 떨어졌던 신의 인격을 추억한다.

상징은 합리주의를 일컫는 것이 아니다. 반대로 인격적 형태의 종교적 경험의 관점 안에서 볼 때 상징은 '추상적'이다. 그렇기에 오토(Rudolf Otto)가 말했던 근엄한 두려움과 황홀한 신비, '살아있는 신', 신의 인격을 보여주지 못한다. 따라서 진정한 신앙은 오로지 상징들과 생각들에 근거한 '추상적인' 종교심과 함께 바알과 아스다롯의 제사들에 의해 유명해진 생명의 신성화를 배격한다. 야훼는 역사에서 자신의 인격을 드러낸다. 그래서 역사 안에는 그의 위대한 새로움이 깃들어있다. 게다가 신은 인간으로서 나타났다. *Bhagavad-Gîtâ*(XI, 5)에 크리슈나(Krishna)의 놀라운 역현(épiphanie)이 서술되어 있는 것을 기억해 보자. 크리슈나의 형태 아래 이 지고존재자는 신화적 장소인 쿠룩셰트라(Kurukshetra)에 자신을 드러내었고, 신화적 시대에 일어났던 카우라바스(Kauravas)와 판다바스(Pândavas)

---

49 엘리아데, *Le Mythe de l'éternel retour*, 38 이하, 115 이하; *Traité d'histoire des religions*, 350 이하; 본서의 제5장을 참고할 것.

사이의 커다란 전쟁에서도 자신을 드러내었다. 이와 반대로 사마리아(Samarie)의 타락[50]은 역사 안에 도래했으며, 이 타락은 야훼에 의해 계획되었고 유발되었다. 이런 유형은 다른 곳에서는 알려지지 않은 새로운 형태의 신의 현현(théophanie)이고, 역사 안에 개입하는 야훼의 현현이었다. 야훼의 개입은 더 이상 가역적이지도 반복적이지도 않았다. 예루살렘의 타락은 사마리아(Samarie)의 타락을 반복한 것이 아니다. 예루살렘의 붕괴는 역사적인 신의 새로운 현현(théophanie), 야훼의 새로운 '분노'를 보여준다. 이러한 '분노'는 인격의 신 야훼에 종속된 근엄한 두려움을 드러내는 것이지, 인격적인 것을 초월하는 종교적 권력(puissance)을 드러내는 것은 아니다. 인격적인 신으로서 야훼, 다시 말해 완전한 자유를 향유하는 존재로서 야훼는 '추상', 상징, 일반성으로부터 나와서 역사 안에서 행동하고 역사적 존재들과 함께 관계를 갖는다. 그리고 하나님-아버지(Dieu-Père)가 예수 그리스도 안에 성육신하면서 근원적이고 완전한 방식으로 '나타낼 때' 역사 그 자체는 신의 현현(théophanie)이 되었다. 신화시대의 개념과 영원한 회귀의 개념은 종국적으로 극복되었다.[51]

---

50 사마리아는 이스라엘 북부 지역의 이름이다. 유대민족은 솔로몬 왕 이후 10지파의 북이스라엘과 2지파의 남 유다로 나누어진다. 북이스라엘은 기원전 700~500년경에 앗시리아와 바벨론의 포로가 된다. 북이스라엘은 순수 혈통을 지키지도 못했고, 야훼만을 섬기지도 못했기에 같은 유대민족 사이에서 개와 같은 취급을 받았다. 구약성서에서뿐 아니라 신약성서의 복음서와 바울서신에서도 유대인이 북이스라엘의 사마리아 사람들을 그렇게 취급한다는 것을 볼 수 있다. 이 대목에서 엘리아데가 사마리아의 타락을 언급하는 이유는 종교의 권능이 역사의 장소에 나타나는 사례와 신화의 장소에 나타나는 사례를 비교하기 위해서다. 인간 예수로서 나타난 야훼, 기원후 70년 예루살렘의 멸망 등은 신의 권능이 역사 속에 현현된 사례로 제시되고 있다. (옮긴이 주)

이것은 위대한 종교적 혁명이었다. 이 혁명은 너무도 위대해서 2천 년 동안 기독교인의 삶에 녹아들었다. 성(聖)은 우주 안에서 나타날 때 비로소 쉽게 '알아볼 수' 있게 된다. 기독교 이전의 종교적 인간이 성을 포함하지 않는 다른 모든 돌로부터 성스러운 돌을 구별하는 것은 쉬웠다. 세속적인 시대로부터 의례적인 시대를 분리하는 것 또한 쉬웠다. 그러나 어떤 순간에 세속적인 시대는 흐르기를 멈추었고 의례가 시작되었다는 사실 자체에 의해 의례적인 시대와 신성한 시대가 시작되었다. 유대교에서, 특히 그리스도교(기독교)에서 신성은 역사 속에 드러났다. 그리스도와 그의 동시대인들은 역사에서 실존했던 사람들이었다. 물론 단지 역사뿐만이 아니다. 우주에 깃든 성은 사물을 가리지 않고 드러나는데, 바로 성육신한 신의 아들은 역사 속에서 그 모습(聖)을 보인다. 따라서 기독교인들은 여러 역사적 사건들을 겪으면서 근원적인 분리를 경험한다. 어떤 사건들에서는 신의 현현(예를 들어 그리스도의 역사적 현존성)을 경험하고, 다른 사건들에서는 세속적인 것을 경험한다. 그러나 그리스도는 불가사의한 몸인 교회를 통해 계속해서 역사 속에 현존한다. 이것은 진정한 기독교인에게 극도로 어려운 상황을 만든다. 그는 더 이상 역사를 거부할 수도 없지만, 그렇다고 전적으로 받아들일 수도 없다. 그는 많은 역사적 사건 중에 어떤 것이 '자신을 위한' 구원에 의미가 있는 사건인지 구별하고 '선택'해야 한다.

우리는 이 선택이 얼마나 어려운가를 잘 알고 있다. 역사를

---

51 엘리아데, *Le Mythe de l'éternel retour*, 209 이하; *Images et symboles*, 225 이하.

통해 볼 때 기독교 이전 시대에 그토록 명확하게 성(聖)과 세속 (profane)을 분리했던 적은 없었다. 더구나 두 세기 전부터 역사 속에서 인간의 타락은 격화되었다. 우리는 다양한 역사적 조건들로 인해 근대 사람이 희생된 것을 일컬어 '역사 속에서의 타락'이라 부른다. 근대 기독교인은 힌두인(Hindou)의 행운을 얼마나 부러워 하는가! 하지만 인도인의 생각 속에도 칼리-유가(kali-yuga) 시대의 인간은 실추되었다는 개념이 내포되어 있다. 즉, 인간은 육적인 생명에 의해 제약을 받는다. 육체 속으로 영혼이 엄폐하기 때문에 영적인 자유를 찾기 위해 육체로부터 떠나야만 한다. 근대 기독교인 은 그의 육적인 조건에 의해서 뿐만 아니라 그의 역사적 조건에 의해서도 타락한다는 것을 느낀다. 이제 타락은 더 이상 우주 때문도 아니고, 구원의 여정에서 장애물들을 만드는 육체 때문도, 생명 때문도 아니다. 이것은 역사 때문인데, 역사에 대한 공포가 생긴다.

기독교인들이 삶의 유혹으로부터 보호를 받을 수는 있다 해도 일단 역사의 수레바퀴 속으로 끌려 들어간 이상 역사에 저항하기는 불가능하다. 그러므로 도피라는 대담한 행위가 아니고는 더 이상 역사의 수레바퀴를 피할 수 없는 시대에 살고 있다. 도피는 진실한 기독교인에게는 금지된 것이다. 기독교인에게는 다른 어떤 출구도 없다. 왜냐하면 성육신이 역사 속에서 일어났기 때문이고, 그리스도 의 도래가 세상 속에서 드러낸 성스러움(聖)의 가장 최종적이면서도 가장 고귀한 재현이기 때문이다. 기독교인은 그리스도에 의해 선택 되고 성취되었었던 생명, 온전하고 역사적인 생명 속에서만 구원될 수 있다. 우리는 그리스도께서 겪은 것을 알고 있다. 그것은 '공포심 과 불안', '굵은 핏방울 같은' 땀, '단말마의 고통(고뇌)', '죽음까지 이르는 슬픔'(누가복음 22:44; 마가복음 14:34) 등이다.

"Puissance et sacralité dans l'histoire des religions"(종교사에서 권력과 신성함),

Eranos-Jahrbücher, vol. XXI (Zurich, 1953.)

8장

대지-어머니와
우주적 히에로가미

대지-어머니

인도의 예언자인 우마틸라족(l'Umatilla)의 스모할라(Smohalla)는 땅을 경작하는 것을 거부했다. 그가 말하길, "농사지음은 우리의 공동 어머니를 상처 입히거나 자르고, 찢거나 할퀴려는 죄악이다." 그리고 그는 이렇게 첨부했다. "당신은 나에게 대지를 갈라고 요구하십니까? 나의 어머니의 가슴에 비수를 꽂기 위해 칼을 들라는 겁니까? 그렇게 하면 내가 죽을 때 어머니는 날 더 이상 그의 품에 편히 쉬게 해주지 않을 겁니다. 당신은 나에게 삽으로 돌을 파서 꺼내라고 하셨습니까? 나보고 어머니 살 밑의 뼈를 파내란 말입니까? 그렇게 하면 나는 다시 태어나기 위해 더 이상 그의 몸속에 들어갈 수 없을 것입니다. 당신은 나에게 풀과 건초를 베고 그것을 팔아서 백인종들처럼 부유해지라고 요구하셨지요? 그러나 어떻게 나의 어머니의 머리카락을 감히 자를 수 있겠습니까?"[1]

---

1 James Mooney, *The Ghost-Dance religion and the sioux outbreak of 1890 (Annual Report of the Bureau of American Ethnology)*, XIV. 2 (Washington, 1896, 641-1136), 721.

이 말은 19세기 말(엘리아데가 글을 쓴 시점에서 반세기 전)에 발설된 것이지만 아주 오래전부터 있었던 것이다. 사람들이 이 말을 들으면서 감동을 느끼는 이유는 대지-어머니가 갖고 있는 초기의 이미지를 아주 명확하게 드러내기 때문이다. 이 이미지는 세계 도처에서 셀 수 없이 많은 형태로 변형(이형들)되어 나타난다. 이 형태들과 이형들을 분류하고, 어떻게 그것들이 발전되는지 그리고 어떻게 그것들이 한 문명에서 다른 문명으로 통과했는지를 밝히는 것은 흥미진진한 일일 것이다. 그러나 이러한 종류의 작업을 위해서는 책 한 권 전체를 다 할애해야만 할 것이다. 그러므로 좋은 결말을 얻기 위해서는 전문가들, 즉 인류학자와 종교사학자가 다루는 기술적인 세부 사항까지 검토해야 할 것이다. 그렇기 때문에 여기에서 그것을 시도할 수는 없다. 다행히도 우리의 주제를 연구하기 위해 또 다른 방법이 예측된다. 대지-어머니의 어떤 이미지들을 다시 검토하는 것, 그 이미지들이 우리에게 드러내는 것을 이해하려고 시도하는 것, 그 메시지를 해독하려고 애쓰는 것 등이다. 초기의 모습을 드러내는 각각의 이미지는 인간 조건과 직접적으로 관계가 있는 하나의 메시지를 지닌다. 왜냐하면 이미지는 끊임없이 궁극적인 현실의 베일을 벗기기 때문이다.

방금 인용한 인도 예언자의 말은 우리에게 무엇을 시사하는가? 밭을 경작하는 것을 비난하고 거부하는 것은 그가 어머니의 육체인 대지에 상처를 입히기를 원하지 않기 때문이다. 돌들은 대지-어머니의 뼈와 비교되며, 흙은 어머니의 살, 식물들은 어머니의 머리카락과 비교된다. 우리는 이제 우주적인 영역들이나 실체(본질)가 신체 기관과 유사하다는 것, 신성한 존재의 소우주적 이미지가 여러 형태로 드러나는 것을 살펴볼 것이다. 때때로 초기부터 양성구유를 함께 지닌 거인이나 우주의 위대한 남성이 문제가 된다. 이러한 성의 변천을 어떻게 이해할 수 있는지를 알아볼 것이다. 잠시 여성으로서의, 어머니로서의 땅의 이미지를 떠올려 보자. 모든 존재를 태어나게 하는 것은, 지중해의 종교들에서 잘 알려진 것처럼, 대지 어머니(Terra Mater) 또는 지상의 어머니(Tellus Mater)다. 예언자 스모할라(Smohalla)는 대지모신(Mère tellurique)으로부터 인간이 어떻게 태어났는지를 말해주지 않는다. 그러나 아메리카의 신화들은 초기의 때에, 시초에 어떻게 사물들이 생겨났는지를 보여준다. 최초의 인간들은 그들의 어머니(Mère)의 품속에서, 땅속에서, 그의 모태 속에서 얼마간의 시간 동안 살았다. 그들은 거기, 대지의 가장 깊은 곳에서 반만 인간인 채 살았다. 이것은 아직 불완전하게 형성된 일종의 태아였다. 적어도 이것은 옛날에 펜실바니아(Pennsylvanie)에 살았던 레니 리페(Lenni Leape)나 델라웨어(Delaware) 인디언들이 주장하는 것이었다. 그들의 신화에 의하면, 창조자가 인간들을 위해 지표의 모든 것을 만들었음에도 만물은 얼마 동안 대지모신의 배속에 머물면서 더 성장하고 더 성숙해진 뒤 인간에게 오게끔 만들어 졌다. 어떤 신화에 의하면, 땅 밑에 살았던 선조들은 이미 인간의 형태를 갖고 있었다. 반면 다른 신화는 그들이 오히려 동물의 모습과 비슷하다고 말하기도 한다.[2]

이 신화는 이곳만의 특수한 신화는 아니다. 이로쿼이족(Iroquois,

2 Rev. John Heckenwelder (1819). 이 내용은 James George Frazer, *The Worship of Nature* (London, 1926), 427에 게재되었다.

북미 인디언의 한 종족)은 그들이 땅 밑에 살았던 시대를 회상한다. 그 아래는 항상 밤이었다. 왜냐하면 태양이 거기까지 전혀 침투해 들어오지 못했기 때문이다. 그러나 날씨가 아주 좋은 날, 그들 중 한 명이 입구를 찾았고 기어서 땅의 표면까지 올라왔다. 그는 신기하고 아름다운 풍경 속을 산책하다가 암사슴을 만나서 그것을 죽인 후 그것을 가지고 땅 밑으로 돌아갔다. 암사슴 고기는 맛있었고, 그가 다른 세계에 대해, 빛에 대해 말한 모든 것은 그의 동료들의 관심을 끌기에 충분했다. 그들은 땅 표면으로 기어오르는 것을 만장일치로 찬성했다.[3] 또 다른 인디언 신화에 의하면 대지-어머니는 오늘날 관목들과 갈대들을 생산하는 것과 같은 방법으로 인간을 생산했다고 말한다.[4] 그리고 식물들과 같은 방법으로 인간 탄생을 그린 모티브는 우리에게 계속해서 기억될 것이다.

출현의 신화들

잠시 잉태(임신, gestation)와 출산(분만, parturition)에 관한 몇 개의 신화들을 좀 더 떠올려보자. 나바호족(les Navaho)의 언어로 대지는 '나에스타안'(Naëstáan)인데, 문학적인 표현에 의하면 그 뜻은 '옆으로 누워있는 여인'이나 '잉태한 여인'이다. 나바호족에 의하면 포개

---

3 Rev. Christopher Pyraeus (1743). 이 내용은 Frazer(*op. cit.*, 428), *The Worship of Nature*에 인용되었다.

4 J. Gumilla(1758), *Mythes des Salivas, tribu de l'Orénoque*. 이 신화는 최근 다음 책에서 재인용되었다. Raffaele Pettazzoni, *Miti e Leggende, III: America Settentrionale* (Torino, 1953).

진 네 개의 세계가 존재한다. 주니족(les Zuni)은 이 세계를 대지의 네 개의 자궁이라고 부른다. 인간들이 초기에 살았던 곳은 대지(땅)의 가장 깊은 자궁이었다. 그들은 호수나 샘을 가로질러 표면으로 떠올랐다. 혹은 또 다른 전통에 의하면 포도 덩굴(만데족[les Mandau]의 경우)이나 갈대(나바호족[les Navaho]의 경우)를 따라 기어오르면서 땅의 표면으로 올라왔다. 주니족의 신화는 시간의 시작에, 초기의 때에 '전쟁의 쌍둥이'가 지하 세계로 호수를 통해 내려갔다고 이야기한다. 그들은 그 밑에서 딱딱한 음식을 먹지 않고 오로지 '수증기와 냄새'만을 먹는 '수증기가 많고 불안정한' 사람들을 만났다. 이 사람들은 딱딱한 물질들을 먹는 쌍둥이를 보면서 겁에 질렸다. 왜냐하면 지하 세계에서는 이런 음식들을 버렸기 때문이다. 수많은 모험이후에 쌍둥이는 그들과 함께 지하에 사는 이 사람들을 땅의 표면으로 데리고 갔다. 현재의 인류가 내려온 것은 그들로부터이다. 신생아가 '눈에 보이지 않는 줄'이 잘릴 때까지 '바람, 냄새'만으로 영양을 섭취하는 것은 이러한 이유에서다. 이렇게 신생아는 처음에는 우유와 아주 가벼운 음식물만을 섭취한다. 그리고 여전히 아주 커다란 어려움의 대가를 치른다.[5]

우리는 어떤 의미에서 이 신화가 개체발생을 계통발생에 연결시키는지를 본다. 태아와 신생아의 조건은 땅의 품에 안겨 있는 인류

---

5 F. H. Cushing, *Zuñi Folk Tales* (New York, 1901), 409; Washington Matthews, "Mythes of gestation and parturition," *American Anthropologist*, N. S., IV (1902: 737-742), 740. Navaho 신화에 관해서는 A. M. Stephen, "Navajo Origin Legend," *Journal of American Folk-Lore*, vol. 43 (1930): 88-104; R. Pettazzoni, *op. cit.*, 233 이하.

종족의 신화적 실존과 유사하다. 각각의 아이는 태어나기 전의 조건(pré-natale) 속에서 초기의 인류의 상황을 반복한다. 인간의 어머니와 대지의 위대한 어머니를 비교하는 것은 매우 적합하다. 주니족의 인간과 세계 창조 신화를 기억할 때 과학적 용어를 사용한다면 수정과 분만의 관계를 잘 이해할 수 있고, 학문적 용어로 본다면 계체발생과 계통발생 사이의 조화를 잘 파악할 수 있다. 주니족의 신화를 간단히 요약하자면 다음과 같다.

초기에는 창조자(모든 것을 만드는 자, 보존하는 자)인 아워나윌로노(Awonawilono)만 존재했었다. 그는 우주 공간에 혼자 있었다. 그는 태양으로 변했고, 그 자신의 실체로부터 두 배아를 만들었는데, 거기로 많은 물을 끌어들였다. 빛에서 나오는 열기 때문에 바다의 물은 초록빛이 되었고, 대지-어머니(Terre-Mère)와 아버지-하늘(Père-Ciel)이라는 최종 형태를 취하기 위해 거품이 계속적으로 보글거렸다. 그리고 우주의 쌍둥이 결합, 즉 하늘과 대지가 결합함으로써 무수한 창조물에 생명이 깃들게 되었다. 그러나 '대지-어머니'는 배 속(신화가 '세계의 네 개의 자궁'이라 부르는 것 속)에서 이 모든 존재를 포착한다. 이 '동굴-자궁'의 가장 깊은 곳에서 인간과 다른 창조물들의 정액은 조금씩 조금씩 퍼져나가고, 결국 부화한다. 그들은 새가 알로부터 부화하는 것처럼 세상에 나온다. 그러나 그들은 여전히 불완전한 존재들이다. 암흑 속에서 뒤엉키고 눌린 그들은 파충류들처럼 서로 기어 다니고, 중얼거리고, 탄식하고, 침을 뱉고, 무례한 욕설(모욕)을 퍼붓는다. 그러나 그들 중의 몇몇은 도망치려고 노력했는데, 이런 노력을 통해 지혜와 인간성이 증가되었다. 이때 많은 사람 중에서 한 명이 눈에 띄었다. 그는 가장 영리한 우두머리

포샤이얀키아(Póshaiyank'ya)인데, 그는 신의 조건에 참여한다. 신화가 우리에게 알려주기로는, 태양이 물 위에 나타났던 것과 같은 방법으로 그(우두머리 포샤이얀키아)가 초기의 물 아래에 나타났다. 이 위대한 현인은 밤의 태양을 상징하는데, 그는 대지의 네 개의 '동굴-자궁'을 가로지른 후에 빛으로 솟아오른다. 그는 땅의 표면에 다다른다. 이 땅의 표면은 습하고 불안정한 거대한 섬처럼 보인다. 그리고 아버지-태양(Père-Soleil)에게 지하 인간(인류, humanité)의 해방을 간청하려고 간다.

이렇게 태양은 창조의 과정을 반복하지만, 이번에는 또 다른 질서의 창조가 문제 된다. 태양은 영리하고, 자유롭고, 힘 있는 존재들을 생산하기를 원한다. 그는 다시 대지-어머니(Terre-Mère)의 거품으로 스며들고, 이 거품으로부터 쌍둥이가 태어난다. 태양은 그들에게 모든 종류의 주술적인 힘을 부여하고 선조와 인간의 주인들(Seigneurs des humains)에게 그들을 바친다. 그러자 쌍둥이는 하늘을 높이고 '벼락 맞은 돌'로 만든 그들의 칼로 산을 가른다. 그런 후 이 통로를 통해 지하의 심연 속으로 내려간다. 깊은 땅속에는 온갖 종류의 덩굴 식물들과 풀들이 있다. 쌍둥이는 그것 중의 하나에 입김을 불어서 빛까지 자라나고 올라가게 만든다. 그다음에 그들은 사다리를 가져왔고, 다른 창조물들과 인간들은 두 번째 동굴까지 기어오른다. 도중에 그들 중의 많은 사람이 떨어졌고, 이들은 영원히 땅속 가장 깊은 곳에 남아 있게 된다. 그들은 괴물이 되었고 지진과 지각의 격변(대홍수)을 일으킨다. 이 두 번째 동굴-자궁 안은 항상 어둡지만, 거기에는 조금 더 넓은 공간이 있다. 왜냐하면 신화가 우리에게 말하는 것처럼 이 동굴은 "땅의 배꼽에 가장 가까이에 있었기 때문이다." (중심이라는 상징을 보자. 많은 다른 민족들에게서처럼 주니족[les Zuni]에게서 인간 창조는 세계의 중심에서 일어났다.) 이 두 번째 동굴-자궁은 '배꼽의 자궁 또는 임신의 자리'라는 이름을 지닌다.

쌍둥이는 다시 사다리를 밀어놓고 조심스럽게, 나중에 여섯 개의 인류 종족의 선조가 될 그룹들로 된, 지하 민족들을 인도한다. 그들은 좀 더 크고 빛이 있는 세 번째 동굴-자궁 안에 도착한다. 이것은 '질의 자궁 또는 생식과 잉태의 자리'이다. 이것은 별들 아래의 계곡처럼 더 넓고 더 빛이 있는 동굴이다. 인간들은 얼마 동안 거기에서 머물러 있었고, 그들의 자손은 증가했다. 그러고 나서 쌍둥이들은 그들을 '발견할 수 있는 최후의 (동굴) 또는 분만의 자궁'이라 부르는 네 번째와 마지막 동굴로 데려갔다. 여기에서 빛은 새벽의 빛 같았고, 사람들은 세계를 감지하고 각각 그 자신의 속성에 따라서 지적으로 발전하기 시작한다. 어린아이처럼 그들을 돌보면서 쌍둥이는 그들의 교육을 성취한다. 무엇보다도 쌍둥이는 그들에게 아버지-태양을 찾도록 가르친다. 왜냐하면 태양은 그들에게 지혜를 보여줄 것이기 때문이다.

그러나 그의 차례가 되었을 때 이 동굴은 발 디딜 틈이 없었다. 왜냐하면 인간들이 증식을 멈추지 않기 때문이다. 쌍둥이는 그들을 '흩어지는 빛, 지식 또는 시각의 세계'라는 이름을 지닌 땅의 표면까지 올라가게 한다. 그들이 표면으로 완전하게 솟아올랐을 때 이 존재들은 아직 하등 인간의 모습을 가지고 있었다. 그들은 검고 차갑고 축축했으며, 박쥐처럼 물갈퀴로 된 귀를 가졌으며, 물갈퀴처럼 모인 발가락을 가졌다. 그들은 또한 꼬리를 가졌고 아직 직립보행을 할 수가 없었다. 그들은 개구리처럼 팔딱팔딱 뛰었고 도마뱀처럼 기어 다녔다. 그리고 시간은 또 다른 리듬을 가졌다. 8년은 4일 낮과 4일 밤의 합과 동일한 기간이다. 왜냐하면 세계는 새롭고 신선했었기 때문이다.[6]

인간들의 기원에 대한 이 아름다운 신화를 산부인과적 그리고 조산술적 상징으로 해석하는 것은 무의미한 일이 될 것이다. 대지의 이미지는 완벽하게 어머니의 이미지를 드러낸다. 인간수정(anthropogonie)은 개체발생이란 용어로 기술되었다. 태아의 형성과 출산은 가장 깊은 지하의 동굴-자궁으로부터 출현하는 것처럼 이해된 인간 탄생의 위대한 행위를 반복한다. 그러나 우리가 그것을 방금 보았듯이 이 출현은 정령으로 인한 것이다. 쌍둥이의 중개를 통해 인류를 땅의 표면 위에 다다르도록 인도하고 도와준 것은 바로 태양이다.

그 자신에 의해 버림받은 생명, 즉 땅과 하늘의 신성한 결혼에서 이뤄진 첫 작품인 생명은 태아가 존재하는 한 영원히 유지될 것이다. 주니족 신화는 완전히 명확한 방법으로 우리에게 그것을 말한다. 동굴-자궁의 가장 깊은 곳에서 인류들은 애벌레처럼 행동했었다. 암흑 속에서 한탄하고, 서로 욕설을 퍼붓고, 우글거리는 군중이었다. 빛을 향한 걸음은 정신의 출현과 유사하다. 태양에 의해 만들어진 쌍둥이는 태아 상태의 인간에게 의식을 부여하기 위해 의식의 문턱

---

6 F. H. Cushing, "Outlines of Zuñi Creation Myths," 379-384, *Annual Report of the Bureau of American Ethnology*, XIII (Washington, 1896), 325-462. Zuñi에 대한 다른 개정본은 산부인과적 상징을 포함하지 않는다. Elsie C. Parson, *Pueblo Indian Religion* (Chicago, 1939), 218-236. 이 책은 다시 R. Pettazzoni에 의해 출판되었다. *op. cit.*, 520-532. F. H. Cushing도 'hopi 신화'를 출판하였다. Cf. "Origine Myth from Oraibi," *Journal of American Folk-Lore*, vol. 36 (1923): 163-170. 이 책은 Pettazzoni에 의해 번역 출판되었다. *op. cit.*, 510-515.

으로 그들을 인도한다.

모든 신화처럼 이 신화 역시 모범적이다. 그것은 수많은 인류 활동의 예와 모델로 사용된다. "우리는 누구인가? 우리는 어디서 왔는가?" 하는 질문을 충족시키기 위해 우주발생론적이고 인류발생론적인 신화들을 이야기한다고 생각해서는 안 된다. 이러한 신화들은 무엇인가를 창조하고 또는 인류 존재를 복구하고 재생시키는 것의 예화들 또한 내포하기 때문이다. '초기의' 세계에 있어서 모든 재생은 기원으로의 회귀, 우주 발생의 반복을 내포하기 때문이다. 예를 들어 나바호족에게 일어났던 일을 관찰하면서 이런 신화들의 가치를 이해한다. 사람들이 땅을 뚫고 출현한 인간 신화를 이야기하는 것은 환자를 치료하기 위해서 또는 지원자-샤먼을 입문시키기 위해서이다.[7] 말하자면 인류의 기원에 관한 신화가 부족의 종교적 삶 안에서 커다란 현실성(시사성)을 여전히 누리고 있는 것이다. 우리는 그것들을 아무 때나, 아무렇게나 이야기하지 않는다. 단지 무엇인가를 되풀이할 운명인 의례를 동반하고 확인하기 위해 이야기한다(가령 건강, 환자의 생명의 온전함). 그에게 건강을 다시 찾아주기 위해 사람들은 환자 앞에서 세계의 형성 과정을 되풀이하고 땅의 품에서 최초의 인류가 출현했다는 것을 재현한다. 환자가 건강을 찾는 것은 이러한 인류 발생(우주 발생이 선행된다)을 현재화하고 역동적으로 만들기 때문이다. 환자는 자신의 내적 존재 안에서 초기의 출현 과정을 체험한다. 즉, 그는 우주 발생, 인류 발생의 시점에서

---

7 Cf. Mary C. Wheelwright, *Navajo Creation Myth. The Story of the Emmergeance* (Museum of Navajo Ceremonial Art, Santa Fe, New Mexico, 1942), 19 이하.

되풀이한다. 기원으로의 이러한 회귀—현재의 경우에서 '대지-어머니'에로의 회귀—, 치유를 보장하기 위해 시도된 우주 발생과 인류 발생의 반복은 고대 치료학의 중요한 원형을 이룬다.

추억과 향수

우리는 인간이 대지의 품으로부터 출현한다는 이 신화를 북아메리카의 샤먼들이 말하는 탄생 이전의 존재에 대한 회상과 비교할 수 있다. 북아메리카 샤먼 사례는 어머니 품속에 샤먼의 영혼을 내려놓는 것, 암흑과 같은 양수막 안에 거주하는 것 그리고 마침내 빛으로 통과하는 것 등을 보여준다. 언뜻 보기에 이러한 탄생 이전의 존재에 대한 추억들은 땅 중심으로부터 출현한 선조들의 신화와 아무 관계가 없는 것 같다. 그러나 그 이미지는 같은 것이다. 샤먼들의 개인적인 추억들은 땅 표면에 출현하기 전 지하 생활의 신화에 관한 신화를 명백하게 한다. 분명 이러한 추억들은 개인적이고, 산부인과에서 말하는 출생과 일치한다. 여기 몇 개의 예가 있다. 한 샤먼은 그의 영혼을 아이오와족(les Iowa) 가운데 구현하기로 결심했다는 것을 이야기한다. 영혼은 문에 곰 모피가 있었던 오두막 집으로 침투했다. 영혼은 얼마 동안 거기에서 있었다. 그리고 나서 영혼은 오두막집으로부터 나왔고 샤먼이 태어났다.[8] 위네바고(Winnebago)라는 샤먼은 그의 윤회(죽은 뒤 영혼이 다른 육체에 깃듦) 중

---

8 Alanson Skinner, "Traditions of the Iowa Indians," *Journal of American Folk-Lore*, vol. 38 (1925) 479. 이 글은 다음의 저서에서 인용한 것이다. Ake Hultkrantz, *Conceptions of the Soul among North American Indians* (Stockhom, 1953), 421.

하나의 돌발 사건을 이야기했다. 그는 한 여인 안에 들어가지 않았고
한 방에 들어갔다.

> 거기에서 나는 항상 의식이 깨어 있었다. 어느 날 나는 밖에서 어린아이
> 의 소리를 들었다. 그리고 다른 소리도 들었다. 그리고 나는 거기로 가기
> 로 결심했다. 나는 내 자신이 문을 통해 지나간다는 것을 느꼈다. 그러나
> 현실에서 나는 한 여인에 의해 갓난아이로 태어났다. 내가 나오자마자
> 신선한 공기가 나를 내리쳤고 나는 울기 시작했다.[9]

대지-어머니에게 회귀하는 향수는 때때로 집단적인 현상이 된
다. 그 결과 그 사회는 투쟁을 거부하고 완전히 사라지게 된다.
이것은 남아메리카 야루로족(les Yaruro), 푸에고섬 주민(Fuégiens)과
같은 초기의 원주민의 사례에서 볼 수 있다. 주민들은 아직 농사를
알지 못하고 개 이외의 다른 가축을 알지 못하였다. 야루로족의
지모신은 쿠마의 나라(Pays de Kuma)라고 부르는 머나먼 동쪽 지역에
살았다. 죽은 자들이 가는 곳은 바로 거기, 어머니의 나라이다.
그들은 거기에서 아이들처럼 다시 태어나고 낙원의 존재를 누렸다.
야루로족은 백인이 도착하기 전에도 지속적으로 믿고 있었던 생명
을 누렸었다. 영매 상태 동안 샤먼들은 쿠마의 나라를 여행하고
그들이 본 것을 이야기한다. 전체 종족은 잃어버린 낙원에 대한
향수 때문에 고통을 받는다. 야루로족은 죽어서 어머니의 나라로

---

9 Paul Radin, *The Road of Life and Death* (New York, 1945), 8. 그러나 샤먼들의 출생
이전의 존재에 대한 기억은 더 많이 다양하고 복잡하다. Hultkrantz, *op. cit.*, 418-426.

되돌아가기를 열망한다.[10] 아마도 그들은 이미 그렇게 되었을 것이다. 20년 전에 페트롤로(Petrullo)가 그들을 방문했을 때 소수만 생존하고 있었다.

대지의 어머니

인류가 땅(대지)에 의해 태어났다는 것은 보편적으로 널리 퍼져 있는 믿음이다. 이 주제라면 몇 권의 책, 예를 들어 디트리흐(Diete-rich)가 쓴 *Mutter Erde*(『대지의 어머니』) 또는 니베르그(Nyberg)가 쓴 *Kind und Erde*(『아이와 어머니』) 등을 대충 훑어보는 것으로도 충분할 것이다.[11] 많은 언어권에서 인간은 '땅에서 태어난 자'(러시아 민요 〈Lapons〉와 Estoniens의 신화 등. Dieterich, 14)라고 불린다. 우리는 아이들이 땅속에서, 동굴에서, 굴에서, 균열들에서, 뿐만 아니라 늪에서, 샘에서, 강에서 '나온다'고 믿는다. 전설, 미신 또는 단순한 은유 형태의 유사한 믿음들은 유럽에서도 아직까지 살아남아 있다. 각 지역 그리고 거의 모든 도시와 마을은 아이들을 '가져다주는' 바위나 샘을 알고 있다. 아이의 우물(Kinderbrunnen), 신의 우물(Kinderteiche), 사내아이의 우물(Bubenquellen)이다(Dieterich, *op. cit.*, 19, 126).

---

10 Vicento Petrullo, *The Yaruros of the Capanaparo River, Venezuela* (Smithsonian Institutions, Bureau of American Ethnology, Bulletin 123, Anthropological Papers, n° 11, Washington, 1939) 167-289, 226 이하, 244, 249, 250.

11 A. Dieterich, *Mutter Erde, ein Versuch über Volksreligion* (Leipzig-Berlin, 1905). E. Fehrle는 이 책을 보충하여 1925년 2판을 출판함. Bertel Nyberg, *Kind und Erde, Ethnologische Studien zur Urgeschichte der Elternschft und de Kinderschutzes* (Helsinki, 1931). 엘리아데, *Traité d'histoire des religions* (Paris, 1949), 211-231. 이 책에는 첨가된 도서 목록이 실렸다.

이러한 미신들이나 은유들은 아이들에게 대답해주는 설명에 지나지 않는다는 것을 기억하자. 현실은 이보다 더 복잡하다. 우리 시대의 유럽인들에게도 모호하나마 태어난 땅에 대한 신비한 연대성이 자리 잡고 있다. 조국이나 고향에 대한 세속적인 애착감이 초점이 되는 것은 아니다. 친근한 풍경에 대한 감탄이나 대대로 마을 교회 주위에 묻힌 선조들에 대한 숭배 차원은 아니다. 여기에는 완전히 다른 것이 존재한다. 중요한 사실은 매우 비옥한 땅에서 바위, 강, 나무, 꽃이 나오는 것처럼 인간 또한 땅에서 나왔기 때문에 땅에 대한 존엄한 감정이 있다는 것, 본토박이의 땅에 대한 경이로움이 그것이다. 우리는 이런 의미에서 본토박이를 이해해야만 한다. 우리는 장소에 속한 사람들(gens du lieu)이라는 것을 느낀다. 이 감정은 가족과 선조라는 연대성을 초월하는 우주적 구조의 감정이다. 많은 문화권에서 아버지 역할은 소멸되었다. 단지 그는 아이를 적자로 인정하고 확인하기만 한다. 엄마는 늘 함께 있지만 아버지는 그렇지 않다(Mater semper certa, pater incertus). 그리고 이러한 상황은 아주 오랫동안 지속되었다. 프랑스 군주제에서는 다음과 같이 말했다. "왕은 여왕의 아이이다." 그러나 이 상황 그 자체는 본원적이 아니었다. 왜냐하면 어머니는 아이를 받게 하기만 했기 때문이다. 수많은 사람들은 여성들이 어떤 장소(바위, 동굴, 나무, 강)에 가까이 가면 임신이 된다고 믿었다. 이런 방식으로 아이들의 영혼은 여성들의 배 속에 침투하고, 여성들은 잉태하는 것이다. 이 영혼들-아이들(âmes-enfants)의 조건이 어떻든 간에, 선조들의 영혼이든 또는 아니든 간에 한 가지 사실은 확실하다. 몸을 얻기 위해서 이 영혼들은 균열, 밭고랑, 늪, 숲으로부터 떨어진 어떤 장소에서 기다렸다.

이것은 그들이 이미 그들의 진정한 어머니, 땅의 품속에서 일종의 태아의 존재로 살았다는 것을 의미한다. 아이들은 땅으로부터 온다. 19세기 유럽인들에게 여전히 잔재하고 있는 또 다른 믿음에 의하면, 물에 사는 동물들(물고기, 개구리, 특히 백조)이 아이들을 데려온다고 한다.

그러나 땅의 품속에 있었던 탄생 이전의 어두운 추억은 아주 중요한 결과를 가져온다. 인간은 주위 환경에 대해 우주적 혈연관계의 감정을 갖게 되었다. 그래서 오늘날 인간은 인류 종족에 속한다는 소속감보다도 우주 생물학적 환경에서 생명을 얻었다는 것을 더 소중하게 여긴다. 물론 인간은 '근접한 어머니', 자기 옆에서 항상 지켜봐주는 어머니를 가졌다는 것을 알고 있다. 그러나 그는 또한 더 멀리서 왔고, 백조나 개구리가 가져왔고, 동굴과 강가에서 살았었다는 것도 알고 있다. 그리고 이 모든 것은 언어 속에 흔적을 남겨놓았다. 로마인들은 사생아를 대지의 자식이라고 불렀다. 오늘날 루마니아인들은 사생아를 '꽃의 자식'이라고 부른다.

이러한 종류의 우주 생물학적 경험은 장소와 함께 불가사의한 연계성을 세웠다. 그것의 강도는 민속학과 대중적인 전통 안에서 오늘날까지 여전히 지속된다. 어머니는 대지-어머니의 작품을 완성했다. 그리고 죽을 때 커다란 욕망은 대지-어머니를 되찾는 것, 사람들이 지금 심오한 의미를 예측하는 이 '태어난 땅'에 묻히는 것이었다. 이 땅은 자신의 매장된 유골을 가졌기에 두려움을 느끼게 하고 다시 '조국'에 되돌아가는 기쁨을 준다. 그래서 로마인의 무덤 비문에는 고향 땅으로 돌아가고자 하는 기쁨이 적혀 있다. "여기에서 나서 여기에서 잠들다"("hic natus hic situs est." *CIL*, V, 5595), "여기가 조국이다"("hic situs est patriae." VIII, 2885), "여기서 태어난 자, 저쪽으로 돌아가기를 바란다"("hic quo naus fuerat optans erat illo reverti." V, 1703).[12] 완전한 본토박이는 탄생부터 죽음까지의 완전한 사이클 가운데 있다. 어머니에게로 돌아가야만 한다. "너의 대지, 너의 어머니를 향해 기어라!"라고 *Rig Veda* (X, 18, 10)에서 말한다. "대지여, 나를 당신에게 드립니다!"라고 *Atharva Veda* (18, 4, 48) 안에서 그는 기록했다. 중국의 장례 의례 동안에는 "살과 뼈가 새로이 땅에 돌아오는구나!"라고 선포한다.[13]

대지. 땅 위에 아이 맡기기

어머니는 대지의 대모(Grande Mère tellurique)의 대리인에 지나지 않는다는 이 근본적인 경험은 무수한 관습의 원인이 되었다. 예를 들어 오스트레일리아에서 중국까지, 아프리카에서 남아메리카에 이르기까지 세계 도처에 분포하고 있는 의례인 대지(la humi positio)에 분만하는 것을 떠올려보자. 그리스인들과 로마인들에게서 이 관습은 역사 시대로 접어들면서 사라졌었다. 그러나 그 관습이 더 먼 과거에 존재했다는 것은 의심할 여지가 없다. 탄생의 여신들에 대한 조각들(Eileithyia, Damia, Auxeia)은 무릎을 꿇은 모습을 하고 있다. 정확하게 말해 땅바닥에서 해산하는 여인의 자세로 표현되고 있다. 이집트의 대중적 텍스트에서 "땅바닥에 앉는다"는 표현은

---

12 A. Brelich, *Aspetti della morte nelle iscrizioni sepolcrali dell' Impero Romano* (Budapest, 1937), 36 이하.

13 Li Ki, trad. *Couvreur*, I, 246.

'해산하다' 또는 '해산'을 의미했다.[14]

우리는 이 관습의 종교적 의미를 쉽게 포착했다. 분만과 해산은 대지가 성취한 모범적인 행위에 대한 소우주적인 해석이다. 모든 인류의 어머니는 대지의 품속에서 생명 출현의 초기적인 이러한 행위를 모방하고 반복한다. 따라서 모든 어머니는 한 생명의 탄생 이라는 신비로움으로 안내되기 위해 대지로부터 좋은 에너지를 받고 또한 대지에서 모성적 보호를 발견하기 위해 지모신(Grande Genetrix)과 직접적인 접촉을 한다.

땅 위에 신생아를 맡기는 것은 지금도 여전히 퍼져 있다. 가령 아브루스족(les Abruzzes)에서는 아기가 태어나면 바로 땅바닥에서 목욕시키고 배내옷으로 감싸는 풍습이 오늘날에도 이어지고 있다. 이러한 의례는 역시 스칸디나비아인에게서, 독일인에게서, 페르시아인(Parsis)에게서, 일본과 다른 지역에서도 발견된다. 그런 다음 아버지는 아기를 들어올려 인정한다.[15] 마르셀 그라네(Marcel Granet) 는 고대 중국에서 땅 위에 아이를 맡기는 것(위탁)을 연구했고, 이 의례의 의미를 매우 잘 분석했다.[16]

---

14 "Ernst Samter, Geburt. Hochzeit und Tod, Beiträe zur vergleichenden Volkskunde" (Leipzig-Berlin, 1911), 5 이하; Nyberg, *Kind une Erde*, 131 이하; 엘리아데, *Traité*, 218; Uberto Pestalozza, *Religione mediterranea* (Milano, 1951), 254.

15 Dieterich, *Mutter Erde*, 7 이하; Nyberg, *Kind und Erde*, 31, 158 이하; Robert Briffault, *The Mothers. A Study of the origine of sentiments and institutions* (London, 1927), vol. III, 58.

16 Marcel Granet, "Le Dépot de l'enfant sur le sol. Rites anciens et ordalies mythiques," *Revue archéologique*, 1922. 이 글은 다시 아래의 단행본에 실렸다. *Etudes sociologiques sur la Chine* (Paris, 1953), 159-202.

죽어가는 자는, 태어난 아이처럼, 땅 위에 위탁되었다. 우리가 이불 위에서 누워있는 자의 임종을 지켜볼 때, 사라져버린 영혼-목숨이 헛되다고 회상했을 때, 땅 위에 누워 있는 죽은 자 주위에서 운다. (마찬가지로 아이는 땅 위에서 3일 동안 운다.) … 태어나기 위해서 또는 죽기 위해서, 살아 있는 가족이나 선조의 가족 구성원이 되기 위해서(그리고 거기서 나오기 위해서) 공동의 입구와 받아주는 땅이 존재한다. 땅은 생명과 생존이 시작되는 장소일 뿐만 아니라 또한 새로운 존재로 안내하는 입문의례가 행해지는 곳이다. 땅은 이러한 입문의례 속에 잠재하는 오르달리(Ordalie)의 성공을 결정하는 최고의 권력이다. 우리가 신생아나 죽은 자를 땅 위에 놓을 때 이 행위가 출생에 관한 건지 죽음에 관한 건지, 정기적으로 경험되는 사실인지 땅에게 고해야 한다. 땅에게 위탁하는 의례는 종족(Race)과 땅(Sol) 사이에 본질적인 동일성이 있다는 것을 보여준다. 결과적으로 이러한 생각은 우리가 초기 중국사에서 포착할 수 있듯이 본토박이 감정에 해당한다고 해석할 수 있다. 어떤 지역과 거기에 사는 주민들 사이의 긴밀한 결합에 대한 생각은 너무도 심오한 믿음이어서, 이 믿음은 종교 제도와 대중의 권리에 스며들어 있다.[17]

그라네(Granet)의 분석 덕택에 우리는 여기에서 대지-어머니 이미지 형성 과정을 현장에서 포착한다. 초기에 그것은 "모든 연계성의 원리처럼 신성한 장소의 중성적인 모습으로" 나타났다. 좀 더 후에 "아비 다른 혈통에 근거한 가족 조직을 결정하는 개념과 이미지의 총체 속에서 가족의 땅은 모성애적이고 영양을 주는 힘으로

---

17 Marcel Granet, *Etudes sociologiques*, 192-193, 197-198.

이해된다"(Granet, 201). 고대에는 가정의 울타리 안에 씨앗을 보존하는 곳이 있었는데, 거기에 죽은 자들을 묻었다는 것은 확실해 보인다(*Ibid.*, 199). 씨앗을 지키는 사람은 오랫동안 여자였다. "태후(Tcheou) 시대 때 사람들은 왕의 밭에 뿌릴 씨앗을 하늘의 아들의 방에 보존하지 않고 여왕의 방에 보존하였다"(*Ibid.*, 200). "만일 귀족 집안에서 한 가정의 아버지 침대가 씨앗을 저장하는 영혼이 떠도는 곳에 놓여 있다면, 그것은 어머니의 자리를 빼앗은 것이다. 이 당시에 가족은 모계제였고, 가정에서 남편은 사위에 지나지 않았다"(*Ibid.*, 201). 땅이 신이 되었던 것은 부계 친족 가족의 출현과 영주 권력의 출현 이후에 일어났다.[18]

---

18 Marcel Granet는 자신의 훌륭한 저서 *Annales du Musée Guimet, bibliothèque d'études, spécialement* (Paris, 1910), 520-525에서 Edouard Chavannes (*Le T'ai Chan, Essai de monographie d'un culte chinois*)가 제시한 해석을 수정했다. 샤반(Chavannes)에 따르면, 태양을 대지의 여신으로 의인화한 것은 상당히 최근의 현상이다. 이는 기원전 2세기 한나라가 시작될 무렵에 일어난 것으로 보인다. 이전에는 땅의 신들을 중심으로 결정화된 지역 숭배만이 존재했을 것이다(Chavannes, *op. cit.*, 437). 그러나 그라네(Granet)는 이 신들이 그들보다 앞서 있었던 아주 오래된 여성 신들 또는 '중성' 신들로 대체되었다고 말한다. 중국 종교의 선사 및 원시 역사에 대한 헨체(Carl Hentze)의 연구는 이러한 견해를 확증해 주었다. 헨체가 해독한 달 및 수중 신화는 대지-어머니의 종교에 필수적인 신화이다. 다음을 참조할 것. *Mythes et symboles lunaires* (Anvers, 1932); *Objets rituels, croyances et dieux de la Chine antique et de l'Amérique* (Anvers, 1936); *Frühchinesische Bronzen* (Anvers, 1938). 이미 1912년에 로퍼(B. Laufer)는 이렇게 서술했다. "우선, 지구는 엄격하게 여 신성도, 엄격하게 남 신성도 아니었고, 오히려 성별이 없는 신성이었다. 그럼에도 음(yin, 陰)이라는 개념은 지구의 작용(yin ti tao)으로 정의되는 *Book of Mutation* (Yi King)에 이미 명시되어 있듯이 음(yin, 陰)은 부정적이고, 어두우며, 여성적인 원리로 전락했다. 음(陰)이라는 단어가 처음에 명확한 성 개념을 전달했는지 여부는 확실히 의심스럽다. 이것은 후대의 철학적 추상화로 간주될 수 있다. 그러나 음양(yin yang)의 결합이 존재의 생산과 변화에 있어서 하늘과 땅의 결합된 작용 또는 이 두 큰 힘의 창조력을 의미한다는 것은 의심의 여지가 없다. 신성인 지구에 대한 희생제사에서 모든 부속 도구들은 음의 영역에서 파생된다…"(B. Laufer, Jade. *A study of chinese archaeology and religion*, Field

이 사실을 주목해보자. 어머니로서 나타나기 전에 대지는 순전히 우주적인, 무성의 또는 성을 초월한 창조적인 힘처럼 여겨졌다. 방금 신비주의적 본토박이에 대해 환기시켰던 것은 똑같은 개념이다. 아이들은 땅 자체로부터 '온 것'이라고 생각했다. 분명 바위, 샘, 풀을 생산한 것처럼 아이들을 생산한 땅은 항상 어머니로 기억되었다. 모성애라는 여성적인 속성들이 분명하지 않은 시기였음에도 그렇게 여겼다. 이 경우에서 우리는 원-어머니(Ur-Mutter)와 초기의 어머니(Mère-Primordiale)에 대해서 말할 수 있을 것이다. 아마도 이것은 대지의 어머니(Tellus Mater)가 가지고 있는 양성구유나 계체발생과 계통발생의 능력에 대한 이해하기 어려운 추억이다. 우리는 이 중요한 문제를 계속해서 다룰 것이다.

지하의 자궁. '태아'

이제 우주적인 어머니(Genetrix)로서 대지의 개념이 존재에 대한 지질학적 측면에서 비롯되었다고 말할 수 있다. 만일 대지가 살아있고 풍성한(비옥한) 어머니라면, 대지가 생산한 모든 것은 유기적인 동시에 생기를 갖는다. 인간과 식물들뿐만 아니라 돌과 광물까지도 마찬가지이다. 수많은 신화들은 돌을 대지-어머니의 뼈라고 말한다. 그리스 신화를 보면 데우칼리온(Deucalion)[19]은 인류를 다시 모으기

Museum, Chicago, 1912, 144 sq.). 이러한 견해에 반대하는 견해는 다음을 참조할 것. Bernhard Karlgren, "고대 중국의 다산 상징"(*The Bulletin of the Museum of Far Eastern Antiquities*, n° 2, Stockholm, 1960, 1-54), 14.

19 데우칼리온 그리스-로마 신화에 나오는 프로메테우스와 클리메네의 아들이다. 빨간 머

위해 그의 어깨 너머로 '자신의 어머니 뼈'를 던졌다. 이 '뼈'는 바로 돌이었다. 그러나 가장 오래된 사냥 민족의 전통 안에서, 즉 구석기 시대로 거슬러 올라간 전통들 안에서 뼈는 생명의 근원 자체를 대표했다. 궁극적인 본질이 집중되는 곳이 바로 뼈였으며, 인간과 마찬가지로 동물을 다시 태어나게 하는 것도 뼈였다. 데우칼리온이 돌을 뿌린 것은 새로운 인류의 씨를 뿌린 것으로 볼 수 있다.

만일 대지를 어머니에 비교한다면 그의 내장 안에 갇혀 있는 모든 것은 태아, '죽어가는' 중인, 즉 성장하고 발전해 가고 있는 살아있는 존재와 비슷할 것이다. 이 개념은 다양한 전통의 광물학에 대한 전문 용어로도 매우 잘 드러난다. 예를 들어 인도의 광물학에서는 태아를 자궁에서 끌어내듯 바위에서 에메랄드를 끌어낸다. 에메랄드라는 '바위로부터 태어난'(né du roc)이란 뜻을 가진 산스크리트어 명사 아쉬마가르바자(açmagarbhaja)이다. 또 다른 문헌에 따르면 태생학의 용어로 다이아몬드와 크리스탈의 나이 차이를 구별한다. 다이아몬드는 pakka, 즉 '성숙한'이란 의미를 가진 용어로 표현하고, 반면에 크리스탈은 kaccha, '성숙하지 않은', '익지 않은', '충분히 발전되지 않은'이란 의미를 지닌 용어로 표현한다.

이러한 개념들은 극도로 오래된 것이다. 광산들은 강의 하구처럼

리의 여인 퓌르라와 결혼하여 그리스인의 조상 헬렌을 낳았다. 제우스가 인류를 대홍수로 멸망시키려고 했을 때 방주를 건조하여 환란을 피해 아내 퓌르라와 함께 파르나소스 산에 도착했다. 그들은 신성한 여신 테미스에게 희생물을 바치고 대홍수로 인한 종족의 손실을 복구하게 해달라는 기도를 드린다. 여신은 "너희들의 위대하신 어머니의 뼈를 등 뒤로 던져라"는 신탁을 주었다. 신탁의 말을 되새기고 심사숙고한 데우칼리온은 위대한 어머니는 대지이며 그 뼈란 대지의 몸속에 들어 있는 돌이라고 해석하고 등 뒤로 돌을 던지니 데우칼리온이 던진 돌에서는 남자가, 퓌르라가 던진 돌에서는 여자가 태어났다고 전한다. (옮긴이 주)

대지-어머니의 자궁과 유사했다. 바빌로니아에서 퓨(pû)라는 용어는 '강의 근원'인 동시에 '질'을 의미하는 것이다. 이집트어로 비(bi)는 '질'(vagina)과 '광산의 갱도'로 번역된다. 마찬가지로 수메르어 부루(buru)는 '질'과 '강'을 의미한다. 광산으로부터 채취한 광석들이 태아와 유사하다는 것은 분명하다. 바빌로니아어로 안-쿠부(an-ku-bu)는 어떤 작가에 의해선 '태아'로, 다른 작가에 의해선 '조산아'로 번역되었다. 어쨌든 야금술과 조산술 사이의 비밀스러운 조화가 존재한다. 고광물을 추출하는 가마에서 사용하는 제물(광석)은 조산술에서 사용하는 제물(태아)과 유사하다. 가마는 자궁과 비슷하다. 비록 광물이 땅속에 오랫동안 감추어져 있었다고 해도, 태아의 씨가 자궁 밖에서 존재한다고 해도 '태아광물'이 성장할 곳은 바로 가마와 자궁 그곳이다. 광물을 가려내는 절차는 대지-어머니의 풍요함을 포함하는 농사일처럼 인간에게서 신념과 긍지의 감정을 만들어 냄으로써 끝났다. 인간은 자연의 작품과 협동할 수 있고, 대지의 품속에서 실현되는 성장 과정을 도울 수 있다고 느낀다. 인간은 느리게 성숙하는 지하 세계의 리듬에 박차를 가한다. 여기서 리듬은 시간으로 대체될 수 있다.

연금술은 영적인 것과 똑같은 측면에서 이해된다. 연금술사는 자기 자신을 '만들려고' 노력하면서 자연의 작품을 취하고 완성한다.[20] 금은 고귀한 금속이다. 왜냐하면 그것은 완전히 '성숙했기' 때문이다. 지하의 자궁 안에 남겨진 다른 모든 광물은 금이 될 것이다. 그러나 그것은 수백, 수천 세기가 지난 후일 것이다. 대지-어

---

20 엘리아데, *Forgerons et alchimistes* (1956).

머니 안에서 촉진된 성장처럼 '광물'을 금속으로 변환시키는 금속학자, 연금술사는 완전히 '성숙하고' '고귀한' 금이 되기 전에 아직 덜 성숙하고 평범한 금속의 성장을 지속시켜 결국에는 금이 될 것이라는 꿈을 꾼다. 벤 존슨(Ben Jonson)은 『연금술사』(*The Alchemist*, acte II, scène I)[21]에서 다음과 같이 말한다:

SUBTLE. The same we say of lead and others metals, which would be gold, if shey had time.
납과 다른 금속에 대해서도 마찬가지지. 시간이 지나면 금이 될걸세.
MAMMON. And that our art doth further.
우리의 기술은 거기에 이를걸세.

미궁

거대한 어머니 육체에 비유된 대지의 이미지로 돌아가 보자. 분명히 광산의 갱도와 강의 하구가 대지-어머니의 질(vagina)에 비교되었다면, 똑같은 상징이 굴과 동굴에도 적용될 것이다. 그러므로 우리는 동굴이 구석기 시대부터 종교적 역할을 했었다는 것을 알고 있다.

---

21 17세기 영국 작가 벤 존슨(1573~1637)이 쓴 코미디다. 영문학에서 가장 훌륭한 광대극이라 칭송 받는다. 약삭빠른 주인공들의 입을 통해 잔꾀와 술수를 부리며 무질서와 혼돈 가운데 살아가는 런던의 중산층과 하층민의 어리석은 생활상을 잘 보여주는 작품이다. 등장인물의 이름 또한 교활한 자(Subtle), 탐욕자(Mammon)의 뜻을 지닌다. (옮긴이 주)

동굴은 선사시대의 미궁이 의례화된 것인데, 동굴은 죽은 자들을 묻었던 장소인 동시에 입문의례를 실시하는 무대였다. 즉, 미궁은 대지-어머니의 육체와 유사했다.[22] 미궁이나 동굴에 침투하는 것은 불가사의하게 어머니에게 회귀하는 것과 같다. 이것은 장례 의례와 마찬가지로 입문의례 역시 추구하는 목적이다. 잭슨 나이트(Jackson Knight)가 연구한 바에 따르면, 대지 여신의 육체라는 가치를 부여받은 미궁이란 상징은 좀처럼 소멸되지 않는다.[23] 트로이(Troie)는 대지처럼, 즉 여신처럼 느껴졌다. 고대 도시들을 침범할 수 없는 이유는 수호하는 여신의 무구함(처녀성)을 침범할 수 없는 이유와 유사했다. 서로서로 얽히고 보충되는 이 모든 상징은 대지-여인의 초기의 이미지가 지속되고 영속(영존)되고 있음을 입증한다.

그러나 이것은 단지 동굴 안에서 거행되는 입문의례와 장례 의례에서만이 아니다. 항상 어떤 신화적인 결혼들이 거행되었던 곳은 바로 동굴이다. 예를 들어 펠레우스(Pélée)와 테티스(Thétis)의 결혼, 이아손(Jason)과 메데이아(Médée)의 결혼 그리고 베르길리우스의 서사시 <아이네이스>(L'Enéide de Virgile)에서 아이네이스(Enée)와 디돈(Didon)의 결혼(IV, 165-166)이 동굴에서 이루어졌다. 베르길리우스(Virgile)가 말하기를, 그들의 연합이 완성될 때 뇌우가 광란한다. 님프가 산꼭대기에서 소리치고, 천둥이 치고, 번개가 번쩍인다. 이런 현상이 일어나면 그것은 바로 천신(Dieu céleste)이 그의 부인인

---

22 미궁이라는 상징은 매우 복잡하기 때문에 단 하나의 '모티브'로 축약되지 않는다는 점에 유의하자.

23 W. F. Jackson Knight, *Cumaean Gates. A reference of the sixth Aeneid to Initiation Pattern* (Oxford, 1936), 122 이하.

대지-어머니에 가까워졌다는 신호이다. 아이네이스와 디돈의 결혼은 모범적인 결합의 사례는 아니다: 이것은 우주적 히에로가미(hiérogamie cosmique)에 해당한다. 디돈은 자식을 낳지 못했다. 그의 결합을 신성하게 하는 어떠한 열매도 맺지 못했다. 그녀가 아이네이스에 의해 버림을 받은 것은 이러한 이유 때문이었다. 그녀는 대지-어머니로 훌륭하게 화신하지 못했다. 그들의 결합은 열매를 맺지 못했고 아이네이스가 떠난 후에 디돈은 장작더미에 몸을 던졌다. 결국 그의 결혼은 행복하고 신성한 결혼이 아니었던 것이다. 하늘이 대지를 만날 때 존재의 모든 영역에서 그리고 셀 수 없을 만큼 수많은 형태로 생명은 폭발한다. 신성한 결혼은 창조의 한 행위이다. 이것은 우주 발생인 동시에 생물 발생이며, 우주의 창조인 동시에 생명의 창조이다.

신성한 결혼

우주적으로 신성한 결혼인 하늘과 대지 사이의 결혼은 매우 널리 퍼져 있는 우주 발생 신화이다. 우리는 특히 오세아니아에서뿐만 아니라—인도네시아에서 소아시아(Micronésie)까지— 아시아에서, 아프리카에서, 남·북아메리카에서 그것을 만날 수 있다.[24] 이 신화는 헤시오도스(Hésiode)가 그의 『신통기』(Théognie, 126 이하)에서 우리에게 말하는 것과 다소 비슷하다. 하늘인 우라노스(Ouranos)는 대지인 가이아(Gaia)와 결혼하고, 이 부부 신은 식인

---

24 Cf. 엘리아데, *Traité d'histoire des religions*, 212 이하.

거한들(Cyclopes), 다른 괴물들을 낳는다. "신성한 하늘은 대지의 육체에 침투하는 것에 도취된다"고 아이스퀼로스(Eschyle)가 그의 잃어버린 비극 중 하나인 *Danaiades* (Nauck, frg. 44)에서 말한다. 존재하는 모든 것—우주, 신들과 생명—은 이 결혼으로부터 태어난 것이다.

매우 널리 퍼져 있음에도 우주적으로 신성한 결혼 신화는 보편적이지 않다. 이런 신화는 오스트레일리아인들, 북극 지방의 주민들, 푸에고 제도 사람들, 유목 수렵 민족들 그리고 북아시아와 중앙아시아의 목동들에게서는 입증되지 않았다. 이 주민 중의 어떤 이들(예를 들어 오스트레일리아인과 푸에고 제도 사람들)은 가장 오래된 주민들로 간주된다. 그들의 문화는 지금도 구석기 시대에 머물러 있다. 이 주민들의 신화학적 전통들에 의하면 우주는 천공의 지고존재자에 의해 창조되었다. 때때로 이 신(천신[Dieu céleste])은 무에서(ex nihilo) 창조한 자라고 알려진다.[25] 그(천신)가 한 명의 부인과 자녀들을 가질 때 그들을 창조했던 것은 항상 그(천신)다. 문화와 종교의 구석기 시대에는 우주적 신성 결혼의 신화가 없었다고 가정할 수 있다. 그렇다고 이것이 대지와 우주의 풍요함의 대여신을 알지 못했다는 것을 의미하는 것은 아니다. 반대로 아시아와 유럽의 구석기 시대 유물에는 벗은 여신을 표현하는 뼈로 된 수많은 자그마한 조각상들이 있다.[26] 그것은 아마도 분명히 신석기 시대 이전에

---

25 *Ibid.*, 49 이하.

26 80개의 조각 가운데 35개가 최근에 연구되어 소개되었다. Herbert Kühn, "Das Problem des Urmonothismus" (Akademie der Wissenschaften und der Literatur, Abh. d. Geistes-und Sozialwissenschaftlichen Klasse, 1950, n°

도처에서 입증된 다산을 상징하는 수많은 여신들의 전형일 것이다. 다른 한편으로 여신들-어머니들은 농경 문화의 부속물(속성)이 아니었다. 그녀들은 농경 문화의 발전 이후에 특권적인 상황을 얻게 되었다. 마찬가지로 대여신들은 수렵 민족에게 알려졌다. 예를 들어 아시아의 최북단과 북극 지방에서 만날 수 있는 동물들의 위대한 어머니, 야수들의 어머니가 그 증거이다.

그럼에도 가장 오래된 '초기의' 종교 계층에서 신성한 결혼 신화가 부재한다는 것은 주목할 만한 대목이다. 그것을 설명하기 위해 두 개의 가설을 제시할 수 있다. 첫 번째로 구석기 시대에 해당되는 문화의 고대 단계에서는 신성한 결혼은 상상도 못 했을 것이다. 왜냐하면 최고의 존재, 하늘 조직의 신이 혼자서 세계와 생명과 인간을 창조했다고 간주되었기 때문이다. 따라서 구석기 발굴지에서 발견된 뼈로 된 작은 조각상들은 (그것들이 여신들을 잘 나타내는 경우에) 오스트레일리아, 푸에고섬 그리고 북극 지방의 신화학과 종교에 비추어 쉽게 설명된다(석기 조각상은 마지막 간빙기와 뷔름 빙하기 사이의 5만 년 동안 유럽에 지속된 중기 구석기 시기의 것으로 추정된다 _ 옮긴이 주). 이러한 모신들도, 오스트레일리아인들이나 앞서 언급했던 주니족 신화에서처럼, 최고의 존재에 의해 창조되었다. 어쨌든 구석기 시대에 존재했던 여성 형태를 지닌 작은 조각상 때문에 남성신이 존재하지 않았다고 주장할 수는 없다. 더 오래된 구석기 시대의 발굴지(특히 스위스 알프스 지역의 Wildkirchli, Wildemannlisloch 그리고 Drachenloch 동굴들 그리고 독일 서남 프랑켄 지역의 Petershöhle 동굴들)에서

22, Wiesbaden, 1951, 1639~1672), fig. 12, 1660 이하.

천신들에게 제물을 드린 공물의 잔재가 발견되었다.[27] 결과적으로
이 잔재들(동굴 속 돌 제단 위에 올려져 있는 곰의 두개골)과 북극 지방의
수렵민들이 오늘날까지 천신들에게 바치는 동물들의 머리 제물
사이에는 놀라운 유사점이 존재한다.

이 가설은 앞으로 진행될 발굴의 도움을 받아 증명될 수 있을
것이다. 불행한 것은 이 가설이 단지 구석기 시대에만 해당된다는
것이다. 이 가설은 석기시대 이전의 상황에 대해서는 조금도 우리에
게 알려주지 못한다. 50만 년 동안 살았던 인간들의 문화, 그들의
종교 등 그 어떠한 흔적도 남아 있지 않다. 석기시대 이전의 인간에
대해서 정확히 아는 것은 아무것도 없다.[28]

양성구유와 전체

고대 종교에서 신성한 결혼 신화의 부재를 설명하기 위해 두
번째 가설이 요청된다. 그것은 지고존재자들은 양성구유를 가졌다
는 것이다. 즉, 남성인 동시에 여성, 하늘인 동시에 땅이다. 이

---

27 Emil Bächler, *Das alpine Paläolithiikum der Schweiz* (Basel, 1940); Konrad
   Hörmann, *Die Petershöhle bei Velden in Mittelfranken* (Abhandlungen der
   Naturhistorischen Gesellshaft zu Nürnberg, 1923); Oswald Menghin, "Der
   Nachweis des Opfers im Altpaläolithikum," *Wiener Prähistorische Zeitschfift*,
   XIII (1926): 14-19; Cf. H. Kühn, *op. cit.*, 1643 이하.

28 A. Gahs, "Kopf-, Schädel- und Langknochenopfer bei Rentiervölkern,"
   Festschrift Wilhelm Schmidt (Wien, 1928): 231-268; Karl Meuli, "Griechische
   Opferbräuche," *Phytlobolia für Peter von der Mühll* (Basel, 1946), 185-288, 237
   이하; Cf. W. Schmidt, "Die Primizialopfer in den Urkulturen," (Corona
   Amicorum, Festschrift für E. Bähhler. St. Gallen, 1948), 81-92.

사실로부터 알 수 있는 것은 신성한 결혼 신화가 필요 없다는 것이다. 왜냐하면 초기의 신성 존재 자체가 신성한 결혼 신화를 구성하기 때문이다. 이 가설은 선험적으로(a priori) 거부되지 않는다. 결과적으로 우리는 고대인의 지고신들이 양성구유였다는 것을 알고 있다.[29] 신의 양성구유 현상은 매우 복잡하다. 그것은 공존을 의미하기보다는 오히려 신의 존재 안에서 성의 융합을 의미한다. 양성구유는 전체를 표현하거나 역의 합일(coincidentia oppositorum)[30]을 표현하기 위한 고대적이고 범우주적인 형식이다. 양성구유는 충만과 성적인 자급자족을 상징하기도 하지만, 제약 받지 않는 초기의 완전한 상태를 더 상징한다. 양성구유가 지고존재자에 한정되지 않는 것은 이러한 이유 때문이다. 우주의 거인들이나 인간이 정리한 신화의 선조들 역시 양성구유이다. 예를 들어 아담은 양성구유로 여겨졌다. 『베레쉬트 라바』(*Bereshit rabbâ*, I, 4, foi. 6. col. 2)에 따르면, 아담은 "오른쪽은 남자이고 왼쪽은 여자였으나 신이 절반으로 쪼갰다"고 주장했다.[31] 이러한 신화에 따른 조상은 새로운 존재 양식의 시작

---

29 Cf. A. Bertholet, *Das Geschlecht der Gottheit* (Tübingen, 1934); 엘리아데, *Traité d'histoire des religions*, 359 이하; Hermann Baumann, *Das doppelte Geschlecht* (Berlin, 1955).

30 역의 합일(coincidentia oppositorum)은 논리성과 합리성의 관점에서 볼 때 함께 있을 수 없는 것이 함께함으로 상대방을 소멸시키지 않는 것을 표현한다. 이 용어는 엘리아데의 사상을 잘 표현해준다. 그가 '성'(聖)을 정의할 때 '속'(俗)의 '역'(役)이라고 했는데 이는 성과 속이 대립되는 것이 아니라 현상에 대한 서술 범주라고 말하는 것이다. 전체는 하나인데 오늘날의 합리성에서 볼 때 전체인 하나에서 생명이 생길 수 없다. 그래서 전체인 하나가 애초에 남성과 여성을 함께 겸비했다고 말함으로써 논리적 딜레마를 벗어난다.

31 A. H. Krappe, "The Birth of Eve," *Gaster Anniversary Volume* (London, 1936), 312-322.

(commencement)을 상징하며, 모든 시작은 존재의 충만함 속에서 이루어진다.

식물의 위대한 신성들은 일반적으로 풍요함(비옥함)의 위대한 신성과 마찬가지로 양성구유다. 우리는 퀴벨레(Cybèle) 같은 여신들에게서와 마찬가지로 아티스(Attis), 아도니스(Adonis), 디오니소스(Dionysos) 같은 신들에게서도 역시 양성구유의 흔적을 발견한다.[32] 그리고 이것은 충분히 잘 이해된다. 생명은 과잉으로부터, 전체로부터 분출한다. 덧붙여 설명해보면 전통문화의 인간들에게서 생명은 성현, 신성성의 표명이었다. 창조는 우주적인 모든 영역에 신성한 힘이 개입되었다는 것을 가정한다. 따라서 생명과 풍요함의 신성은 신성성과 힘의 근원을 대표했다. 그들의 양성구유는 이처럼 그것들의 근원을 확고히 한다. 양성구유는 남성의 신성과 여성의 신성 모두를 일컫는다. 양성구유가 자율성, 능력, 전체성을 표현하기 위해서 일반적인 형식이 된다고 이해하자. 신성이 양성구유라고 말하는 것은 그것이 절대적인 존재라고 말하는 것이다. 그러므로 우리는 지고존재자의 양성구유가 더 이상 특수하게 간주되지 않을 수 있는 이유를 이해한다. 왜냐하면 한편으로 양성구유는 범우주적으로 널리 퍼진 원형에 관계되기 때문이고, 다른 한편으로 양성구유는 결국 신성의 속성이 되고 이 신성의 내적인 구조에 대해 우리에게 아무것도 말해줄 수 없기 때문이다. 특히 남성신은 모신처럼 양성구유가 될 수 있다. 따라서 만일 원시인에게 지고존재자들이 양성구유이거나 또는 양성구유였다고 말한다면, 이것은 지고존재자들의

---

32 Cf. *Traité d'histoire des religions*, 359 이하, 232 이하.

'남성성'이나 '여성성'을 조금도 배척하지 않는다. 결과적으로 이 두 번째 가설(양성구유였던 지고존재자_옮긴이 주)은 우리가 던진 질문 (고대 종교에서 신성한 결혼 신화가 부재한다는 것)에 추가적인 해결책을 가져다주지는 않는다.

역사 문화적인 가정

우리는 역사적인 관점에서 이 사실들(신성한 결혼 신화의 부재 또는 현존, 천공의 존재 또는 대지의 여신의 우위)을 해석하려고 노력했다. 역사 문화학파에 의하면,[33] 인류 문명의 가장 오래된 단계는 원시 문화 (Urkultur)의 단계일 것이다. 이러한 사회에서 경제 활동은 과일 따기와 작은 동물들을 사냥하는 것이 될 것이다. 사회 구조는 일부일 처제(monogamie)이며, 남편과 아내 사이의 권리는 평등하다. 주요 한(우세한) 종교는 일종의 원시일신교(Urmonotheismus)일 것이다. 오늘날 오스트레일리아, 피그미, 푸에고섬, 다른 원시 부족들이 갖고 있는 가장 오래된 종교와 문화의 뿌리는 이 단계에 속한다. 생활의 수단이 변화될 때, 즉 남자들이 커다란 사냥감을 잡는 것을 배우고, 여자들이 식물 재배를 발견하면서 복잡하고 뚜렷한 두 형태의 초기 문화(Primärkulturen)가 형성되었다. 즉, 한편으로 남자 의 우세와 함께 토테미즘 사회, 다른 한편으로 여자의 우세와 함께 모권제(matriarcale) 사회가 그것이다. 모권제 사회는 대지-어머니에

---

33 Wilhelm Schmidt, *Rassen und Völker in Vorgeschichte und Geschichte des Abendlandes*, I (Luzern, 1946), 245 이하.

대한 경배의 근원이자 이런 개념을 가장 잘 발전시킨 사회다.

두 사회라는 구도는 대부분 현실을 반영한 것이다. 그러나 이런 발전이 인성(인간)의 기원에 입각해서 진행되었다는 것은 불가능하다. 이 구도는 구석기 시대 이후로 인간 진화를 바탕으로 세워졌다. 이 기간에 한정하여 역사적 문화학파가 제안한 두 구도(부권제와 모권제)는 수정되어야 하고 여러 차이를 고려해서 재검토되어야만 한다. 역사적인 현실보다는 오히려 경향을 말해야만 할 것이다. 우리는 최고의 존재, 즉 우리가 원시일신교(Urmonotheismus)라고 부르는 것에 대해 더 이상 의심할 수 없다. 그러나 즉시 덧붙여야 하는 중요한 것이 있다. 그것은 18세기 유신론의 지평에서가 아니라 고대인의 영적인 지평 안에 통합된 원시일신교, 즉 상징적 사고(인간의 고대적 단계에서 살아있고, 창조적인 유일한 사고)에 따른 지고존재자는 천신(Dieu céleste)의 특성을 상실하지 않고 동물의 형태로 그 모습이 잘 드러난다. 그리고 이러한 지고존재자의 믿음과 함께 다른 모습의 종교적 믿음이 존재했다. 즉, 우리가 사용 가능한 자료들을 이용해 판단해 볼 때 '순수한 종교'는 존재하지 않았고 단지 앞으로 중요하게 될 종교 형태의 경향만이 있었다.

이 관찰들은 문명의 탄생기인 근본 문화(Urkultur)를 고려한다. 근본 문화를 상속하는 초기 문화들(Primärkulturen)과 사건들은 매우 복잡하게 얽혀 있다. 이 시기의 모권제가 독립적인 문화 형태로서 존재했는지, 즉 여성이 절대적으로 우세였던 인류의 역사 단계가 있었는지 그리고 여성으로 특징지어진 종교가 있었는지 폭을 좁혀서 말하기는 어렵다.[34] 차라리 어떤 특정 종교 사회적 형태에서 표명되는 모권제의 경향이나 성향을 말하는 것이 더 나을 것이다.

어떤 사회 구조들 — 예를 들어 아비 다른 자손(descendance utérine), 모권주의(matrilocalisme), 숙부계(avunculat), 여성지배주의(gynéco-cratie) 등은 사회적, 법률적, 종교적인 면에서 여성의 우월성을 보여주는데, 그렇다고 여성이 절대적으로 우월한 것이라고 말할 수는 없다.

모권제가 존재했든 존재하지 않았든 민속학자들은 다음과 같은 사항에 동의한다. 모권제는 초기의 현상이라고 볼 수 없다. 그것은 식물 재배의 그리고 재배지 소유의 발견 이후에서야 나타났기 때문이다. 그러므로 모권제의 발견은 우리가 보았듯이 과일 따기와 소규모의 사냥에 의해 특징 지워진 초기 문명, 즉 근본 문화(Urkultur) 이후에만 나타날 수 있었다.

지금까지 인류학(민족학)과 구석기학의 결론을 요약했다. 이 결론들은 중요하다. 우리가 제기한 대지-어머니의 문제가 종교사에 속한다는 것을 잊어서는 안 된다. 종교사는 종교적 형태의 역사적 도래뿐만 아니라 특히 그 구조 또한 다룬다는 것을 기억하자. 종교적 구조들은 초시간적이다. 그것들이 시간과 반드시 연결된 것은 아니다. 종교적 구조들이 어떤 문명 형태나 어떤 역사적 순간에 만들어졌다는 증거도 없다. 우리가 말할 수 있는 모든 것은 이러이러한 종교적 구조의 우세가 어떤 종류의 문명에 의해 그리고 어떤 역사적

---

34 모계 문화에 반대하는 입장으로 AD. E. Jensen, "Gab es eine mutterrechtliche Kultur?," *Studium Generale*. Jg. 3. Heft 8 (Berlin-Heidelberg, 1950): 418-433; Josef Haekel, "Zum Problem des Mutterrechtes," *Paideuma*, Bd. V.H.6. Juni (1953): 298-322. 아프리카의 경우에 관한 연구로 Efraim Andersson, *Contribution à l'ethnographie des Kuta. 1* (Uppsala, 1953), 308 이하; Wilhelm Schmidt, *Das Mutterrecht* (Wien-Modling, 1955) 참고.

순간에 의해 초래되고 장려되었다는 것뿐이다. 역사적 측면에서 고찰한다면 통계학적 빈도수가 중요하다. 수치로 표현되지 않는 종교적 현실은 매우 복잡하다. 그것은 역사적 측면을 벗어난다. 유대 일신교는 어떤 문명 종교 소산물이 아니다. 오히려 엘리트 집단의 종교적 경험에 의해 시작된 유대 일신교는 (다른 일신교처럼) 당시에 공존하고 있었던 여러 종교 형태들에 대항해 싸워야만 했다. 문명들, 사회들, 역사적인 순간들은 초시적인 구조들이 보여주는 지배력과 발현에서 비롯된다. 그러나 초시간적인 종교적 구조들이 종국적으로 승리한다고 말할 수는 없다. 예를 들어 우리는 근대 세계가 일신교의 시대라고 말할 수 없다. 왜냐하면 유대교 또는 그리스도교가 주류일지라도 다른 형태의 종교들이 유대-그리스도교의 일신주의와 함께 공존하고 있기 때문이다. 그 다른 형태란 주술, 다신교, 물신주의(페티시즘) 등이다. 다른 한편으로 일신주의 경험은 명확하게 다신교나 토테미즘의 단계 문화들 속에서도 명확하게 증명된다.

'초기의 상황'

따라서 가장 오래된 원시 종교 안에서 신성한 결혼 신화의 부재라는 우리의 문제로 되돌아오면서 내릴 수 있는 결론은 다음과 같다. 대지-어머니는 매우 오래된 신성이고, 그것은 구석기 시대부터 입증된 것이다. 그러나 그것이 초기의 유일한 신성이었다고는 말할 수 없다. 또한 '여성성'이 초기의 존재 양식으로서 감지된 것 같지도 않다. '여성성'은 '남성성'처럼 이미 특별한 존재 양식이다. 그러므로 신화적 사고에 있어서 이 특별한 형태는 반드시 전체 존재 양식에 선행한다. 우리가 창조자와 원창조자(Urheber)를 대할 때 강조하는 것은 그들의 창조 능력이다. 이 능력은 어떤 것을 명시함으로 구별되는 충만함이라고 볼 수 있다. 우리는 이 초기의 상태를 중성적이고 창조적인 전체라고 부를 수 있다. 이러한 국면은 우리가 위에서 상기했던 중국의 사례들에서 볼 수 있다. 우리는 천신(Dieu céleste)을 보았고, 족장의 이데올로기가 여신-대지로 그리고 모권의 이데올로기로 대체된다는 것을 보았다. 그러나 이 모권 이데올로기는 모권적이거나 부권적이라는 종교적 상황 이전에 이미 존재했었다. 그라네(Granet)는 그것을 '신성한 장소의 중성적 국면'이라 불렀다. 이 '신성한 장소'는 모든 궁극적인 표명을 선행했고, 초기의 근원과 구별되지 않는 종교적 힘을 지닌 곳이라고 감지되었다.

우리는 이러한 '초기의 상황'이 원시 종교에서 신성한 결혼 신화의 부재를 설명해준다고 본다. 이러한 종교에서도 우주발생론, 창조 행위 자체는 중요한 역할을 차지한다. 우리는 지금 모든 창조가 창조를 선행하는 전체성, 근원(Urgrund)을 내포한다는 것을 알고 있다. 신성한 결혼 신화는 단지 초기의 근원으로부터 창조를 설명하는 형태 중의 하나일 뿐이다. 신성한 결혼 신화 외에 또 다른 우주 발생적 신화들이 존재한다. 결국 구별되지 않는 일체(unité)라는 선존재를 전제하게 된다.

이자나미와 이자나기

우리는 대지-어머니에 의해 유일하게 실현된 창조뿐만 아니라 하늘-대지의 신성한 결혼 신화 역시 문제가 되는 어떤 우주 발생적 신화들을 검토하면서 이 모든 국면을 더 잘 이해할 수 있을 것이다. 예를 들어 일본의 우주 발생 신화가 우리에게 알려주는 것이 있다. 초기에 하늘과 땅, 이자나기(Izanagi)와 이자나미(Izanami)는 분리되지 않았었다. 이 신화는 중심부에 배아를 두는 달걀처럼 중심부에 카오스를 구성했다. 하늘과 땅이 이러한 방법으로 뒤섞여 있었을 때 이 두 원리, 수(mâle)와 암(femelle)은 아직 존재하지 않았다. 그러므로 우리는 카오스가 완전한 전체를 대표했고, 따라서 양성구유를 나타냈다고 말할 수 있을 것이다. 하늘과 땅 사이의 분리는 우주 발생적 행위인 동시에 초기의 일체(unité)를 파괴하는 것이다.[35]

창조의 첫 번째 국면은 다음의 방법으로 나타난다. 바다에 의해 둘러싸인 불안정하고 무정형의 작은 섬 그리고 이 섬 한가운데 갈대(Roseau)가 있고, 이 갈대로부터 신들이 태어날 것이다. 그리고 그들의 탄생은 세계 조직의 여러 단계를 상징한다. 이 '갈대'는 우주라는 달걀 가운데에 있는 구별된 배아(씨앗)다. 이것은 마치 식물의 근본과 같다. 이것은 대지-어머니의 최초의 형태이다. 그것들이 분리되자마자 하늘과 땅은 남자와 여자라는 인간 형태로 표명된다.

그리고 지금 우리는 한 가지 이상한 사실에 참여한다. 『니혼기』

---

35 Kojiki와 Niongi에 보존되어 있는 일본의 우주론적 신화는 도교와는 매우 다르다. yang과 yin은 Izanaki와 Izanami에 각각 해당한다. 참고 도서로 Franz Kiichi Numarawa, *Die Weltanfänge in der japonischen Mythologie* (Paris-Luzern, 1946), 41 이하. 일본이 중국의 영향을 받기 전에 이미 우주론적 신화를 알았다는 것은 가능한 일이다. 중국도 물론 도교에 근거한 신화가 토착적인 것은 아니다. 그 기원은 남부에 있는 것 같다(Numazawa, 428).

(*Nihongi*, 日本記)에 따르면, '세 개의 천공 신성들'이 하늘과 땅의 창조를 마치고 완성하라고 명령한다. 다시 말해 일본이라는 나라를 창조하라고 명령한다고 말해준다. 일본의 우주 발생에 관한 또 다른 텍스트 『고지기』(*Kojiki*, 古事記)에 의하면, 세 개의 천공 신성들이 하늘과 땅이 분리하기 이전에 존재했는지 아니면 그것들이 분리 이후에서야 나타났는지 명확하게 알 수 없다. 그러므로 구별되고 상반되는 두 개의 전승을 가졌다. 전자에 의하면 우주는 두 개의 극적인 원리들이 공존하는 초기의 달걀로부터 자발적으로 생겨난다. 반면에 후자에 의하면 천신(Dieu céleste)들이 하늘에 오래전부터 있었고, 창조를 명령한 것은 그들이라는 것이다. 이 두 번째 전승(초기의 전능한 천신의 선재를 전제한 전승)이 연대기적으로 더 오래된 것이다. 이렇게 연대의 우선성을 잡는 이유는 후자 전승이 일본의 우주발생론 속에서 이미 사라졌기 때문이다. 천신들이 점진적으로 소멸되는 현상은 잘 알려져 있다. 천신들은 종교적 현실에서 설 자리를 잃어버리고 땅과 인간들로부터 멀어졌다. 아무도 유휴신들(遊休神, deus otiosus의 복수형 dei otiosi)에 대하여 관심을 두지 않는다.

이것이 일본의 우주발생론이 보여주는 것이다. 천공의 세 신들이 각각 무엇인지는 몰라도 그들이 수행하는 역할은 이자나미와 이자나기에게 창조를 계속하고 완성하도록 명령하는 것이다. 하지만 그 신들은 더 이상 이러한 위대한 창조 활동에 개입하지 않는다. 그들의 기능은 영적인 질서에 속한다. 그들은 규정을 취하고, 어떤 규범(기준)이 존중되는지에 주의한다. 예를 들어 하늘과 땅이 결혼할 때 그리고 땅이 처음으로 결혼의 절차를 선포할 때 천공의 세 신들은 이 의례를 취소한다. 왜냐하면 이 의례가 규정이 정하는 시행법에 반하기 때문이다. 처음 말하는 것은 하늘, 즉 남편에게다. 부인은 남편이 하는 말을 따라 반복하면 된다. 우리는 여기에서 두 이데올로기 사이의 갈등을 해석할 것이다. 모권제와 부권제 그리고 부권제의 승리. 결국 첫 번째 아이이자 부권 형태의 결합의 산물인 '거머리'라 불리는 히루코(Hiruko)는 너무 약하기 때문에 버려졌다.[36] 부권제 형태의 결혼 절차를 반복한 후에 하늘과 땅은 다시 결합하고 일본의 모든 섬과 모든 신을 낳았다. 마지막으로 태어난 것은 불의 신이었다. 그러나 이 분만은 이자나미에게 치명적이었다. 불은 그녀의 자궁을 태웠고 그녀는 죽었다. 단말마의 고통에 빠져 있는 동안 이자나미는 그 자신의 육체로부터, 즉 신성한 결혼 신화 없이 다른 신들을, 특히 물과 농경신들을 낳았다. 우리가 다시 돌아와야 할 곳은 바로 매우 중요한 신화의 동기다.

죽은 이자나미는 지하로 내려간다. 남편인 이자나기는 에우루디케(Eurydice)를 찾으러 지옥으로 내려가는 오르페우스(Orphée)처럼 부인을 찾으러 떠난다. 땅 밑은 매우 어둡다. 이자나기는 결국 그의 부인을 만나고 그녀를 데려갈 것을 제안한다. 이자나미는 불을 켜지 말고 지하 왕궁의 문에서 기다리라고 간청한다. 그러나 남편은 인내심을 잃는다. 결국 그는 빗의 톱니를 켜고 왕궁으로 침투한다. 그는 횃불의 불꽃 아래 얼굴이 부패되고 있는(일그러지고 있는) 중인 이자나미를 보고 공포를 느끼며 도망쳐 버린다. 죽은 아내는 쫓아갔으나 이자나기는 지하로 내려왔던 그 출구로 도망치

---

36 태양 영웅의 포기 신화가 중요하다. Cf. Numazawa, 197 이하. 이 신화에 관하여 L. Frobenius, *Das Zeitalter des Sonnengottes* (Berlin, 1904), 225 이하 참고.

는 데 성공한다. 그리고 그 출구의 구멍을 커다란 바위로 덮어버린다. 부부는 바위의 양편에서 마지막으로 이야기한다. 이자나기는 부부 사이의 분리 성례 예식을 행한 뒤 하늘로 올라간다. 그녀(이자나미)는 지하와 대지의 모든 여신처럼 엄마 품 안에서 다산과 죽음, 출생과 회복을 관장하는 사자(死者)의 여신이 되었다.

성, 죽음, 창조

이 일본 신화는 여러 가지 점에서 중요하다. 1) 그것은 우리에게 초기의 상황을 제시한다. 역의 합일(coincidentia oppositorum)처럼, 즉 양성구유처럼 나타나는 전체성(totalité)을 제시한다. 2) 이 전체는 신성한 결혼 신화인 하늘과 땅 사이의 결혼에 선행한다. 그럼에도 이것은 우리가 신의 양성구유의 산물로서 간주할 수 있는 '싹'(germe), 근본을 이미 가졌다. 3) 우주발생론은 하늘과 땅의 분리와 함께 시작한다. 초기의 싹은 갈대 안에서 변형되며, 거기로부터 많은 신들이 나올 것이다. 4) 우리가 신성한 결혼 신화에 대해 말할 수 있는 것은 분리 이후이다. 그리고 우주의 두 원리의 결합은 세계의 창조를 의미하고, 동시에 그 결합은 또 다른 신들로부터 생기는 것이다. 5) 강조할 중요한 사항은 결국 대지-어머니는 불을 낳으면서 죽고(태양과 동등한 것), 그의 육체로부터 식물과 대지의 다산성의 신들이 태어난다는 것이다. 우리가 관심 있는 것은 특히 이 마지막 동기이다. 그것은 우리에게 신성한 결혼 신화에 의해서가 아니라 여신들의 육체 자체로부터 양식이 되는 식물이 창조된다는 것을 보여준다. 그러나 이러한 창조는 이자나미의 죽음, 즉 그의 희생과 일치한다.

왜냐하면 그것은 희생, 제물로 바치기에 관계되기 때문이다. 이것은 이자나미의 딸이자 식량의 여신인 우케모치(Ukemochi)의 이야기에 잘 드러난다. *Nihongi*에 의하면 우케모치는 달의 신인 쓰끼유미(Tsukiyomi, 月弓尊)에 의해 살해되었다. 그리고 그 시체로부터 모든 종류의 동물과 식물이 태어났다. 소와 말은 그의 머리 꼭대기로부터 나왔고, 이마로부터 좁쌀이, 눈썹으로부터 누에가, 눈으로부터 다른 종류의 곡식들이, 옆구리에서 쌀이 그리고 질로부터 여러 다양한 콩들이 나왔다.[37] 창조는 신성한 결혼 신화에 의해서 혹은 격렬한 죽음에 의해서 끝나고 완성되었다는 것을 주목하자. 즉, 창조는 희생, 특히 자발적인 희생만큼 성에도 달려 있다. 결국 식용 식물들의 탄생 신화(매우 널리 펴져 있는 신화)는 신 존재의 자발적인 희생을 항상 보여준다. 신의 존재는 어머니, 어린 소녀, 아이 혹은 남자가 될 수 있다. 예를 들어 이렇게 인도네시아에서 여러 종류의 식용 식물들을 생산하기 위해 목숨을 바치는(희생하는) 것은 거의 항상 어머니나 어린 소녀이다.[38] 뉴기니(Nouvelle-Guinée)에서, 멜라네시아(Mélanésie)에서 그리고 폴리네시아(Polynésie)에서 그것은 일반적으로 남성이다.[39]

---

37 Numarawa Franz Kiichi. *Die Weltanfänge in der japonischen Mythologie* (Paris-Luzern, 1946), 244-245. 『고지기(*Kojiki*, 古事記)』가 알려주는 수사노우오 (Susanowo)에 의해 살해된 여신(女神) 오호-게-투-히메(Oho-ge-tsu-hime) 신화에 관해서는 같은 책 246 이하 참조.

38 Cf. A. E. Jensen, *Haimwele* (Frankfurt a. M., 1939), 59 이하; *Das religiöse Weltbild einer frühen Kultur* (Stuttgart, 1948).

39 Cf. Gudmund Hatt, "The Corn Mothe in America and Indonesia," *Anthropos*,

288 | 신화·꿈·신비

창조와 희생

신화적 동기에 대해 잠깐 멈춰서 생각해보자. 왜냐하면 사물들은 복잡해지기 시작했기 때문이다. 우리는 극도로 널리 퍼진 그러나 수많은 형태와 변천 아래 나타났던 신화에 관심을 둔다. 본질적인 것은 창조가 제물로 바친 살아있는 존재, 양성구유의 초기의 거인 또는 우주적 남성, 모신 또는 신화적 어린 소녀 등에서 시작한다는 것이다. 강조되어야 할 것은 이 '창조'가 존재의 모든 영역에서 적용된다는 것이다. 단지 문제가 될 수 있는 것은 우주와 인간의 창조 또는 단지 어떤 인류 종족, 어떤 종류의 식물들이나 동물들의 창조다. 신화적 도식은 동일한 형식을 취한다. 모든 것은 살육(제물로 바치기)에 의해, 희생에 의해서만 창조될 수 있다. 어떤 부류의 신화들은 초기의 거인(Ymir, P'an-Ku, Purusha) 등 자신의 육체에서 비롯되는 세계의 창조에 대해 말한다. 또 다른 신화들은 인류 종족들이나 다른 사회적 형태들이 어떻게 초기의 거인으로부터 희생당하고 사지가 절단된 선조로부터 태어났는지 폭로한다.[40] 결국 우리가 살펴보았던 것처럼 식용 식물들은 유사한 기원을 갖는다. 그것들은 희생당한 신의 존재의 육체로부터 솟아난다.[41]

따라서 격렬한 죽음에 의한 창조 신화는 대지-어머니의 신화에서

XLVI (1951: 853-914), 892.

40 A. W. Macdonald, "A propos de Prajâpati," *Journal asiatique*, t. CCXL (1952): 323-338.

41 민속 신화의 이 모티브에 관하여 Mircea Eliade, "La mandragore et les mythes de la 'naissance miraculeuse'," *Zalmoxis*, III (Bucarest, 1942): 3-48.

벗어난다. 이 신화의 밑바닥에 깔린 생각은 생명이 태어나기 위해서는 희생될 다른 생명이 있어야 한다는 것이다. 폭력적인 죽음이 의미하는 것은 이렇게 희생 당한 생명에서 다른 생명이 태어난다는 점에서 창조적이다. 희생은 거대한 전이를 시행한다. 한 사람 안에 집중된 생명은 이 사람을 벗어나고 우주적 혹은 집단적인 단계에서 표명된다. 한 존재만이 우주에서 변형되거나 여러 종류의 식물 안에서 또는 다양한 인류 종족 안에서 증식되어 다시 태어난다. 살아있는 '전체'는 부분이 희생됨으로써 다수의 생기 있는 형태로 그 생명이 확산된다. 달리 말하자면 우리는 여기에서 창조 행위에 의해 부서지고 잘린, 초기의 '전체'라고 알려진 우주발생론의 도식을 발견한다.

우리는 거기로부터 희생당한 신 존재의 육체로부터 유익한 동물과 식물의 창조 신화가 왜 대지-어머니의 신화학에 합병되었는지를 이해한다. 대지(땅)는 특히 우주적 어머니(Genetrix)이고 유모(Nourricière)이다. 그의 창조의 가능성은 무제한적이다. 그것은 하늘과 함께 신성한 결혼 신화에 의해 그러나 단성생식(처녀생식, parthéno-genèse)에 의해 또는 그 자신을 희생시키면서 창조된다. 대지-어머니의 단성생식의 흔적들은 그리스 신화처럼 특히 발전된 신화 속에서 조차 살아남아 있다. 예를 들어 헤라(Héra)는 혼자서 티폰(Typhon)과 헤파이스토스(Héphaistos)와 아레스(Arès)를 잉태하고 낳는다.[42] 대지-어머니는 다산성의, 무궁무진한 창조의 원형을 구현한다. 대지-

---

42 그리스와 지중해의 여신의 단성생식과 자율성에 관하여 Uberto Pestalozza, *Religione mediterranea*, 191 이하 참조.

어머니가 풍요함(비옥함)의 다른 신들, 예를 들어 달, 물 또는 농경 여신들의 신화들과 속성들을 닮은 경향이 있는 것은 이러한 이유에서다. 그러나 반대 또한 생겨난다. 이 신들은 대지-어머니의 속성을 가로채고 때때로 제사 안에서 대체되기에 이른다. 우리는 그 이유를 이해한다. 물은 대지-어머니처럼 배아로 풍부하다. 그리고 달은 그 또한 우주적 도래, 주기적인 창조와 파괴를 상징한다. 식물과 농경의 여신에 관해서 말하자면 때때로 대지의 여신들을 그들로부터 분별하는 것은 어렵다. 그들의 신화는 우리에게 탄생, 창조 그리고 부활이 뒤따르는 극적인 죽음의 신비 자체를 드러내 준다. 상호적인 차용과 복잡한 굴레 씌우기는 이 모든 신들의 신화학을 특징짓는다. 우리는 대지-어머니가 무한히 풍부해질 수 있는 '열린 형태'(forme ouverte)를 구성한다고 말할 수 있을 것이다. 그리고 그것이 생명과 죽음, 창조와 발생, 성과 자발적인 희생의 특색을 가진 모든 신화를 흡수하는 것은 이러한 이유 때문이라고 말할 수 있을 것이다.

대지-어머니의 의례

이 주제는 명확하게 대지의 여신들의 의례에서 비롯된다. 왜냐하면 이 의례들은 신화적 시대, 초기의 때에 일어난 것을 반복하기 때문이다. 그것들은 신화들 속에서 이야기되는 초기의 사건을 재현 실화한다. 이렇게 우리는 대지-어머니의 의례 속에서 생명이 분명치 않은 '전체' 속에 숨겨진 배아를 어떻게 낳았는지를 또는 생명이 하늘과 땅 사이의 신성한 결혼 신화에 따라서 어떻게 생겨났는지를 또는 생명이 자발적인 대부분의 시간, 격렬한 죽음으로부터 어떻게 분출했는지를 우리에게 폭로하는 것 같은 신비를 만난다.

몇 개의 예를 기억하는 것만으로 충분할 것이다. 왜냐하면 그것들은 충분히 잘 알려졌기 때문이다. 대지-어머니와 대지의 다산성의 여신들에 관한 의례들―우리가 살펴본 것처럼 식물과 농경의 여신들과 마찬가지로―을 보면 여성들은 중요한 역할을 한다. 우리는 경작지와 여성 간의 유사한 상징 그리고 성행위와 농경 작업 간의 유사한 상징에 관해서는 설명하지 않을 것이다. 이 상징은 농경 문화의 도처에서 만날 수 있으며 가장 발전된 문명 안에까지 지속되어 왔다. 코란(Coran)은 "당신의 부인들은 밭처럼 당신을 위해 있다"라고 말한다. 인도의 작가는 "여자는 밭이고, 남성은 씨의 분배자이다"라고 기록했다.[43] 농경 작업에서 여성의 존재가 그토록 높이 평가되는 것은 여성과 경작지 사이의 이러한 신비한 연대성 덕택이다. 그러나 여성의 종교적 역할은 밭과 의례적 결합에 의해 농경 일정상 가장 중요한 순간들을 동반하는 주신제(orgie, orgia, 主神祭, 디오니시오스축제_옮긴이 주)를 통해 강조된다. 예를 들어 중앙 인도의 비하르 지역에 사는 오라온족(les Oraons)은 수확을 하기 전에 신성한 결혼 신화에 따라 매년 의례를 반복한다. 땅과 태양 사이의 신성한 결혼 신화는 사제와 그의 부인이 대행하는 결혼으로 재현된다. 이 의례가 거행되기 전에는 밭을 경작하지 않는다. 왜냐하면 땅이 아직 처녀라고 믿기 때문이다. 신의 결혼을 모방할 때는 주신제가

---

43 Nârada, commentant ce passage de Manou, IX, 33. "여성은 밭처럼, 남성은 종자처럼 간주될 수 있다." 여성을 밭고랑에 비유하는 것과 이중의 상징(성적이고 농사의)에 관해서 엘리아데, *Traité d'histoire des religions*, 224 이하, 303 이하.

열린다.[44] 주신제의 의미를 이해하기가 그리 어려운 것은 아니다. 주신제는 카오스 안에서, 초기의 분명치 않음 속에서 상징적인 재통합을 뜻한다. 그것은 '혼돈', 창조 이전의 '전체', 우주의 밤, 우주발생론의 핵심을 다시 본다. 그리고 이런 주신제를 통해 광란의 축제로 퇴행하는 이유를 추측한다.[45] 그것은 본래의 전체성을 찾기 위해서이다. 즉, 모든 것의 생명은 이런 전체에서 분화되었고, 이것이 바로 우주가 생성되는 과정이다. 우주 발생 이전의 상태인 상징적이고 번쩍거리는 상태를 회복함으로써 풍성한 수확을 보장받는다고 생각한다. 왜냐하면 추수는 창조, 즉 젊고 풍부하고 완벽한 형태의 의기양양한 표상을 상징하기 때문이다. '완전함'은 초기부터, 기원부터 발견된다. 결과적으로 우리는 해마다 계속되는 위대한 창조 행위를 보면서 초기의 때에 있었던 생명의 보고와 싹을 틔우는 비옥한 옥토를 다시 확인한다.

따라서 이 모든 것이 종교적 의미를 가진다는 것을 거듭 말할 필요가 있다. 종교적 용어로 대지-어머니를 숭배한다고 하는 말을 세속적인 용어의 의미로 불멸을 권장한다고 믿어서는 안 된다. 성적인 결합과 주신제(오르기아)는 초기의 사건들을 재현실화하기 위해 거행하는 의례들이다. 농한기 동안, 즉 농가월령표에 따른 중요한 날들이 끝나면 대지-어머니는 규범들의 수호자로 이해된다. 프랑스령인 수단의 야헹고족(les Yahengo du Soudan français)에게서 대지-어머니는 도덕성과 정의의 우승자(선수)이다. 코트디부아르의

---

44 Cf. James George Frazer, *The Magic Art and the Evolution of Kings*, vol. I, 76 이하; *Adonis, Attis, Osiris*, I, 47 이하; *The Worship of the Nature*, 379 이하.
45 주신제(오르기아)의 상징과 의례적 기능에 관해서 *Traité d'histoire des religions*, 305 이하.

쿠란코족(les Kulango de la Côte-d'Ivoire)에게서 여신은 살인범(죄인), 도둑, 주술사, 악인(악당)을 증오한다. 일반적으로 아프리카에서 대지-어머니가 증오하는 죄들은 범죄, 간통, 근친상간과 모든 종류의 성적인 침해이다.[46] 그리고 이와 똑같은 상황이 다른 곳에서 입증된다. 고대 그리스에서는 땅에 피를 흘리거나 근친상간을 하면 경작지는 소출을 내지 않는다고 믿었다.[47]

인신 공희(인간 희생제물)

우리는 초기의 전체성에 입각한 창조 신화들 또는 신성한 우주의 결혼 신화들이 대지-어머니의 의례 속에서, 즉 의례의 결합(신성한 결혼 신화에 대응)이든 주신제(초기의 카오스 안에 퇴행)를 포함하는 의례 속에서 어떤 의미를 주는지 살펴보았다. 우리는 창조의 또 다른 신화, 즉 지옥의 여신이 희생됨으로써 식용 식물이 창조되었다고 말해주는 신화의 몇몇 의례들을 기억할 필요가 있다. 인간 희생제물은 대부분의 농경 사회의 종교에서 발견되지만 실제로 그 제물은 상징적인 것으로 대체되었다.[48] 물론 실제적인 인간 희생제물을 사용한 자료들도 있다. 가장 널리 알려진 자료로는 인도의 콘드족(les Khonds)에게서 메리아(meriah), 멕시코 원주민 아스텍족(les Aztèques)이 제물로 바치는 여성 등이다.

---

46 Cf. Frazer, *The Worship of the Nature*, 403, 405, 409, 420 이하.

47 Cf. 엘리아데, *Traité d'histoire des religions*, 223 이하.

48 Frazer, *Spirits of the Corn*, I, 149 이하; *The Golden Bough*(édition abrégée), 406 이하; 엘리아데, *Traité d'histoire des religions*, 239 이하.

여기서 이 제물이 무엇으로 이루어졌는지를 잠깐 살펴보자. 메리아는 공동체가 매수한 자발적인 희생자였다. 사람들은 몇 년 동안 그를 살려두었고, 그는 결혼하고 아이를 가질 수 있었다. 제물로 바치기 며칠 전에 메리아는 신성화되었다. 즉, 사람들이 제물로 바칠 신성한 제물과 동격화되었다. 군중은 그의 둘레에서 춤을 추었고 그를 숭배했다. 그러고 나서 사람들은 땅에게 간청했다. "오 여신이여, 당신에게 이 제물을 바치나이다. 우리에게 풍성한 수확과 풍성한 계절과 좋은 건강을 주십시오!" 그리고 사람들은 희생자를 향해 돌아서면서 덧붙여 말했다. "우리는 그대를 산 것이지, 강제로 납치해 온 것이 아니오. 지금 우리는 우리의 관습에 따라 그대를 제물로 바치는 것이니, 어떤 죗값도 우리에게 되돌아오지 않으리!" 의례는 마찬가지로 여러 날 동안의 주신제(오르기아)를 포함한다. 결국 아편 중독이 된 메리아는 목이 졸려 죽고 그 후에 사람들은 그를 조각조각 자른다. 모든 마을 사람이 그 육체의 조각을 받았고 사람들은 그것을 밭에 매장했다. 육체의 나머지는 태워졌고 재는 경작지(토지) 위에 뿌려졌다.[49]

이 피 흘리는 의례는 초기의 신의 사지 절단 신화에 대응하는 것이다. 그것을 동반하는 주신제(오르기아)는 우리에게 여전히 또 다른 의미를 어렴풋이 엿보게 한다. 희생자 육체의 조각들은 대지-어머니를 풍성하게 하는 씨(정액)와 유사하다.[50]

---

49 Cf. Frazer, *Spirits of the Corn*, I, 245 이하; *The Worship of the Nature*, 386 이하; 엘리아데, *Traité d'histoire des religions*, 295 이하.

50 Cf. A. W. Macdonald, *A propos de Prajâpati*, 332 이하. 달의 상징에 관해서는 엘리아데, *Traité d'histoire des religions*, 142 이하 참조.

아즈텍족(les Aztèques)에게서 어린 옥수수를 상징했던 어린 소녀 자이로넨(Xilonen)은 참수형에 처해졌다. 3개월 후 수확될 옥수수를 위한 희생제물이자 옥수수를 상징하는 여신 토시(Toci)는 '우리의 어머니'(Notre Mère)를 화신한 또 다른 여인과 마찬가지로 참수형에 처해지고 가죽이 벗겨졌다.[51] 이것은 여신들의 자기희생에 의한 식물들의 태어남의 의례적인 반복이었다. 다른 곳에서 예를 들어 포니족(les Pawnees)은 어린 소녀의 육체를 잘게 잘라서 그 조각들을 밭에 매장한다.[52]

우리는 여기에서 멈춰야 할 것 같다. 왜냐하면 대지-어머니의 모든 속성, 그의 모든 신화와 중요한 의례들을 하나하나 거론하는 것은 우리의 계획 범위에서 벗어나기 때문이다. 그래서 범위를 제한하고 불가피하게 대지-어머니의 어떤 측면들은 거론하지 않을 것이다. 우리는 죽음의 여신으로서의 대지-어머니의 밤 그리고 장례에 관한 측면은 강조하지는 않았다. 우리는 공격적이고, 소름 끼치고, 두려운 측면들에 대해서도 말하지 않았다. 그러나 이러한 부정적이고 두려운 측면들에 관해서 한 가지 사실만은 간과해서는 안 된다. 만일 땅이 죽음의 여신이 된다면, 그것은 바로 땅이 모든 창조의 지칠 줄 모르는 근원으로서 우주적인 자궁으로 감지되었다는 것이다. 근대 세계에서도 때때로 이해되는 것 같이 죽음은 그

---

51 B. de Sahagun, *Histoire generale des choses de la Nouvelles-Espagne*, D. Jourdanet & R. Simeon tr. (Paris, 1880), 94 이하. Frazer의 번역본은 *The Worship of the Nature*, 434 이하. Cf. G. Hatt, *The Corn Mother in America and Indonesia*, 870-871.

52 Frazer, *Spirits of the Corn*, I, 175 이하.

자체로서 결정적인 종말이 아니며 절대적인 소멸도 아니다. 죽음은 대지-어머니의 품에 묻힌 씨와 비슷하며 새로운 식물을 태어나게 할 것이다. 이렇게 죽음의 낙관적인 시각에 대해 말할 수 있다. 왜냐하면 죽음은 어머니에게 회귀하는 것, 모성의 품에 일시적으로 복직하는 것으로 간주되기 때문이다. 신석기 시대 이래로 시체를 매장할 때 태아의 자세로 하는 것은 이러한 이유에서다. 사람들은 죽은 자가 다시 살아서 돌아오리라는 믿음으로 죽은 자를 태아의 자세로 땅속에 눕힌다. 일본의 신화에서 제시했던 것처럼 대지-어머니는 최초의 죽음이었다. 그러나 이자나미의 죽음은 동시에 창조를 증가시키고 퍼뜨리기 위해서 행해진 제물이었다. 따라서 남자들은 죽으면서 매장되어 땅에 제물로 바쳐졌다. 결국 생명이 지속되고 죽은 자들이 생명으로 돌아올 수 있다고 희망하는 것은 이 제물 덕택이다. 죽은 자의 여신으로서 대지-어머니의 무서운 특성은 제물의 우주적 필요성에 의해 설명된다. 그것은 끊이지 않는 생명의 순환을 보장하면서 다른 존재 양식으로 통과하게 하는 유일한 것이다.

여기서 간과할 수 없는 것이 있다면 종교적 생활이 유일한 '원리'에 의해 박탈당했던 적은 드물었고, 그것이 유일한 신 또는 유일한 여신의 숭배 속에서 소모되어 버렸던 적 드물다는 것이다. 이미 말했던 것처럼 우리는 어디에서도 유일한 형태나 유일한 구조로 환원될 수 있는 '순수한', '단순한' 종교를 만나볼 수 없다. 하늘이나 대지에 대한 제의가 우선시되었다고 하여 다른 제의와 다른 상징과의 공존을 배척하지는 않는다. 종교적 형태를 연구하면서 느끼게 되는 것은 종교적인 형태들이 때때로 상호 양립될 수 없이 나타날 수 있음에도 불구하고 종교 형태에서 주장하는 과장된 특정 요소에 동의하라는 위험에 처하기도 하고, 부과되는 현실에 따라서는 여러 종교적 형태들의 그늘에 놓이는 위험에 처하기도 한다. 대지-어머니에 대한 상징과 제의를 연구하면서 항상 고려하는 것은 빈번하게 모든 신앙인 군집체를 간과하는 것 그리고 모든 신앙인 군집체와 공존하는 것이다. 오르페우스의 서판에는 "나는 땅과 별이 빛나는 하늘의 아들이다"라고 기록되어 있는데, 이 선언은 대다수의 종교에서 참된 것이다.

"La terre-Mère et les hiérogamies cosmiques"(대지-어머니와 우주적 히에로가미),

Eranos-Jahrbücher, vol. XXII (Zurich, 1954.)

9장

신비와
영적인 재생

오스트레일리아의 우주발생론과 신화학

카라데리족(les Karadjeri)의 비밀스런 입문의례는 우주발생론과
관계가 있다. 더 정확히 말하자면 그들의 모든 의례적 삶은 우주발생
론에 상응한다. 부라리 시간(burari, '꿈의 시간') 속에서 세계가 창조되
고 인류 사회가 오늘날과 같은 형태 아래 세워졌을 때 의례들도
마찬가지로 거행되었다. 그리고 그때부터 우리는 그것들을 변형하
지 않고 무척 정성 들여 그것들을 반복한다. 다른 고대 사회들에서처
럼 역사는 카라데리족의 눈에 초기의 때에 그리고 신화시대에 일어
났던 몇몇 사건들로 축약된다. 그것은 신의 존재들과 문명을 보급시
키는 영웅들의 행위이다. 인간들은 역사 안에 개입해서 그 자신이
그들에게 적합하고 독점적인 역사, '원래의' 역사를 만들 어떤 권리
도 인정하지 않는다. 결국 그들은 어떤 독창성도 인정하지 않는다.
그들은 시간의 여명에 행해진 모범적인 행동들을 반복한다. 신들과
신적 존재들의 작품인 이 모범적인 행동들이 주기적이면서도 당위
적으로 반복되는 것은 우주 발생의 신성한 분위기 속에 계속해서
있고자 하는 고대 사람들의 욕망 때문일 것이다. 독창성을 거부하는

것은 사실상 세속적 세계를 거부하고 인류 역사에 대한 관심 결여에서 비롯된 것으로 해석된다. 고대 인류의 존재는 결국 시간의 시작에 드러난 모범적인 모델의 영원한 반복 속에서 지금 여기에 그 모습을 드러낸다. 우리는 비의를 통해 초기의 계시가 주기적으로 재현실화되고 있음을 곧 보게 될 것이다.

그러므로 카라데리족이 알고 있는 것은 다음과 같다.[1] 꿈의 시간 속에 바가짐바리(Bagadjimbiri)라고 불리는 두 형제가 미치광이의 형태로 땅으로부터 솟아 나왔다. 그 후 그들은 두 명의 거인이 되었는데, 너무도 큰 나머지 그들의 머리는 하늘에 닿았다. 바가짐바리의 출현 전에는 나무도, 동물도, 인류 종족도, 아무것도 존재하지 않았다. 그들은 '첫 번째 날'의 여명 바로 직전에 땅으로부터 나왔다. 얼마의 순간 후 그들은 새벽에 항상 노래하는 작은 새(duru)의 울음소리를 들었다. 그리고 그들은 이것이 여명(첫새벽)이었다는 것을 알았다. 이 여명 전에 바가짐바리는 아무것도 알지 못했다. 그 후 두 형제는 동물들과 식물들을 보았고, 그들에게 이름을 붙여 주었고, 그런 이후에야 그들이 이름을 알았기 때문에 식물들과 동물들은 실제로 존재하기 시작했다. 바가짐바리 중의 한 명이 소변을 보기 위해 멈춰 섰다. 호기심 많은 그의 형제는 멈춰서 그를 모방했다. 이것이 오스트레일리아의 카라데리족이 소변을 보기 위해 멈춰서 특별한 자세를 취하는 이유이다. 그들은 초기의 행동을 모방한다.

그리고 나서 바가짐바리는 북쪽을 향해 섰다. 그들은 별과 달을

---

1 Cf. Ralph Piddington, *Karadjeri Initiation* (Oceania, III, 1932-1933), 46-87; *An Introduction to Social Anthropology* (Edinburgh: London, 1950), 91-105.

보았고 이들에게 '별'과 '달'이란 이름을 주었다. 그들은 남자들과 여자들을 만났다. 그들의 혈연관계(친척 관계), 씨족 구분은 불완전했고, 바가짐바리는 오늘날까지 여전히 사용되고 있는 구성 체계를 만들어 그들을 편성시켰다. 게다가 이 인류 종족들은 불완전했고 생식 기간을 갖고 있지 않았다. 두 바가짐바리는 두 종류의 버섯을 취했고, 그 버섯으로부터 오늘날 여전히 그들에게 있는 신체 기관을 획득했다. 두 형제는 멈춰서 몇 개의 씨앗을 날것으로 먹었다. 그러나 그들은 곧바로 웃음을 터뜨린다. 왜냐하면 그것을 이렇게 먹어서는 안 된다는 것을 알았기 때문이다. 그것을 익혀 먹어야만 했다. 그 이후 인간들은 이 씨앗을 익히면서 그들을 모방한다. 바가짐바리는 동물 위로 일종의 굵은 막대기 피르말(pirmal)을 던져서 죽였다. 그 이전 사람들도 이처럼 했다. 수많은 신화들은 어떻게 바가짐바리 형제가 심지어 모든 관례와 모든 행동을 세웠는지를 이야기하고 있다. 마침내 그들은 신성하게 된 신비의 도구들을 처음으로 사용하면서 입문의례를 제정했다. 그 도구는 규석으로 만든 칼, 오스트레일리아의 의식용 악기(bull-roarer)와 핌발(pimbal) 등이다. 그러나 느가리만(Ngariman)이라는 한 남자가 창으로 두 형제를 죽였다. 멀리 있었던 그들의 어머니 딜가(Dilga)는 바람 속에서 시체의 냄새를 감지했다. (왜냐하면 또 다른 신화에서는 자궁 외 임신이었음에도 불구하고 그들이 한 분의 어머니를 가졌다고 말하기 때문이다.) 그러자 그녀의 가슴으로부터 젖이 흐르기 시작했고 땅에 떨어졌다. 젖은 마치 지하수처럼 흘러내려 두 영웅이 죽어있는 장소를 향했고, 그 장소에 이르자 급류처럼 분출했다. 드디어 두 형제는 다시 살아났고 살인자는 익사했다. 그 후 바가짐바리는 하늘로 올라가서 유럽인들이 마젤란(Magellan)의 구름(마젤란운)이라 부르는 것이 되었다.

카라데리족의 입문의례

이 모든 것은 카라데리족 삶의 신화적인 근거를 이룬다. 입문의례의 신비는 일부 의례들이 언제나 명확한 것이 아니라 할지라도 바가짐바리 형제에 의해 세워진 의례들을 재현실화한다. 정확히 입문의례는 몇 년 동안 뜸해진 많은 의례를 포함한다. 그러므로 청소년으로부터 성년까지의 통과의례가 문제가 되는 것은 아니다. 오히려 소위 점진적이고 단계들로 구분된 입문의례에 관계되는 것이다. 그리고 입문의례의 방법에서 소년은 신화적 전통과 씨족의 사회적 관습 속에서 교육될 뿐만 아니라 그 용어의 진정한 의미에서 교육되어진다. 그는 생리적으로 성인이 될 뿐만 아니라 인간 조건이 바가짐바리의 신화적 두 존재에 의해 선포되었던 것처럼 인간 조건을 담당하기 쉽게 되었다.

의례들을 요약하기에는 매우 복잡하고 어렵다. 우리는 가장 중요한 것을 제한해야만 한다. 첫 번째, 밀리아(milya)는 어린 시절과의 단절을 강조한다. 12세경에 소년은 가시밭으로 인도되어 거기에서 머리부터 발끝까지 사람의 피로 발라진다. 2주 후에 사람들은 그의 코를 뚫고 상처 안에 깃털을 집어넣는다. 소년은 그때 특별한 이름을 부여받게 된다. 두 번째 의례인 가장 중요한 할례(circoncision)는 2~3년 후에 행해진다. 그는 소위 말해 신비를 세운다. 소년의 가족과 씨족 전체는 마치 그가 죽은 것처럼 운다. 어떤 의미에서 그는 이미 죽었다. 왜냐하면 소년은 사람들이 최초로 신성한 노래를 듣는 숲속으로 옮겨졌기 때문이다. 숲은 저승의 상징이며, 우리는 원시인들의 수많은 입문의례와 신비 속에서 숲을 발견할 수 있을 것이다. 그러나 또 다른 징조 역시 소년이 죽어가는 중이라는 것과 근원적으로 존재 양식을 바꾼다는 것을 지적한다. 이튿날 아침 사람들은 각자 팔의 정맥을 열고 그릇(récipient) 안에 피를 받는다. 아무것도 보지 않고 아무것도 듣지 않기 위해서 눈을 가리고 풀로 귀를 막고서 연기 자욱한 불 옆에 앉아 있는 완전히 벗은 어린 소년은 많은 양의 피를 마셔야만 한다. 그는 피가 그를 죽게 할 것이라고 확신한다. 그러나 다행히도 잠시 후 그는 입문의례를 맡고 있는 그의 부모 세대들 가운데 몇 명도 마찬가지로 피를 마셨었다는 것을 알게 된다. 소년은 언제나 계속 풀 속에 머물러 있고 그의 무릎 위에는 방패가 놓여 있다. 사람들이 차례차례 접근해서 그의 머리 위에 그들의 정맥으로부터 솟아나는 피를 흐르게 한다. 그다음에 부모 중의 한 명이 사람의 머리카락으로 만든 벨트를 그에게 건네준다. 모든 무리는 캠프로 돌아가고, 거기에서 여인들과 부모들은 다시 그를 위해 운다. 의례적 식사 후에 새로운 가입자는 이미 불이 붙은 불을 만드는 막대기를 받고, 우리는 그에게 그가 불을 켜도록 허락되었다고 말한다. 그의 생식기는 불 속에서 태워질 것이다. 이튿날 아침 24일 동안 지속되는 여행을 시작하고 우리가 여기서 거론하지 않은 수많은 의례가 거행될 것이다. 소년은 몇 명의 남자 부모님들을 따라간다. 이 의례적인 여행 동안 그는 어떤 말도 해서는 안 된다. 주의를 끌기 위해 단 한 가지 특별한 소리만을 발설할 수 있으며 필요한 것이 있을 때는 몸짓으로 표현해야 한다. 게다가 수련 기간 내내(다시 말해 그가 malulu, 입문의례 중에 있는 소년일 때) 그는 손을 잡고 이끌리지 않고는 움직일 수 없는 상태에 이른다. 그는 계속적으로 머리를 숙이고, 관찰자들의 말에 의하면 그의 얼굴은 마비되어 있다. 피딩턴(Piddington)은 이렇게 기록하고 있다. "그가 자발적으로 교육에 응한 것은 아니었다. 나는 그가 정신적으로 매우 위축되어 있다는 느낌을 받았다."[2]

캠프에 돌아온 후 새로운 가입자는 그가 여행에서 만났던 모든 씨족의 방문을 받는다. 그들이 진영에 가까이 다가올 때 여인들은 머리에 채소를 던지면서 그들을 맞이하고, 방문자들은 그들의 부메랑을 가지고 반격한다. 이것은 의례적 성격의 가장된 전투이다. 그러나 부메랑이 여인 중의 한 명에게 닿는 일이 일어나면 진정한 싸움(소란)이 시작된다. 진영에 돌아와 있는 새로운 가입자는 다시 그의 부모들의 자발적인 통곡과 절단을 초래하고, 밤이 될 때 여러 신화적인 사건들을 대표하는 노래와 춤으로 이루어지며 이어지는 축제에 참가하지 않는다. 새벽이 오기 전 소년은 할례를 받기 위해서 가시덤불로 인도되어 눈을 가리고 귀를 막고 앉아 있는다. 여러 수행자들이 규석으로 만든 칼을 사용하여 차례로(번갈아) 행한다. 할례는 무척 복잡하고 무시무시하게 고통스럽다는 것을 강조하자. 수행자들은 생식기를 도려낸다. 그리고 그들은 사지의 피부를 전부 벗겨버린다. 이 시간 동안 부모들은 진영 안에서 울고 있다.

모든 것이 끝날 때 집행자들 역시 울면서 고개를 숙인 채 눈을 감고 앉아 있는 가입자(비전을 전수 받은 사람) 앞을 차례로 지나간다. 수행자들은 선물 대신에 부메랑을 던지고 그들의 진짜 이름을 알려

---

2 R. Piddington, *Karadjeri Initiation*, 68-69.

준다. 최근에 입문의례를 거친 젊은 사람들은 새로운 가입자에게 의식용 악기(bull-roarers)를 흔든다. 새로운 가입자는 처음으로 그 무시무시한 도구들을 본다. 여성들과 비가입자들처럼 그는 여태까지 의식용 악기의 소리가 신적 존재의 목소리였다고 믿었었다. 그의 상처에서 나는 피가 말랐을 때 수행자들은 그에게 규석으로 된 도구들을 보여준다. 이러한 의례와 함께 소위 입문의례가 끝난다. 그러나 소년은 아직 여러 밤 동안 가시덤불 속에 머물러야 한다. 그가 진영으로 돌아온 날 피를 그의 몸 전체에 붓는다. 그리고 그는 젊은 남자들에 의해 끊임없이 움직여지는 의식용 악기의 소리를 앞세워 도착한다. 진영에서 여성들과 아이들은 나뭇가지 아래 숨고 남자들이 의식용 악기를 매장하는 것을 끝내기 전까지는 감히 나오지 못한다. 여성들은 통곡하면서 가입자를 맞고 그에게 먹을 것을 준다.

2~3년 동안 할례자는 이 입문의례 상태에 있고 미안구(miangu)라고 불린다. 그때 그는 새로운 시험을 겪는데, 아래 도려내기(subincision)라는 것으로 한나절이면 끝나는 덜 중요한 의례이다. 이때는 이웃 사람 몇 명만 초대된다. 얼마 후 라리부가(laribuga)라고 불리는 새로운 의례가 열린다. 숲속에서 남자들이 성스러운 노래를 부를 때 가입자는 나무에 기어오른다. 피딩턴은 우리에게 노래의 주제가 나무의 신화와 관계가 있다고 말하지만, 카라데리족은 그 의미를 잊어버렸다고 말한다. 그럼에도 우리는 이 의례의 의미를 짐작할 수 있다. 나무는 우주의 축, 세계 나무를 상징한다. 나무에 기어오르면서 가입자는 하늘에 침투한다. 그러므로 이것은 오스트레일리아의 수많은 신화와 의례들에 의해 입증된 하늘로의 상징적

인 승천에 관계되는 것이다.[3] 그러나 입문의례는 아직 완성된 것이 아니다. 일정한 간격을 두고 여기서 우리가 다 언급할 수 없는 여러 의례들이 전개된다. 여러 해 동안 계속 미데디(midedi) 의례가 열린다는 것만 주목하자. 가입자는 나이든 사람들에 의해 이끌려오고, 사람들은 그에게 의례에 사용되는 마스트(버팀대, 지주)의 일종인 피르말을 매장할 자리를 보여준다. 이 입문의례는 긴 여행, 거의 원정이고, 계시는 노래와 아울러 바가짐바리의 여행을 상징하는 춤으로 이루어진다. 마침내 사람들은 그에게 어떻게 바가짐바리가 피르말의 의례를 발명했는지를 설명한다.

불가사의와 입문의례

우리는 카라데리족에게서 입문의례를 강조했다. 왜냐하면 이런 연구 가치가 있는 의례들을 세세하게 아는 것은 언제나 유익하기 때문이다. 이것과 비교할 때 어떤 입문의례들은 내용이 풍부하지 않아 덜 유익할 때도 있다. 카라데리족의 입문의례는 간단하게 설명할 수 있는 그런 의례가 아니다. 다른 민족들의 의례들과 비교해 보면 카라데리족의 입문의례가 얼마나 심오한 의미를 지니는지 잘 이해할 수 있을 것이다. 지금부터 어떤 특수한 사항들을 끌어내는 것이 가능하다. 우리가 말했던 것처럼 한 연령층에서 다른 연령층으로 통과되는 단순한 의례 이상의 어떤 것이 있다. 입문의례는 여러

---

3 Cf. M. Eliade, *Le Chamanisme et les techniques archaïues de l'extase*, 55 이하, 125 이하.

해 동안 지속되고, 계시는 여러 단계로 구성된다. 무엇보다도 가장 무시무시한 첫 계시가 있는데, 그것은 전율과 함께 찾아오는 성(聖)의 계시다. 청소년 시기는 초자연적인 현실에 의해 공포심을 느끼는 것으로 시작한다. 거기에서 그는 권력, 자율, 광대무변을 처음으로 체험한다. 그리고 신성한 두려움과의 만남으로 이어지고, 새로운 가입자는 신성한 두려움과 만난 후 죽는다. 그는 유년기에 무지와 무책임에 죽는다. 그의 가족이 탄식하고 우는 것은 이러한 이유에서다. 그가 숲으로부터 돌아올 때 그는 다른 사람이 될 것이고 더 이상 유년기 때의 어린아이가 아니다. 우리가 막 살펴보았듯이 그는 두려움, 고통, 고문으로 구성된 일련의 입문의례, 새로운 존재 양태(어른이 되는 것)를 담당하도록 하는 일련의 입문의례를 통과한다. 일련의 입문의례를 거치면서 어른이 된다는 것은 성(聖), 죽음과 성(性)에 있어서 거의 동시에 계시(새로운 존재 양태)가 현실화된 것을 의미한다.

오스트레일리아인들이 모든 것에 대해 의식했다거나 우리가 근대 교육 시스템을 발명하는 것처럼 의식적으로 그리고 자발적으로 입문의례의 신비를 발명했다고 상상해서는 안 된다. 그들의 행동은 고대 인간의 모든 행동처럼 실존적이다. 오스트레일리아인들이 그들 존재의 가장 깊은 곳에서 우주 안의 그들의 특수한 상황을 느꼈을 때, 다시 말해 그들이 인간 존재의 신비를 실현했을 때 이러한 방식으로 행동했었다. 우리가 방금 말한 이 신비는 성(聖)의 경험, 성의 폭로와 죽음의 자각에 기인한다. 아이는 이 모든 경험을 모른다. 성인 남자는 그것들을 담당하고 차례차례로 그의 새로운 인격 속에 그것들을 통합한다. 그 새로운 인격은 그의 죽음 이후 그리고 그의 의례적인 부활 이후에 획득되는 것이다. 전율, 죽음 그리고 성이라는 동기는 우리의 연구에서 끊임없이 만나게 될 것이다. 만일 새로운 가입자가 어렸을 때 신성화된 새로운 존재로 다시 태어나기 위해 어린이의(유치한) 세속적이고 재생되지 않는 그의 생명으로 죽는다면, 그는 마찬가지로 지식, 의식, 지혜를 가능하게 만드는 존재 양식으로 다시 태어난다는 것을 바로 말하도록 하자. 가입자는 신생아가 아니다. 그는 형이상학적인 질서의 폭로를 가지고 있는 신비를 아는 그리고 체험하고 있는 한 사람이다. 훈련 동안 그는 성스러운 비밀을 배운다: 신들과 세계의 기원에 관계되는 신화들, 신들의 진짜 이름들, 의식용 악기에 관한 진실과 의례적인 칼 등. 가입은 영적인 성숙과 동등하며, 인류의 모든 종교사에서 우리는 항상 이 주제를 만난다. 신비들을 알고 있는 가입자는 아는 자이다. 그러나 우리가 보았던 것처럼 카라데리족의 가입은 바가짐바리의 모범적인 제스처들의 충실(성실)한 재생산(번식)일 뿐이다. 그러므로 이 제스처들은 우주발생론을 이룬다. 왜냐하면 이것은 오늘날의 모습처럼 세계를 세웠던 바가짐바리이기 때문이다. 이 신화적 형제들의 행동을 반복하면서 카라데리족은 주기적으로 세계의 창조를 다시 시작하고 우주 발생을 반복한다. 간단히 말해 각각의 청소년의 가입과 함께 사람들은 새로운 우주 발생에 참여하는 것이다. 세계의 발생은 인간 '양성'의 모델로 사용된다.

우리는 도처에서 입문의례의 신비를 만난다. 가장 고대 사회의 입문의례에서도 죽음과 새로운 탄생의 상징을 통해 신비를 만난다. 입문의례의 역사적 분석을 여기에서 시도하려는 불가능 속에서 이러이러한 문화 구조와 입문의례의 유형 사이에 존재하는 관계를 우리가 정의하도록 가능하게 하는 연구, 적어도 대다수의 비밀스러운 의례들에 공통적이고 특징적인 것을 살펴보도록 하자.[4]

1. 신비는 그의 가족과 새로운 가입자의 분리와 가시덤불 속에서의 은둔과 함께 도처에서 시작된다. 이미 거기에는 죽음의 상징이 있다. 숲, 정글, 심연은 저승, 지옥을 상징한다. 어떤 장소에서 사람들은 호랑이가 정글 속의 지원자에게 와서 등 위에 그를 태운다고 믿는다. 야수는 신화적 선조, 청소년들을 지옥으로 이끄는 가입의 대가(우두머리)의 화신이다. 다른 곳에서 새로운 가입자는 괴물에 의해 잡아먹히기도 한다. 그리고 이 입문의례의 모티브는 우리를 곧 가로막을 것이다. 잠시 심연의 상징을 강조하자. 괴물의 배 속은 우주의 밤이 지배하고 있다. 이것은 인류의 생명의 측면에서와 마찬가지로 우주적 측면에서 역시 존재의 태아 상태의 방식이다.

2. 많은 지역에서 가시덤불 속에 가입의 오두막집이 존재한다. 어린 지원자들이 그들의 시험의 일부분을 겪고 부족의 비밀스러운 전통 속에서 교육받는 곳은 바로 거기이다. 그러므로 가입의 오두막집은 어머니의 배를 상징한다.[5] 새로운 가입자의 죽음은 태아 상태로

---

4 Cf. Heinrich Schurtz, *Altersklassen und Männerbünde* (Berlin, 1902); H. Webster, *Primitive Secret Societies* (New York, 1908; trad. italienne, Bologna, 1922); J. G. Frazer, *Totemism and Exogamy* III (1910), 457-550; E. M. Loeb, "Tribal Initiation and Secret Societies," *Univ. of California Publications in American Archaeology and Ethnology*, vol. 25, III (Berkeley, 1929), 249-288; Ad. E. Jensen, *Beschneidung und Reifezeremonien bei Naturvölkern* (Stuttgart, 1932); *Semaine d'ethnolgie religieuse. Compte rendu analytique de la IIIe session* (Enghien-Moedling, 1923), spéc. 329-456; Cf. Richard Thurnwald, "Primitive Initiations- und Wiedergeburtsriten," *Eranos-Jahrbuch* VII(1939), 321-398. 이 글은 다음 책에 실렸다. *Vorträge über die Symbolik der Wiedergeburt in der religiösen* (Zürich, Rhein-Verlag, 1940).

5 R. Thurnwald, "Primitive Initiations und Wierdergeburtsriten," 393; James

의 퇴행을 의미한다. 그러나 이것은 단지 인간의 생리학적 용어로 이해되어서는 안 되며 우주적인 용어로서 특히 이해되어야만 한다. 태아 상태는 카라데리족이 말한 것처럼 '첫날의 여명' 전에 전-우주적이고, 잠재적 양태로의 일시적인 퇴행과 동등하다. 우리는 임신 기간에 작성된 새로운 탄생의 다가치적인 상징으로 돌아올 기회를 가질 것이다. 잠시 다음의 것을 덧붙이도록 하자. 탄생 이전의 단계로의 지원자의 퇴행은 그를 세계 창조와 동시대적이 되게 하는 목적을 갖는다. 지금 그는 생물학적인 탄생 이전에 살았던 것처럼 어머니의 배 속에 더 이상 살지 않으며, 우주의 밤 속에서 '여명', 즉 창조의 기다림 속에서 산다. 새로운 인간이 되기 위해 그는 우주론을 다시 살아야만 한다.

3. 또 다른 의례들이 가입의 죽음에 대한 상징을 뚜렷하게 드러낸다. 어떤 민족들에게서 지원자들은 새로 판 무덤에 매장되거나 눕혀진다. 또는 그들은 나뭇가지로 덮인 채 죽은 사람처럼 움직이지 않고 누워있다. 또는 사람들은 그를 유령처럼 보이게 하기 위해 흰 가루를 발라준다. 게다가 새로운 가입자들은 유령의 행동을 모방한다. 그들은 먹기 위해 그들의 손가락을 사용하지 않고 마치 우리가 죽은 자의 영혼이 그렇게 한다고 믿는 것처럼 음식을 직접 이로 잡는다. 결국 그들이 극복한 그리고 물론 많은 의미를 지닌 고문들은 마찬가지로 이러한 의미를 지닌다. 고문당하고 팔다리가 절단된 새로운 가입자는 입문의례의 거장인 악마들, 즉 신화적 선조들에 의해 고문당하고, 잘려지고, 끓여지고, 구워진다고 간주된

Frazer, *Spirits of the Corn. I*, 225 이하.

다. 신체적 고통은 악마-야수에 의해 '먹히는' 상황에서 느끼는 것, 입문의례 때 등장하는 괴물의 입 속에서 조각조각 잘리는 상황에서 느끼는 것, 뱃속에서 소화된 자의 상황에서 느끼는 것 등에 해당된다. 입문의례 때 절단하는 행동 그 자체는 죽음의 상징으로 가득 차 있다. 대부분의 절단은 달의 신들과 관계있다. 왜냐하면 달은 사흘 밤 후에 다시 나타나기 위해 주기적으로 사라지기 때문에, 다시 말해 죽기 때문이다. 달은 죽음이 모든 신체적 재생의 최초 조건임을 상징적으로 강조한다.

4. 할례와 절개 같은 특수한 수행뿐만 아니라 입문의례의 절단(이빨 뽑기, 손가락 절단 등)을 제외한 또 다른 외적인 표시들이 죽음과 부활을 강조한다. 즉, 문신 새기기, 박피 등. 신비주의적 재탄생의 상징에 관해서 말하자면, 그것은 다양한 형태 아래 나타난다. 그때부터 지원자들은 그들의 진정한 이름이 될 다른 이름을 받는다. 어떤 부족에서는 가입한 젊은이들은 그들의 이전 생활을 완전히 잊어버렸다고 간주된다. 가입 이후에 즉시 그들은 어린아이처럼 양육되고, 손을 잡고 이끌리며, 사람들은 그들에게 아기처럼 모든 행동을 다시 가르친다. 일반적으로 그들은 가시덤불 속에서 새로운 언어 혹은 적어도 가입자들만이 접할 수 있는 비밀스러운 언어를 배운다. 살펴본 것처럼 가입과 함께 모든 것이 새롭게 다시 시작된다(Incipit vita nova). 때때로 두 번째 탄생의 상징이 구체적인 제스처로 표현되기도 한다. 어떤 종족들, 가령 반투족(les Bantou)의 경우 할례받기 전의 소년은 '새로 태어난다'는 뜻을 지닌 의례의 대상이 된다.[6]

---

6 M. Canney, "The Skin of Rebirth," *Man*, n° 91 (July 1939): 104-105; Cf. C. W.

아버지는 숫양을 제물로 바치고 사흘 후에 짐승의 내장과 가죽으로
아이를 싼다. 그러나 감싸이기 전에 아이는 침대에 올라 어머니
곁에서 갓난아기(신생아)처럼 울어야만 한다. 그는 사흘 동안 숫양의
가죽 속에 머물고 나흘째 되는 날 아버지는 아내와 함께 동침한다.
또한 반투족은 사람이 죽었을 때도 숫양의 가죽으로 시신을 태아
모양으로 감싼 후 매장한다. 우리는 동물 가죽의 의례적 포장에
의한 신비주의적 재탄생의 상징, 즉 인도에서와 마찬가지로 고대
이집트에서 증명된 상징을 강조하지는 않을 것이다.7

5. 마지막으로 가장 원시적인 사회 안에서 항상 그런 것은 아님에
도 불구하고 수많은 가입 안에 나타나는 또 다른 모티브의 몇몇
단어들을 말해야만 한다. 한 사람(한 남자)을 죽이라는 명령이 있다.
예를 들어 파루아족 코코(les Papouas Koko)가 바로 그것이다. 입문의
례는 아니지만, 이와 유사한 시험을 극복해야만 한다.8 즉, 장기간의
단식, 은둔, 고문, 의식용 악기의 폭로, 전통적인 교육 등. 그러나
사람들은 그에게 마침내 말한다. "지금 너는 영혼을 보았고 진정한
남자가 되었다. 너 자신의 눈에 그것을 증명하기 위해, 너는 한
사람을 죽여야 한다. 사람 사냥과 식인 풍습의 어떤 형태들은 마찬가
지로 가입의 도식을 이룬다. 이 풍습에 대해 도덕적인 판단을 가하기
전에 이 사실만을 기억해야 할 것이다. 한 사람을 죽이는 것은

Hobley, *Bantu Beliefs and Magic* (London, 1922), 78 이하, 98 이하.

7 Cf. E. A. Wallis Budge, *From Fetish to God in Ancient Egypt* (Oxford, 1934), 494;
   S. Stevenson, *The Rites of the Twice-Born* (London, 1920), 33, 40 등.

8 E. W. P. Chinnery et W. N. Beaver, "Notes on the Initiation Ceremony of the
   Koko Papua," *Journal of the Royal Anthropological Institute*, 45 (1915): 69-78), 76
   이하.

우승컵으로서 그의 머리를 먹거나 간직하는 것이며 영들이나 신들의 행동을 모방하는 것이다. 그러므로 이러한 측면에 위치한 이 행동은 성스러운 행동이며 의례이다. 새로운 가입자는 한 사람을 죽여야만 한다. 왜냐하면 신이 그 이전에 이미 그렇게 했기 때문이다. 새로운 가입자는 가입 동안에 이미 신에 의해 죽었었고, 그는 죽음을 경험했다. 그는 사람들이 그에게 폭로했던 것을 반복해야만 한다. 이것은 신화시대에 신들에 의해 교육된 신비이다."

우리는 이러한 종류의 입문의례를 암시했었다. 왜냐하면 그것은 군사적 입문의례에서, 특히 원시사의 유럽에서 매우 커다란 역할을 했기 때문이다. 전쟁 영웅은 용과 다른 괴물들의 살해자일 뿐만 아니라 인간의 살해자다. 영웅적인 결투는 제물이다. 전쟁은 승리의 신들에게 셀 수 없이 수많은 희생제물을 번제로 드리는 타락한 의례이다.

한 번 더 입문의례가 갖는 원시적 신비를 검토해 보자. 우리는 모든 영적인 탄생의, 다시 말해 재탄생의 기초로서 죽음의 상징을 도처에서 만났다. 이 모든 상황 속에서 죽음은 신성화되지 않은 세속적인 조건의 초월, 종교심에 대해 모르고 영적으로 눈먼 '자연적 인간' 조건의 초월을 의미한다. 가입의 신비는 새로운 가입자에게 존재의 진정한 차원으로 조금씩 나타난다. 성(聖)에 그것을 도입하면서 신비는 인간의 책임감을 담당하도록 강요한다. 아주 중요한 이 사실을 다시 살펴보자. 고대 사회에 있어서 영성에의 접근은 죽음의 상징으로 해석된다.

'남자 사회'와 비밀 사회

성년식의 경우에 실행된 의례들 이외에도 성인들에게 준비된 또 다른 신비가 존재한다. '남자 사회', 남자 결사 조직(Männerbünde) 또는 비밀 사회에는 함부로 들어갈 수 없으며 일련의 새로운 입문의례 시험을 치르고 난 후에만 구성원이 될 수 있다. 이 남자 결사 조직의 형태학은 무척 중요하지만, 여기서 그것들의 구조와 역사를 설명하는 것은 불가능해 보인다.9 남자들의 비밀 사회의 기원에 대해서 가장 일반적으로 받아들여진 가설은 프로베니우스(Frobenius)에 의해 암시되고 역사 문화학파에 의해 되찾아진 가설이다.10 이 가설에 의하면 남성의 비밀 사회는 모권제의 설립으로 생겨났다. 남성 비밀 사회는 가면을 악마와 죽은 영들이라고 말함으로써 여자들이 그것을 믿고 무서워하도록 했다. 그러므로 이것은 모권제에 의해 설립된 여성의 지배를 뒤흔들기 위한 것이다. 우리가 여기에서 전개 시킬 수 없는 이유들로 가설이 세워진 것 같지는 않다. 마스크의 사회들이 남성 우월을 위한 투쟁 속에서 큰 역할을 했다는 것은 가능하다. 그러나 비밀 사회의 일반적인 현상이 모권제의 결과라는 증거는 존재하지 않는다. 반대로 성년식의 의례들과 남성 비밀 사회에 입문하기 위해 통과해야 하는 입문의례 시험 사이에는 완벽한 연속성이 있다. 오세아니아 전역에서는 남성 비밀 사회에 소속되

---

9 Cf. C. H. Wedgwood, "The Nature and Function of Secret Societies," *Oceania*, I, 2 (1930): 129-151; Will-Erich Peuckert, *Geheimkulte* (Heidelberg, 1951).
10 Cf. *Semaine d'ethnolgie religieuse*, III, 335 이하; Wilhelm Schmidt, *Das Mutterrecht* (Wien, 1955), 170 이하.

기 위해 요구되는 입문의례처럼 소년들의 입문의례도 죽음을 상징하는 괴물에게 삼켜졌다가 부활로 이어지는 똑같은 의례가 발견되는데, 이것은 형식이 같은 중심에서 유래했다는 것을 입증해 준다.[11] 그러므로 또 다른 결론이 우리에게 부과되는 것 같다. 남자들의 비밀 사회는 부족 생활의 신비로부터 유래한다.

이제 새로운 비밀 연합의 목적과 기원을 설명해야만 하겠다. 무엇보다도 주목해야 할 것이 있다. 여성들의 독점적인 신비 사회의 수가 비록 제한적이라 할지라도 여성의 독점적인 신비 사회만큼 남성의 독점적인 신비 사회가 존재한다. 사람들은 남자(mâles)의 협회를 모방하려는 욕망에 의해 여성(feminines)의 비밀 사회가 출현했다고 설명하고 싶을 것이다. 그리고 이러한 가입 과정이 몇몇 지역에서 확인되었다는 것은 매우 가능성 있는 일이다. 그러나 우리가 더 나중에 살펴보겠지만, 여성들의 비밀 사회인 여자 결사 조직(Weiber-bünde)은 초경에 관계된 여성 입문의례로부터 유래한다. 그러므로 어느 누구도 남자들이 모권제에 대항하기 위해 비밀 사회를 조직했다거나 남자들이 주는 공포를 여자가 경계하기 위해 여자 결사 조직을 조직하면서 남자들의 것을 모방했다고 가정하도록 강요할 수 없다. 반복해서 말하자면 인류 종교사에서 두 성 간의 작용과 반작용 현상들이 여러 차례 확인되었지만, 그것은 원래의 현상에 관계된 것이 아니다. 최초의 현상은 사춘기의 어린 소녀에게서뿐만 아니라 젊은 남자들에게서도 전개되는 입문의례의 신비다. 신비의 다른 모든 형태는 모든 존재가 한 명의 남자(un homme)나 한 명의 여자(une

---

11 Cf. E. M. Loeb, *Tribal Initiation and Secret Societies*, 262.

femme)가 되기 위해 받아야만 하는 초기의 계시로부터 유래한다. 그리고 신비의 비밀 사회 출현을 수긍할 수 있는 유일한 이유는 두 성 각각이 자신에게 부여된 특수성을 살리며 독자적으로 지내고자 하는 욕망에 있을 것이다.

이런 이유에서 비밀 사회에서 입문의례는 성년의 입문의례와 유사하다. 사람들은 동일한 시험, 죽음과 부활의 동일한 상징, 동일한 전통적 법칙과 대면한다. 그리고 사람들이 이것들과 대면하는 이유는 이 입문의례 시나리오가 더 새롭고 복잡한 성(聖)을 경험하는 데 필요불가결한 조건을 이루기 때문이다. 그럼에도 우리는 정도의 차이를 지적했다. 남자 결사 조직에서 비밀은 부족의 가입에서보다 더 큰 역할을 한다. 전적으로 비밀은 아닌 성년식의 의례가 존재한다(예를 들어 푸에고 제도의 경우). 그러나 비밀의 서약 없는 신비 사회는 존재하지 않는다. 또는 더 정확하게 원주민들이 그들의 선조의 전통들을 그대로 보존했던 한, 비밀 서약 없는 신비 사회는 존재하지 않았었다. 이 사실은 두 개의 원인과 관계가 있다. 첫 번째 원인은 비밀 사회에 소속된다는 것은 이미 선출을 내포한다는 것이다. 부족의 입문의례를 극복한 이들 모두가, 비록 원한다 할지라도, 비밀 사회에 속하는 것은 아니다. 비밀 강화의 두 번째 이유는 오히려 역사적인 질서(기준)에 속한다. 세계는 변한다. 심지어 '원시인들'에게조차도 세계는 변한다. 그러므로 선조의 몇몇 전통들은 변질될 위험이 있다. 훼손을 피하기 위해 이론들은 점점 더 비밀로 봉인된다. 이것은 이론을 보존했던 사회가 근원적으로 변화되는 중일 때 한 이론의 엄폐에 관해 잘 알려진 현상이다. 똑같은 현상이 도시 사회의 기독교화 이후의 유럽에서도 확인되었다. 기독교 이전의 종교적 전통들은 시골에서 보존되거나 변장되거나 인공적으로 기독교화되었다. 그러나 특히 기독교 이전의 전통들은 마녀라는 폐쇄적인 서클 안에서 엄폐되었다. 그러므로 이것은 우리가 신비의 비밀 사회 안에 전해진 진정한 전통들을 알고 있다고 믿는 착각(환상)일 것이다. 무척 자주 관찰자들은 어떤 중요치 않은 의례들과 노래들만을 기록할 수 있다. 그럼에도 그것들의 상징은 분명해서 입문의례의 의미를 간파할 수 있게 해준다.

예를 들어 쿠타족(les Kuta)에게서 느고이(Ngoye)에게 드리는 비밀 집회에서 행해진 입문의례는 "너무도 배타적이어서 씨족의 족장들만이 거기(동업조합인 단체, 협회)에 가입할 수 있다."[12] 신봉자들은 표범 모피로 된 가느다란 가죽끈으로 매를 맞았다. 그 후에 그들은 땅 위 1미터가량 높이의 수평으로 된 장대에 달리게 된다. 그러므로 사람들은 우리에게 "이 입문의례 때 새로운 가입자들은 도망치기 위해 처절하게 노력하고 두려움에 사로잡힌다"(Andersson, *op. cit.*, 219)라고 설명해준다. 그러나 이것만으로는 그들이 갖는 두려움의 원인을 이해할 수 없다. 그것은 인류학자에 의해 관찰될 수 없는 더 심오한 입문의례에 관계된다. 그러고 나서 새로운 가입자들은 '따끔따끔 찌르는 나뭇잎'으로 매를 맞는다. 그리고 엄청난 가려움증을 일으키는 식물을 몸과 머리카락에 바른다. 쐐기풀로 때리거나 비비는 것을 통과하는 것은 지원자 가입의 세분(분할)을 상징하는 의례, 악마들에 의한 죽음이라는 것을 주목하자. 우리는 샤먼의

---

12 E. Andersson, "Conribution à l'ethnographie des Kuta, I" (Uppsala, 1953), 211.

입문의례에서 똑같은 상징과 똑같은 의례를 발견한다.[13] 결국 또 다른 시험은 "5~6미터 높이의 나무에 가입자가 기어오르도록 하고, 그 위에서 무쿤구(mukungu) 안에 보관된 약을 마셔야만 하는 것으로 이루어져 있다. 마을로 돌아온 새로운 가입자는 울고 있는 여인들에 의해 맞아들여진다. 그녀들은 마치 새로운 가입자가 곧 죽을 것처럼 운다"(Andersson, op. cit., 213). 또 다른 부족 쿠타족에서 새로운 가입자는 엄청난 폭력으로 두들겨 맞는데, 사람은 다른 이름을 그에게 주기 위해 그의 옛 이름을 '죽인다'고 말한다(Ibid., 214). 이 의례에 대해 길게 이야기하는 것은 소용이 없을 것 같다. 성년의 입문의례 안에서와 마찬가지로 우리는 승천으로 이어지는 상징적인 죽음과 부활을 볼 수 있다.

만데족(les Mandja)과 반다족(les Banda)에게는 느가코라(Ngakola)라는 이름을 가진 존재에 대한 이야기가 전해온다. "사람들이 새로운 가입자들을 가입시킬 때 그들에게 이야기해 준 신화에 의하면, 느가코라는 옛날에 땅 위에 살았었다. 그의 몸은 매우 까맣고, 긴 털로 덮여 있었다. 아무도 그가 어디서 왔는지 알지 못했다. 그러나 그는 늪이 많은 물가의 가시덤불 속에서 살았었다. … 그는 사람을 죽일 수 있는 힘을 가졌고, 그러고 나서 그에게 새 생명을 불어넣을 수 있는 힘도 가졌고, 심지어 그를 최고의 사람으로 만들 수조차 있었다." 그러므로 그는 사람들에게 호소했다. "나에게 사람들을 보내주시오. 나는 그들을 삼킬 것이고, 그들을 새롭게 해서 토해 낼 것이오!" 사람들은 그의 충고를 따랐다. 그러나 느가코라는

---

13 Cf. Eliade, *Le Chamanisme*, 47 이하, 55 이하, 65 이하.

그가 삼켰었던 것의 절반만을 돌려주었기 때문에 사람들은 그에게 복수하기로 결심했다. 그들은 그에게 "엄청나게 많은 양의 카사바(열대지방의 관목)를 먹으라고 주었는데, 거기에 돌을 섞어 넣었다. 사람들이 이렇게 괴물을 약하게 하는 데 성공했음에도 불구하고 사람들은 칼이나 투창으로 그를 죽일 수 없었다"(Andersson, *Ibid.*, 264). 이 신화는 비밀 사회 의례들의 근거를 이루며 그 의례들을 정당화한다. 신성화된 평평한 돌 하나가 입문의례 안에서 커다란 역할을 한다. 전통에 따르면 이 신성화된 돌은 느가코라의 배 속에서 나왔다(*Ibid*). 새로운 가입자는 괴물의 육체를 상징하는 오두막집에 들어간다. 그가 느가코라의 구슬픈(비통한) 목소리를 듣는 것은 거기에서다. 그리고 매를 맞고 고문을 겪는 곳도 거기에서다. 왜냐하면 사람들은 그에게 "그가 지금 느가코라의 배 속에 들어갔고", 그는 소화되는 중이라고 말하기 때문이다. 또 다른 가입자들은 일제히 함께 노래 부른다. "느가코라여, 우리의 내장을 다 가져가라!"(Andersson, 266, n.1) 또 다른 시험 후에 가입의 스승(거장)은 새로운 가입자를 먹었던 느가코라가 마침내 그를 막 토해 냈다고(돌려주었다고) 선포한다.

　　우리는 여기에서 괴물의 배 속에 삼켜짐으로 인한 죽음의 상징, 즉 성년의 가입 속에 그토록 커다란 역할을 한 상징을 발견한다. 비밀 사회의 입문의례들이 부족의 입문의례와 비교할 때 모든 점에서 대응한다는 것을 한 번 더 주목하자: 은둔, 고문과 가입 시험. 죽음과 부활, 새로운 이름의 부여, 비밀 언어의 교육 등. 이것은 벨기에 선교사 레오 비트르미유(Léo Bittremieux)가 마이옴브(Mayombe)에 있는 바킴바족(les Bakhimba)의 비밀 사회에 대해 제공했던 설명에서 더 잘 드러난다.[14] 가입 시험은 2년에서 5년간 지속되며,

가장 중요한 것은 죽음과 부활의 의례로 이루어진다. 새로운 가입자는 '죽어야만'(tué) 한다(Bittremieux, *op. cit.*, 44). 사건(장면)은 밤에 일어나고, 오래된 가입자들은 "춤의 북소리의 리듬과 곧 죽을 이들의 어머니들과 부모들의 애가에 맞춰 노래한다"(*Ibid.*, 45). 지원자는 채찍질을 맞고, '죽음의 음료수'라고 불리는 마취제(최면제)를 처음으로 마신다(*Ibid.*, 47). 그러나 그는 또한 지혜를 상징하는 호리병박 열매의 씨앗을 먹는다. 이것은 의미 있는 세부 사항인데, 왜냐하면 죽음을 통해서만 지혜에 닿는다고 우리에게 알려주기 때문이다. '죽음의 음료수'를 마신 후에 연장자 중의 한 명이 지원자의 손을 잡고 그가 땅에 넘어질 때까지 빙글빙글 돌게 한다. 그러면서 사람들은 외친다. "오! 누구누구는 죽었다!" 원주민 보고자는 "합창대가 장례곡을 노래하고 있는 동안에 사람들이 죽은 자를 땅에 굴린다"고 선포한다. "그는 정말 죽었다! 아! 그는 죽었다! Khimba, 나는 더 이상 그를 보지 못할 것이다!"

그리고 마을에서 그의 어머니, 그의 형제, 자매가 마찬가지로 이렇게 운다(*Ibid.*, 50). 그리고 '죽은 자들은' 이미 가입한 그의 부모들에 의해 '부활의 안뜰'이라 불리는 성스러운(축성된) 성벽(울타리) 안으로 옮겨진다. 그들은 십자가 형태로 된 구덩이 속에 알몸으로 눕혀진다. 거기에서 그들은 4까지만 셀 줄 아는 원주민의 일주일의 첫 번째 날인 '전환'(轉換, commutations)의 날 또는 '부활'의 날의 새벽까지 머문다(*Ibid.*, 51). 그리고 나서 새로운 가입자들은 머리를

---

14 K. L. Little, "The Poro Society as an arbiter of Culture," *African Studies*, VII (1948), 1-15.

깎이고, 매를 맞고, 땅에 던져지고, 후춧가루를 듬뿍 탄 액체 몇 방울을 눈과 코에 맞으면서 마침내 부활한다. 그러나 '부활' 전에 그들은 절대적인 비밀의 서약을 해야만 한다. "내가 여기에서 볼 모든 것, 나는 그것을 어느 누구에게도, 여자에게도 남자에게도, 세속인에게도, 백인에게도 말하지 않을 것이다. 만약 그렇지 않다면, 나를 부풀게 하고 나를 죽여라!"(*Ibid.*, 52) 내가 여기에서 볼 모든 것. 그러므로 새로운 가입자는 진정한 신비를 아직 보지 않았다. 그의 입문의례는 다시 말해 그의 의례적인 죽음과 부활은 우리가 잘 알지 못하는 비밀 의례들에 참석할 수 있기 위한 필수불가결한 조건이다.

또 다른 남성의 비밀 사회에 대해 말하는 것은 불가능하다. 오세아니아의 비밀 사회들,[15] 예를 들어 특히 비가입자들에게 행해지는 둑둑(dukduk)의 신비와 공포는 관찰자들에게 큰 감동을 주었다. 또는 북아메리카의 남성 동업조합은 그들의 가입의 고문으로 유명하다. 예를 들어 우리는 만단족(les Mandan)에게서 부족의 입문의례가 비밀 단결로의 입문의례인 동시에 사람들이 상상할 수 있는 모든 것을 초월하는 고문이었다는 것을 알고 있다. 두 남자가 지원자의 가슴과 등에 칼을 꽂고, 상처에 그들의 손가락을 집어넣고,

---

15 둑둑(dukduk)에 관해서는 Romilly, *The Western Pacific and New Guinea*, 27-33 참고. 이 저서를 Webster는 *Sceret Societies*, 111에서 다시 부연했다(이태리 번역본은 158 이하 참조). O. E. Briem, *Les Société secrètes de mystères*, trad. suédois par E. Guerre (Paris, 1941), 38 이하. Cf. R. Piddington, *Introduction to Social Anthropology*, 208-209. Cf. R. W. Williamson et R. Piddington, *Essays in Ploynesian Ethnology* (Cambridge, 1939), 113-153; W. E. *Mühlmann, Arioi une Mamaia* (Wiesbaden, 1955).

근육 아래 관절을 관통하여 밧줄로 고정하고, 공중에 새로운 가입자를 끌어 올렸다. 그러나 끌어올리기 전에 사람들은 팔과 다리의 근육 안에 쐐기를 박아 관통했고, 거기에 물소의 머리와 무거운 돌을 매달아 놓았다. 캐틀린(Catlin)이 말하길,[16] 젊은이들이 이 엄청난 고문을 극복하는 방법은 가공할 만하다. 사형 집행인들은 그들의 육체를 마구 자르지만, 그들은 얼굴을 찌푸리지 않는다는 것이 특이하다. 공중에 일단 매달려진 후 불행한 자가 의식을 잃고 그의 육체가 해체될 것처럼 늘어질 때까지 한 남자가 그를 점점 더 빨리 팽이처럼 돌리기 시작한다.

입문의례에서 고통의 의미

이 같은 고문의 의미는 무엇일까? 유럽의 첫 번째 관찰자들은 원주민들의 선천적인 잔인성에 대해 말한다. 그러나 이것이 문제되는 것은 아니다. 원주민들은 문명인보다 더 잔인하지 않다. 그러나 모든 전통 사회에서 고통은 의례적인 가치를 갖는다. 왜냐하면 고문은 초인간적 존재에 의해 실행된다고 간주되며 희생자의 영적인 변모(변환)에 목적이 있기 때문이다. 고문은 그 자체가 입문의례의 죽음의 경험이다. 고문을 당하는 것은 가입의 악마-스승에 의해 조각조각 잘리는 것, 달리 말해 사지 절단에 의해 죽음에 처하는 것을 의미한다. 사람들은 성 앙뜨완느(saint Antoine)가 어떻게 악마

---

16 Catlin Georges Catlin, *O-Kee-Pa* (London, 1867), 13 이하, 28 이하; *Annual Report of the Smithsonian Institution for 1885* (Washington, 1886), 2e partie, 309 이하. Cf. O. E. Briem의 요약 텍스트로는 *Les Société secrètes de mystères*, 94-95.

들에 의해 고문을 당했는지를 기억한다. 그는 땅속에서 질식해서 공중에 올려졌다. 악마들은 그의 육체를 절단했고, 그의 사지를 분해했고, 조각조각 잘랐다. 기독교 전통은 이 고문을 '성 앙뜨완느의 시험'이라고 부른다. 그리고 이 시험이 입문의례 시험과 유사하다는 척도 안에서 이것은 진실이다. 이 모든 시험에 맞서 승리하면서, 다시 말해 모든 '시험'을 견뎌내면서 수도사 앙뜨완느는 성인이 되었다. 이것은 이전의 세속적인 인간을 '죽이고' 다른 인간, 다시 태어난 인간, 성인으로 부활했다는 것을 의미하는 것이다. 그러나 기독교인이 아닌 관점에서 이것은 또한 악마들이 그들의 임무를 완수했다는 것을 의미하는 것이다. 정확하게 말해 바로 그가 재생하는 것을 가능하게 하기 위해 세속적인 인간을 '죽이는' 악마의 임무 말이다. 악마들에게서 악의 힘을 확인하면서 그리스도교(기독교)는 그들에게서 구원의 구조 속의 긍정적인 모든 기능을 끌어냈다. 그러나 그리스도교 이전에 악마들은 다른 것들 사이에서 입문의례의 스승(maître)이었다. 그들은 새로운 가입자를 잡고, 고문하고, 수많은 시험에 처하게 하고, 마침내 재생된 영혼과 함께 육체 안에서 다시 태어나게 할 수 있기 위해 그들을 죽였다. 그들이 성 앙뜨완느의 시험 안에서 똑같은 입문의례의 역할을 완수하고 있는 것은 의미심장한 일이다. 왜냐하면 결국 앙뜨완느에게 신성함을 부여하는 기회를 주었던 것은 그들의 고문과 그들의 '시험'이었기 때문이다.

이것은 우리의 주제와 동떨어지지 않았다. 만단족이 입문의례 때 행하는 고문들이 아메리카 인디언들이 선천으로(타고난) 지닌 잔혹한 행위와는 같지 않고 오히려 그들의 행위는 의례적인 의미, 즉 입문의례 때 악마들에 의해 분해된다는 점을 드러낸다. 이러한 육체적 고통에 대한 종교적 가치 부여는 또 다른 사실들에 의해 확인되었다. 어떤 위중한 병들은, 특히 심리-정신적 병들은 원시인들에게는 환자가 샤먼, 신비주의자가 되기 위해 신의 존재들에 의해 선택되었다는 의미에서 '마귀 들림'처럼 간주되었다. 따라서 그것은 가입하고 있는 중, 다시 말해 '악마들'에 의해 고문당하고, 잘리고, 살해되는 중인 것이다. 우리는 미래의 샤먼들에게서 이러한 가입의 병들에 대한 수많은 예를 다른 곳에서 가져왔다.[17] 그러므로 부과되는 결론은 다음과 같다. 정신적 고통과 마찬가지로 육체적 고통은 모든 가입에 필요불가결한 고문과 유사하다. 병은 원시인들에게서 초자연적인 선출의 결과로서 평가받았다. 그러므로 병은 가입 시험으로 간주되었다. 다시 태어날 수 있기 위해서, 즉 치유되기 위해서는 무엇인가에 '죽어야만' 했다. 이전의 자신은 죽었고, 세속적인 조건은 죽었다. 치유된 자는 다른 존재, 갓난아기, 우리의 사례에서는 샤먼, 신비주의자가 되었다.

여러 단계에서 그리고 다양한 상황 속에서 우리는 시험, 고문, 의례적 죽음과 상징적 부활을 포함하는 똑같은 가입의 도식을 만난다. 우리는 씨족의 내부에 더 폐쇄적인 서클을 대표하는 남자들의 비밀 협회 속에서와 마찬가지로 씨족의 모든 구성원을 위해 필수적인 소위 성년식의 가입 안에서도 역시 영적인 재생의 시나리오를 막 확인했다. 게다가 우리는 미래의 샤먼들의 가입의 병과 마찬가지로 개인적인 신비주의적 소명 역시 똑같은 시나리오를 포함한다는

---

17 *Le Chamanisme*, 45 이하, 99 이하. 고통에 대한 연금술 상징과 심리학 맥락에 관하여 C. G. Jung, *Psychologie and Alchemie* (Zürich, 1944), 320 이하; *Von den Wurzeln des Bewusstseins* (Zürich, 1954), 154 이하, 211 이하.

것을 확인했다. 고통, 고문, 죽음과 부활. 우리는 영적 재생의 신비가 여러 단계에서 그리고 다양한 상황 속에서 실행되는 원형적인 과정을 포함한다고 결론짓지 않을 수 없겠다. 더 높은 곳으로 이르기 위해 존재방식을 초월하는 문제가 매번 실현된다. 또는 더 정확하게 매번 영적인 변질이 문제되는 것이다.

성년의 입문의례 때의 비의, 원시인들에게 불가사의한 소명을 결정하는 내적인 경험과 비밀 사회의 의례들 사이의 완벽한 연계성과 연속성은 우리에게 아주 의미심장해 보이는 것 같다. 그러므로 다시 이 주제로 되돌아갈 것이다.

'여성의 불가사의'

여성의 불가사의라고 부를 수 있는 것은 상대적으로 덜 연구되었다. 여성의 입문의례 내용에 대해 아직까지 우리가 잘 알지 못하는 것은 이러한 이유에서다. 그럼에도 남성의 불가사의와 여성의 불가사의라는 두 범주 사이에는 놀랄만한 유사점이 존재한다. 초경을 하게 된 어린 소녀들의 격리는 한 연령층에서 다른 연령층으로의 통과의례에 대응된다. 남성들의 사회는 여성들의 사회에 대응된다. 결국 남성의 동업조합을 이루는 입문의례는 배타적으로 여성의 불가사의 안에서 만나진다. 분명하게 이 대응은 일반적인 질서에 속한다. 입문의례 속에서 그리고 여성에게 예약된 신비 속에서 똑같은 상징을 또는 더 정확하게 말해 남성의 동업조합과 가입의례에서 드러난 것과 동일한 상징적인 표현을 발견하기를 기대해서는 안 된다. 그럼에도 공통 요소는 있다. 이러한 모든 의례와 불가사의의 밑바닥에는 항상 심오한 종교적 경험이 내재해 있다. 이런 종교 경험은 여성의 조건을 가정한 상태에서 이루어지는데 여성의 비밀 사회만큼 성년의 가입의례는 성스러운 것에 접근하기 위해 행해진다.

입문의례는 초경과 함께 시작된다. 이 생리적인 증후군은 친근한 세계로부터 어린 소녀가 단절되는 것으로, 가슴 찢어지는 듯한 슬픔을 요구한다. 그녀는 즉시 공동체로부터 격리되고 분리된다. 우리는 여기에서 초경의 출현과 동시에 그의 불길한 특성을 설명하기 위해 원주민들에 의해 환기된 신화들을 다루지 않았다. 마찬가지로 우리는 이러한 이상한 행동을 정당화하기 위해 근대 사회학자와 인류학자에 의해 연구된 이론들도 지나칠 것이다. 격리는 즉시 실행되고, 특별한 오두막집 안에서, 가시덤불 안에서 또는 주거지의 어두운 구석 안에서 월경하는 어린 소녀가 꽤 불편한, 특이한 자세를 취하고 어느 누구와도 접촉하거나 햇빛에 나오는 것을 피해야만 한다는 것을 기억하는 것으로 충분할 것이다. 소녀는 특수한 옷 또는 표식, 자신에게만 부여된 색깔을 취하고, 익히지 않은 날음식을 먹어야만 한다.[18]

이런 세부 사항이 우리를 놀라게 한다. 소녀는 그늘에, 어두운 오두막집에, 가시덤불에 격리되고 은둔 생활을 한다. 이것은 우리에게 오두막집 속에 갇힌, 숲속에 격리된 소년들의 입문의례의 죽음

---

18 H. Ploss et M. Bartels, *Das Weib in der Natur-und Völkerkunde*, I (Leipzig, 1908), 454-502 이하; Frazer, *Tabu and the Perils of the Soul*, 204-233 이하; R. Briffault, *The Mothers*, II (London, 1927), 365-412 이하; W. Schmidt et W. Koppers, *Völker und Kulturen*, I (Regensburg, 1924), 273-275 이하.

상징을 연상시킨다. 단지 소녀들에게서는 격리가 초경 후에 즉시 일어난다는 차이점이 있다. 그러므로 격리는 개인적이다. 반면에 소년들에게서는 가입이 집단으로 행해진다. 소녀의 경우는 생리적인 특성에 의해 설명되고 어린 시절의 말기에 나타난다. 월경이 시작되면서 격리된다는 것은 개별적인 사항이기에 여성 입문의례가 보편적으로 설명되지 못하는 요인이 된다. 그럼에도 그것들은 이미 오스트레일리아 아란다족(les Arandas)에 그리고 많은 아프리카 지역에 존재한다.[19] 그러나 한 가지 사실을 잊어서는 안 된다. 격리의 기간은 문화에 따라 다양하다. 사흘부터(인도) 20개월까지(뉴질랜드) 또는 몇 년까지(캄보디아) 아주 다양하다. 이것은 어린 소녀들이 한 그룹을 이루는 것으로 끝난다는 것을 의미하는 것이다. 그리고 그들의 가입은 지도하는 늙은 여인들에 의해 집단적으로 실행된다. 우리가 방금 말했던 것처럼 사람들은 소녀들의 가입에 대해서는 아주 적은 사실만을 알고 있다. 그녀들은 성의 비밀과 마찬가지로 부족의 어떤 전통들에도 (Basuto의 사례에서처럼) 관련 있는, 충분히 복잡한 교육[20]을 받는다. 입문의례 기간은 집단적인 춤(군무)과 함께 끝을 맺는다. (우리는 이미 이민재[Pflanzervölker]에게서 이미 이 관습을 만났다.[21]) 많은 지역에서 어린 가입 소녀들은 전시되고 축하받는다.[22]

---

19 B. Spencer et F. G. Gillen, *Native Tribes of Central Australia* (London, 1899), 92 이하, 269 이하; *Northern Tribes of Central Australia* (London, 1904), 133 이하; C. H. Wedgwood, "Girls' Puberty Rites in Manam Island, New Guinea," *Oceania*, IV, 2 (1933): 132-155; Webster, *op. cit.*, 45 이하.

20 Cf. Hehaka Sapa, *Les Rites secrets des Indiens Sioux*, trad. française (Paris, 1953), 146 이하.

21 W. E. Peuckert, *Geheimkulte*, 258.

혹은 그녀들은 선물을 받기 위해 집에 줄지어 초대받는다.[23] 또한 문신 새기기 또는 이빨 검게 하기 등 가입의례가 거의 끝나간다는 것을 표시하기 위한 또 다른 외적인 표시가 존재한다.[24]

여기에서 입문의례에 참여한 어린 소녀의 관습과 의례를 더 상세하게 연구하지는 않을 것이다. 그러나 은둔 기간 동안 새로운 가입자에게 첫 번째로 실잣기와 직물 짜기를 교육하는 여성의 어떤 직업에 대한 의례적 중요성을 기억하자. 이 상징은 수많은 우주발생론 속에서 본질적인 역할을 맡는다.[25] 시간을 실 잣듯이 뽑는 것은 달이며, 인간의 현존을 '잣는' 것도 달이다. 그리고 운명의 여신들은 실을 잣는 거미이다. 이 행위는 한편으로 세계의 창조 또는 재창조, 시간과 운명의 실잣기고, 다른 한편으로 밤의 일, 여성적 일로 빛과 멀리 떨어져서 비밀스럽게, 거의 숨어서 실행된다. 이런 행위를 통해 우리는 불가사의한 현실의 두 질서 사이에 존재하는 불가사의한 연계성을 알 수 있다. 어떤 장소—예를 들어 일본—에서[26] 사람들은 영원한 긴장에 대한 그리고 심지어 어린 소녀들의 비밀 사회와 남성들의 사회 사이의 갈등에 대한 신화학적인 회상을 알고 있다. 남성들과 그들의 신들은 밤 동안에 실 잣는 여인을 공격하고, 그녀들의 작품을 파괴하고, 베틀과 북을 없애버린다. 다른 지역에서는

---

22 *Ploss et Bartels*, I, 464 이하; Evel Gasparine, *Nozze, società e abitazione degli antichi Stavi* (Venezia, 1954); lithographi, Appendice I et II, 13.

23 Evel Gasparini, *op. cit.*, 14.

24 Cf. Evel Gasparini, *op. cit.*, 25 이하.

25 M. Eliade, *Images et symboles. Essais sur le symbolisme magico religieux*, 120 이하.

26 M. Eliade, *Ibid.*

입문의례의 은둔 기간 동안 늙은 여인들은 어린 소녀들에게 실 잣는 기술과 함께 의례적인 춤과 노래를 가르치는데, 그 내용은 외설적이고 음란하다. 은둔이 끝난 뒤에도 어린 소녀들은 함께 실을 잣기 위해 늙은 여인의 집을 찾아간다. 여성 노동이 갖는 의례적 특성을 살펴보자. 실잣기는 매우 위험하다. 그래서 특수한 집에서만, 단지 어떤 특정한 기간 동안에만 특정한 시간까지만 실잣기를 할 수 있다. 세계의 어떤 지역에서는 그 주술적인 위험성 때문에 실잣기의 맥이 끊어지고 아예 잊히기도 했다.[27] 이와 유사한 믿음이 오늘날에도 여전히 유럽에 남아 있다(cf. Percht, Holda, Frau Holle 등). 간단히 말해 여성의 가입, 실잣기 그리고 성 사이에는 비밀스러운 연대성이 존재한다.[28]

어린 소녀들은 혼인 전에 어떤 자유를 누리고, 소년들과의 만남 은 그녀들이 실을 잣기 위해 모인 집에서 이루어진다. 21세기 초반까 지만 해도 여전히 그 관습이 러시아에서 확인되었다.[29] 처녀성이 높게 평가받는 같은 문화 속에서 소녀들과 소년들 사이의 만남이 부모에 의해 허용될 뿐만 아니라 권장된다는 것은 무척 놀라운 일이다. 서양의 그리고 유럽의 관찰자들, 특히 성직자들이 볼 때 이러한 관습은 품행의 해체를 뜻하는 것이다. 그러나 이것은 해체나 도덕 차원의 그런 문제가 아니다. 이것은 한층 심오하다. 왜냐하면

---

27 R. Heine-geldern, *Südostasien* (G. Bushan, *Illustrierte Völkerkunde*, II, Stuttgart, 1923), 841; Evel Gasparini, *op. cit.*, 18 이하.

28 Marcel Granet, *La Civilisation chinoise* (Paris, 1929), 406 이하; E. Gasparini, 20 이하; Gasprini, 40.

29 D. Zelenin, *Russische(ostslawische) Volkskunde* (Berlin, 1927), 37 이하; E. Gasparini, 22-23.

생명과 직결되어 있기 때문이다. 이것은 커다란 비밀에 관계된다. 여성의 신성함에 대한 계시가 바로 그것이다. 이것은 생명과 다산성의 근원을 보여준다. 어린 소녀들이 혼전에 누리는 이러한 자유는 외설적인 질서에 속하는 것이 아니라 의례적인 속성에 관계되는 것이다. 그것들은 세속적인 쾌락이 아니라 잊힌 신비의 단편을 이룬다. 순수함과 순결함을 중시하는 엄격한 사회에서 소녀들과 여인들이 어떤 성스러운 기간 동안에, 특히 결혼의 경우에 관찰자들을 깜짝 놀라게 하는 방법으로 행동한다는 사실을 이와 다르게 설명할 수는 없을 것이다. 한 가지 예를 제시하자면 우크라이나에서는 여인들이 불 위를 뛰어넘기 위해 치마를 허리까지 올리는데, 사람들은 그녀들이 "신부의 머리카락을 태운다"[30]고 말한다. 행동의 완전한 전복—절제로부터 노출까지—은 의례적인 목표를 추구하며, 따라서 공동체 전체에 관계된 것이다. 이 여성 신비의 주신제(오르기아)의 특성은 무엇보다도 세속적인 현존을 지배하는 규율들을 주기적으로 파괴하는 필요성, 달리 말해 관습에 따라 죽음을 선고하는 법을 정지시키고 절대적인 자발성의 상태로 회귀해야 하는 필요성으로 설명한다.

어떤 지역에서는 여성의 입문의례가 여러 단계로 나눠진다. 예를 들면 야오족(les Yao)에게서 입문의례는 초경과 함께 시작되고, 첫 번째 임신 동안에도 지속되고 심화되며, 첫 아이의 탄생 후에야 비로소 끝난다.[31] 분만의 불가사의, 즉 여성의 입장에서 분만은

---

30 Th. Volkov, *Rites et usages nuptiaux en Ukraine* (L'Anthropologie, 1891-1892)의 글을 Gasparini가 위에서 언급한 책 42 이하에서 요약함.
31 R. P. Heckel, *Miscellanea* (Anthropos, XXX, 1935), 875; Gasparini, 27.

창조에 해당하는데, 이것은 남성의 경험에서는 번역할 용어를 찾을 수 없는 종교적 경험에 해당한다. 이런 의미에서 사람들은 분만이 왜 여성의 불가사의한 의례의 원인이 되는지 이해한다. 이러한 불가사의의 흔적들은 유럽에서도 보존되어왔다. 슐레스비히(Schleswig) 북부에서 아이의 출생 소식을 들으면 마을 전체의 여인들은 미친것처럼 행동한다. 그녀들은 춤을 추고 소리를 지르면서 산모의 집으로 간다. 만일 가는 동안 남자들을 만나면 그녀들은 남자들에게서 모자를 빼앗고 거기에 말똥을 채운다. 만일 마차를 만나면 그것을 조각조각 부수고 말을 자유롭게 해준다. (여기에서 남성들의 일에 대한 여성들의 반응을 예상할 수 있다.) 모든 여인이 산모의 집에 모였을 때 마을을 가로지르는 광란 상태에 빠진 경주가 시작된다. 여인들은 메나드 무녀들(Ménades)처럼 고함치면서 만세 삼창을 하고 집단으로 달리기를 해서 이 집 저 집 들어가서 그녀들이 원하는 모든 음식과 음료수를 취한다. 그리고 그녀들이 만나는 남자들에게 춤을 강요한다.[32] 옛날에 어떤 비밀 의례들이 산모의 집에서 전개되었다는 것은 아마도 분명한 것 같다. 13세기의 정보에 의하면 덴마크에는 다음의 관습이 존재했었다. 여인들은 산모의 집에 모여서 노래 부르고 고함치면서 그녀들이 황소(Boeuf)라고 부르는, 짚으로 만든 모형을 만들었다. 두 여인이 그녀들 사이에 그것을 잡고 음탕한 제스처로 그것과 함께 춤을 추고 마지막에 그것에게 "황소를 위해 노래하라"(Chante pour le Boeuf)라고 소리친다. 그리고 또 다른 여인이 낮고 쉰 목소리로 무시무시한 가사의 노래를 시작한다.[33] 그러나

---

32 Richard Wolfram, "Weiberbüdde," *Zeitschrift für Volkskunde*, 42 (1933), 143 이하.

한 수도승에 의해 전해진 정보는 우리에게 다른 것은 말하지 않는다. 그러나 그 의례가 더 복잡했고, 황소와의 대화가 '신비'의 의미를 지녔었다는 것은 아마도 확실할 것이다.

여성들의 비밀 사회

여성들의 비밀 회합은 항상 출생과 풍요함의 신비와 관계가 있다. 트로브리안(Trobriand)섬에서 여인들이 그들의 정원을 경작할 때 자신들의 일터에 너무 가까이 다가오는 남자들을 모두 공격하고 쓰러뜨릴 권리가 있다. 여러 종류의 여성들의 비밀 동업조합은 오늘날까지 지속되어 왔다. 그 의례들은 항상 풍요함의 상징을 포함한다. 예를 들어 볼가강 중류에 사는 모르도바족(les Mordvins)에게는 여성들의 비밀 사회에 관계된 약간의 상세한 기록이 남아 있다. 남성, 결혼을 하지 않은 소녀와 어린이들은 엄격하게 제외되었다. 동업조합의 휘장은 말(cheval-bâton)이고, 그것을 지닌 여인들은 '말들'(chevaux)이라고 불린다. 사람들은 좁쌀이 가득 찬, 띠로 장식한 주머니를 그녀들의 목에 걸어준다. 주머니는 말의 배를 나타낸다. 사람들은 고환을 나타내기 위해 작은 공들을 덧붙인다. 매년 나이든 여인의 집에서 동업조합의 의례적인 향연이 열린다. 들어가면서 젊은 신부들은 그들에게 소리치는 늙은 여인들에 의해 세 번 회초리를 맞는다. "알을 낳아라!" 그리고 젊은 신부들은 그들의 속치마에서 삶은 달걀을 꺼낸다. 향연에서 동업조합의 각각의 회원은 식량,

---

33 R. Wolfram, *Weiberbünde*, 144; W. E. Peuckert, *Geheimkulte*, 230.

음료수와 돈을 기부해야만 하고, 향연은 매우 빠르게 주신제(오르기아)가 된다. 밤이 되면 동업조합의 절반은 다른 절반의 집에 방문한다. (왜냐하면 각각의 마을은 두 편[두 부분]으로 나누어져 있기 때문이다.) 이것은 사육제의 행렬이다. 취한 늙은 여인들은 막대기로 된 말(chevaux-bâtons)을 타고 에로틱한 노래를 부른다. 동업조합의 두 절반이 모일 때 그 소동은 이루 말할 수 없다. 남자들은 감히 길로 나가지 못한다. 만일 그들이 길로 나가면 그들은 여인들에게 옷을 빼앗기고, 학대받고, 공격을 받을 것이다. 그리고 그들의 자유를 되찾기 위해 벌금을 치러야만 한다.[34]

여성들의 비밀 사회 안에서 입문의례에 관한 상세한 사항을 얻기 위해서 아프리카의 어떤 동업조합을 좀 더 살펴보자. 전문가들은 이 비밀 의례들이 매우 잘못 알려져 있다고 우리에게 조심스럽게 알려 주고 있다. 그럼에도 그들의 일반적인 특성을 예상할 수 있을 것이다. 북부의 쿠다족(les Kuta) 리짐부(Lisimbu) 사회에 관해 우리가 알고 있는 것은 의례의 커다란 부분이 강 가까이에서, 심지어 강가에서 행해진다는 것이다. 그러므로 지금부터는 아프리카의 이 지역의 거의 모든 비밀 사회 속에서 소개되는 물에 관한 상징을 강조하는 것이 중요할 것이다. 사람들은 강가에 나뭇가지와 나뭇잎으로 만든 우리를 건설한다. "그것은 단 한 개의 입구만을 가지고 있으며, 지붕 꼭대기는 물의 표면 위에서 겨우 1미터만 솟아 있다."[35] 12세에서 32세 사이의 다양한 지원자들을 강가로 데려간다. 입문의례의

---

34 Uno Harva, *Die religiösen Vorstellungen der Mordwinen* (Helsinki, 1952), 386 이하.
35 E. Andersson, *Les Kuta*, I, 216.

가입자인 그녀들은 '어머니'라고 불리는 집행자의 감시하에 있다. 그녀들은 다 함께 물속에 쭈그리고 앉아서 머리와 어깨만 물 밖으로 내놓은 채 걸으며 전진한다. 여인들의 얼굴은 펨브(pembe)로 칠해지고 입술에 한 개의 나뭇잎을 문다. … 행렬(행진)은 강가로 내려간다. 우리 가까이에 도착한 여인들은 갑자기 일어서서 입구로 돌진한다. 우리에 들어간 여인들은 완전히 옷을 벗고 다시 밖으로 재빨리 나온다. 쭈그리고 앉은 여인들은 우리의 입구 앞에 반원을 만들어 앉아서 '물고기 잡는 춤'을 추기 시작한다(Ibid). 그러면 '어머니들' 중의 한 명이 강에서 나와서 팬티를 벗고 벌거벗은 채 음란한(음탕스러운) 춤을 춘다. 그녀가 춤을 끝냈을 때 또 다른 이가 그의 자리에 온다.[36] 이 춤이 끝난 후 지원자들은 우리에 들어가야만 한다. 그리고 거기에서 그들의 첫 번째 가입이 일어난다. '어머니들'은 그들의 옷을 벗기고 "질식할 때까지(숨 막힐 때까지) 물속에 그들의 머리를 잠수시킨다." 그리고 까칠까칠한 나뭇잎으로 그들의 몸을 문지른다. 가입은 마을에서 계속된다. '어머니'는 그의 '딸'을 때리고, 사람들이 한 줌의 후추를 던졌던 불가에 딸의 머리를 놓고, 마침내 팔로 머리를 잡고 춤을 추게 하고, 다리 사이로 지나가게 한다. 마찬가지로 의례는 많은 춤을 포함하는데, 그 춤 가운데에는 성행위를 상징하는 춤도 있다. 두 달 후 여전히 강가에서 새로운 가입이 열린다. 우리 안에는 새로운 가입자들이 똑같은 시험을 겪고 있고, 강가에는 사람들이 그들의 머리를 동그랗게 잘라 동업조합으로부터 구별되게 한다. 마을로 돌아가기 전에 대표자는 우리의 지붕 위에 달걀 한

---

36 *Ibid.*

개를 깬다. "이것은 많은 사냥꾼에게 많은 사냥감의 포획을 보장해야만 한다." 마을에 돌아온 각각의 '어머니'는 쿠라(koula)에 그녀의 '딸'의 몸을 비비고, 바나나 한 개를 두 개로 나눠서 한 조각을 그녀의 '딸'에게 주고, 다른 한 조각은 자기가 가진다. 그리고 어머니와 딸은 함께 바나나를 먹는다. 그러고 나서 '딸'은 몸을 굽히고 '어머니'의 다리 사이를 통과한다. 성적인 결합을 상징하는 춤을 춘 후 지원자들은 가입된 것으로 간주된다. "리짐부(Lisimbu)의 의례들은 마을 전체 생활에 유리한 영향을 갖는다. 재배지는 아름답게 될 것이고, 사냥과 낚시의 원정은 성과가 많아질 것이고, 전염병과 분쟁은 주민들로부터 멀어질 것이다"(Andersson, *op. cit.*, 218).

리짐부 사회에서 발견되는 비의의 상징을 강조하지는 않겠다. 단지 입문의례가 강가에서 일어났다는 것만 기억하자. 물은 카오스를 상징하고, 우리(case)는 우주의 창조를 나타낸다. 물속에 들어가는 것은 우주 이전의 단계, 비존재(non-être)로 회귀를 의미하는 것이다. '어머니'의 다리 사이를 통과하면서 사람들은 다시 태어난다. 다시 말해 새로운 영적인 존재로 태어나는 것이다. 우주 발생의, 성의, 새로운 탄생의, 다산성의 그리고 기회의 모티브들은 연대적이다. 아프리카의 같은 지역 안의 다른 여성 비밀 사회 안에서 어떤 입문의례의 특성들은 더욱 눈에 띈다. 이렇게 가봉(Gabon)에는 물 가까이에서 비밀의 의례들을 마찬가지로 축하하는 니엠브(Nyembe)나 니디엔브(Ndyembe)라고 불리는 협회들이 존재한다. 가입 시험들 가운데 다음의 것을 주목하자. 불은 계속 타야만 하고, 불을 계속 유지하기 위해 초심자는 땔감을 찾으러 밤이나 천둥 칠 때 숲속에 혼자 가야만 한다. 또 다른 시험은 사람들이 노래를 부르는 동안에

타오르는 태양을 똑바로 쳐다봐야만 한다. 마침내 초심자들은 구멍에 손을 넣고 뱀을 잡아서 자신의 팔에 감고 마을로 가져와야만 한다. 가입 기간 동안에 이미 동업조합의 회원인 여성들은 옷을 벗고 춤을 추며 음란한 노래를 부른다. 그러나 또한 신비의 마지막 행위 속에 일어나는 가입의 죽음과 부활의 의례가 있다. 그것은 바로 표범 춤이다. 이 춤은 지도자들에 의해 두 명씩 짝지어 행해진다. 한 사람은 표범을 나타내고 다른 사람은 어머니를 나타낸다. 이 어머니 주위에 표범에 의해 공격받아서 '살해된' 열두 명가량의 소녀들이 모인다. 그러나 어머니는 그녀의 차례에 표범을 공격하고 죽인다. 야수의 죽음은 소녀들이 그의 배 속에서 자유롭게 되는 것을 가능하게 한다고 가정한다(Andersson, *op. cit.*, 219-221).

몇 가지 특별한 특성들이 우리가 방금 말했던 모든 것으로부터 드러난다. 사람들은 이 여자 결사 조직(Weiberbünde)과 여성의 비밀 동업조합의 가입 특성들로부터 강한 인상을 받았다. 거기에 참여하기 위해서는 성공적으로 시험을 통과했어야만 했다. 그리고 이 시험은 생리학적인 질서가 아니라(초경 또는 첫 탄생) 가입의 질서에 속한다. 다시 말해 시험은 젊은 소녀나 젊은 신부의 전체의 존재를 움직이게 한다(사용한다, 이용한다). 입문의례는 우주적 상황 안에서 실현된다. 우리는 숲과 물과 어둠과 밤의 의례적 중요성을 방금 살펴보았다. 여성은 그녀가 그 일부분을 이룸에도 불구하고 그녀를 초월하는 현실의 계시를 받는다. 이것은 신비를 이루는 탄생의 자연적인 현상이 아니다. 이것은 여성의 신성화의 계시, 다시 말해 생명, 여성, 자연, 신성 사이의 신비적인 연대감의 계시이다. 이 계시는 사람을 초월한 질서에 속한다. 이 계시가 상징들 안에서 표현되고 의례 안에서 실행되는 것은 이것을 위해서이다. 젊은 소녀나 가입한 여성은 그의 존재의 가장 심오한 곳으로부터 솟아나는 신성화를 자각하므로 그토록 모호한 이 의례는 상징들의 경험이다. 여성이 그 자신의 존재에 대한 영적인 의미를 찾는 것은 이 신성화를 '실현하면서', '살게 하면서'이다. 여성은 삶이 실제적이고 신성화된다고 느끼고, 삶은 눈멀고 무용하고 결국 부조리한 심리생리학적인 자동성의 무한한 연속이 아니라는 것을 느낀다. 여인들에게 있어 역시 가입은 단계의 파괴, 하나의 존재방식에서 다른 존재방식으로의 통과와 동등하다. 젊은 소녀는 갑자기 세속적인 세계와 분리되고 모든 변화처럼 죽음의 경험을 내포하는 영적인 속성의 변화를 겪는다. 우리는 얼마나 많은 젊은 소녀들의 시험들이 가입의 죽음을 상징하는 시험과 유사한지를 막 살펴보았다. 그러나 이것은 용어의 근대적이고 신성성을 박탈당한 의미 안에서의 죽음에 관계된 것이 아니라 항상 초월되어야만 하는 어떤 것의 죽음에 관계되는 것이다. 사람들은 변화되기 위해 그리고 존재의 더 높은 단계에 도달하기 위해 죽는다. 어린 소녀들의 경우에 인격(개성, personnalité)과 다산성의 능력을 갖추기 위해 어린 시절의 무정형과 불분명함은 죽어야 한다.

남성들에게처럼 우리는 비밀과 신비가 점진적으로 증가하는 여성협회의 다양한 형태를 알고 있다. 첫 번째로 모든 소녀와 모든 젊은 신부가 통과하는 여자 결사 조직(Weiberbünde)으로 이끄는 일반적인 가입이 있다. 그다음에 아프리카나 고대에서처럼 신비의 여성협회(Ménades)의 폐쇄된 집단이 있다. 이러한 신비의 여성 동업 조합이 오래전에 사라지기 시작했다는 것을 우리는 알고 있다.

중세 유럽의 마녀들, 그들의 의례적 모임, 그들의 '주신제'(오르기아)를 기억해 보자. 마녀들의 재판들이 대부분의 경우 신학적인 편견에 의해 고취되었다 할지라도, 선사시대에 그 근원을 가진 시골의 주술적·종교적인 진정한 전통과 매우 복잡한 특성의 집단 정신병들 사이에서 구별된다 할지라도 마녀들의 '주신제'(오르기아)가 존재했었던 것은 분명하다. 다시 말해 성직자의 권위를 그들에게 주는 의미 안에서가 아니라 주신제(오르기아)의 의례들을 포함하는 비밀 모임의 진실한 첫 번째 의미 안에서 다산성의 신비의 특성을 가지는 의례이다.

마녀들은 다른 원시 사회의 샤먼과 신비주의자처럼 그들의 가입 동안에 드러난 종교적 경험을 집중시키고, 격화시키고, 심화시키기만 했다. 샤먼들처럼 마녀들은 다른 여인들보다 신비의 계시를 더 심오하게 체험하려고 노력하는 신비의 소명에 의해 강조된다.

괴물에게 삼켜지기

우리는 남성들에게서만큼 여성들에게서 성년 입문의례에 의해 실행되는 성(聖, sacré)의 첫 번째 계시 그리고 더 폐쇄된 모임 안에서 완성되는 궁극적인 계시 그리고 선택의 어떤 개인들에게서 그들의 신비주의적 소명의 증후군을 이루는 개인적인 계시 사이의 연대성을 알고 있다. 우리는 고문, 죽음과 부활을 포함하는 똑같은 가입의 시나리오가 신비, 즉 영적인 재생 과정이 문제되었던 모든 경우에 반복되었다는 것을 보았다(255). 이러한 가입의 시나리오의 영속성과 동시에 여러 다양한 상황 속에서 그들의 현실화의 능력을 보다 잘 고려하기 위해서 우리는 더 오랫동안 이 원형적인 주제 중의 하나를 조사할 것이다. 달리 말하자면 그들의 대상에 의해 정리된 의례적 체계들(부족의 입문의례, 남성 세계에 입문의례 또는 여성 사회에 입문의례 등)을 소개하는 대신에 우리는 상징적 주제에 우리의 주의를 집중할 것이다. 그리고 우리는 그것이 의례적인 모든 체계 안에서 그리고 그들의 의미를 풍성하게 할 수 있는 척도 안에서 어떻게 통합되는지를 보기 위해 노력할 것이다.

우리의 주제에서 괴물에 의해 삼켜지는 가입 시험을 여러 차례 만났었다. 요나의 모험[37]을 소개할 수 있고, 요나의 이야기 안에 함축된 상징은 심층심리학자, 특히 융(June)과 뉴만(Dr. Neumann) 박사의 주목을 끌었다. 이 가입의 모티브는 수많은 의례뿐만 아니라 마찬가지로 그 해석이 항상 쉽지 않은 신화들과 전설들을 탄생하게 했다. 이것은 상징적인 죽음과 부활의 신비에 관계된다. 좀 더 가까이에서 검토해 보자. 몇몇 지역에서 성년의 입문의례들은 수생 괴물(악어, 고래, 큰 물고기)과 유사한 모형 속에 들어가는 것을 포함한다. 그러나 이 의례는 그것이 인류학자에 의해 연구되었을 때 이미 폐지되었다(효력을 잃었다). 예를 들어 뉴기니아(Nouvelle-Guinée)의 파푸족(les Papous)은 야자수로 만든 수생 괴물 카이에무누(kaiemunu)

---

37 구약성서 요나서에 나오는 예언자 요나의 이야기다. 앗수르의 수도 니느웨가 타락하여 회개해야 함을 촉구하도록 보내진 요나는 휴양도시 다시스로 도망친다. 이 과정에서 바다에 폭풍이 일고 요나가 탄 배는 파산에 직면한다. 이때 바다를 잔잔케 할 제물을 제비 뽑는데 요나가 선택되어 바다에 빠진다. 그러나 요나는 큰 물고기가 배 속에 들어가 3일 만에 다시 나오게 된다. 물고기 배 속에서 보낸 3일은 정상적인 경우에는 죽음을 의미한다. 그러나 그는 다시 살아난다. 이것은 많은 입문의례가 보여주는 유형이라고 엘리아데는 말한다. 이 사건은 상식에 어긋나는 거짓이 아니라 신비를 알려주는 것이다. 반복되는 신화적 행동은 결국 입문의례의 신비 속에 그대로 담겨 있음을 보여준다. (옮긴이 주)

를 집에 보관하고 있었다.[38] 가입 시 사람들은 이 괴물의 배 속에 어린이를 집어넣는다. 그러나 가입의 의미는 사라졌다. 초심자는 그의 아버지가 제작을 마치고 있는 동안 카이에무누의 내부에 들어 간다. 잃어버렸던 의례의 의미는 어떤 가입의 공포도 초심자를 엄습하지 못한다. 부족의 선조들이 이렇게 했었다는 것을 기억했기 때문에 카이에무누 안에 그를 넣는 것을 역시 계속한다. 또 다른 지역에서 새로운 가입자들이 괴물에 의해 먹히지만,[39] 사람들은 더 이상 그의 배 속에 의례적인 침투를 실행하지 않는다는 것을 단지 알고 있다. 이렇게 시에라리온공화국(Sierra Leone)과 리베리라 공화국(Liberia) 원주민들은 비밀 사회 포로(Poro)[40]의 구성원이 되려 면 나무(Namu)라는 괴물에게 먹혀야 한다고 생각한다. 나무는 4년 동안 임신하고 있다가 여인처럼 가입자를 해산한다. 쿠타족의 비밀 사회 문갈라(Mungala)는 다음의 의례를 실행한다. '동물의 특성을 막연하게' 가지고 있는 길이 4미터, 높이 2미터의 일종의 모형을

---

38 예를 들어 뉴기니아의 Papous에게서 F. E. Williams, "The Pairama Ceremony in the Purari Delta, Papua," *Journal of Royal Anthropological Institute*, 53 (1923): 361-382, 363 이하. Cf. Hans Nevermann, *Masken und Geheimbünde Melanesien* (Leipzig, 1933), 51 이하.

39 Cf. Hans Schärer, *Die Gottesidee der Ngadju Dajak in Süd-Borneo* (Leiden, 1946), 102 이하. La disparition de l'homme dans le crocodile symbolise l'initiation. 또한 같은 주제에 관하여 Carl Hentze, *Bronzegerät, Kultbauten, Religion im ältesten China der Shangzeit* (Anvers, 1951), 176 이하. 아이를 삼키는 Marind-anim의 sosom에 관하여 P. Wirz, *Die Marind-anim von Holländisch-süd-Neu-Guinea*, III (Hambourg, 1922), 36 이하. Leo Frobenisu가 출판한 요나에 대한 주제는 *Das Archiv für Folkloristik* (Paideuma, I, 1938, 9); Peukert는 *Geheimkulte*, 338에서 재론했다.

40 E. Andersson, *Les Kuta*, I, 297 이하; Peuckert, *op. cit.*, 355 이하.

하얀색으로 칠한 실로 된 직물로 만든다. 모형 사이에서 한 남자가 의례 동안에 지원자들에게 겁을 주기 위해 왔다 갔다 한다. 여기에서 여전히 최초의 의미가 사라졌다. 그러나 우리는 지원자들을 삼키고 토해 낸 괴물의 신화학적인 추억이 만데족(Mandja)와 반다족(Banda)에게서 보존되었다는 것을 보았다(Ngakola 비밀 사회).[41]

신화는 의례보다 더 설득력이 있다. 그것들은 괴물의 내부에 통과하는 원래의 의미를 우리에게 드러내 준다. 폴리네시아의 유명한 마우이(Maui) 신화를 보자. 위대한 영웅 마오리는 온갖 모험을 마치고 자신의 조국, 밤의 대여신(Grande Dame de la nuit)인 조모 히네-누이-테-포(Hine-nui-te-po)에게 돌아온다. 그는 그녀가 잠들어 있는 것을 발견하고 옷을 재빨리 벗어 던지면서 이 거인의 몸속에 침투하려고 한다. 그러나 영웅은 새들을 데리고 왔었는데, 그는 모험으로부터 승리해서 나오는 것을 보기 전까지는 웃지 말아야 한다고 새들에게 명령하고 미리 조심시켰다. 결국 새들은 마우이가 그의 조모의 육체를 통과하는 오랫동안 침묵을 지켰다. 그러나 그가 절반쯤 나오는 것을 보았을 때, 즉 영웅의 몸의 절반이 아직 거인, 조모의 입 속에 있을 때 새들은 웃음을 터트렸고 밤의 대여신은 갑자기 깨어나서 이를 꽉 무는 바람에 영웅의 몸은 두 동강이가 나서 결국 죽고 말았다. 마오리족이 인간은 죽음을 면할 수 없다고 말하는 것은 이러한 이유 때문이다. 만일 마우이가 그의 조모의 몸으로부터 무사히 나오는 데 성공했다면, 인간들은 불멸이 되었을 것이다.[42]

---

41 Cf. Andersson, *op. cit.*, I, 263 이하.

이러한 신화 속에서 우리는 괴물의 몸속에 들어간다는 것의
또 다른 의미를 확인한다. 이것은 더 이상 부활이 뒤따르는 죽음—모
든 입문의례의 공통적인 주제—이 아니라 거인의 뱃속으로 용감하
게 침투하여 불멸을 추구하는 것이다. 즉, 이번에는 죽지 않고
죽음을 대면하는 것, 밤과 죽음의 왕궁에 내려가서 살아서 돌아오는
것이 (오늘날 아직도 샤먼들이 영매 상태 동안 그러는 것처럼) 문제가 된다.
샤먼은 죽음의 왕궁에 단지 영으로만 침투하는 반면에 마우이는
단어의 구체적인 의미에서 볼 때 '내려가는 것'에 주목한다. 이것은
샤먼의 황홀경과 영웅들의 실제 모험 사이의 매우 잘 알려진 차이이
다. 우리는 종교적 경험이 샤머니즘에 의해 지배받는 북쪽 지방과
북극 지방 안에서 이와 똑같은 차이점을 만날 수 있다. 카레바라족
(les Kalevala)의 다양한 증언에 따르면, 현인 바이나모넨(Väinämöinen)
은 죽은 자들의 나라인 투오네라(Tuonela)를 여행한다. 저승의 지배
자인 튜오니(Tuoni)의 딸은 그를 삼켰다. 그러나 여자 거인의 배
속에 도착한 바이나모넨은 배를 만들어서, 텍스트에서 표현하는
것처럼, 기운차게 "장의 이쪽 끝에서 저쪽 끝까지" 노를 저어 간다.
여자 거인은 마침내 바다에 그를 토해 내고야 만다.43
　　라플란드 지방(스칸디나비아반도의 북부 지방 _ 옮긴이 주)의 샤먼들은
그들의 영매 상태 동안 커다란 물고기나 고래의 창자 속에 침투한
다고 알려져 있다. 한 전설이 한 샤먼의 아들이 3년 동안 잠자고

---

42 W. D. Westervelt, *Legends of Ma-ul the Demi-god* (Honolulu, 1910), 128 이하;
　　J. F. Stimson, *The Legends of Maui and Tahaki* (Honolulu, 1937), 46 이하.
43 Marti Haavio, *Väinäminen, Eternal Sage* (F. F. Communications, n. 144, Helsinki,
　　1952).

있는 아버지를 다음의 말로 깨웠다고 우리에게 말해주고 있다. "아버지, 일어나세요. 물고기의 창자에서 돌아오세요. 물고기의 창자의 세 번째 고리로부터 돌아오세요!"[44] 이 사례에서는 바다의 괴물의 배 속에서 영으로 하는 황홀경의 여행에 관계된다. 샤먼이 '창자의 세 번째 고리' 안에서 왜 3년 동안 지냈는지를 우리는 바로 이해할 수 있도록 시도할 것이다. 이제 같은 종류의 몇 가지 다른 모험을 떠올려보자. 핀란드의 전통에 의하면 항상 대장장이 일마리넨(Ilmarinen)은 젊은 소녀의 환심을 사려고 애쓴다. 이 소녀는 그에게 결혼의 조건으로서 "늙은 마녀 히이지(Hiisi)의 이빨 사이를 산책하라"고 강요한다. 일마리넨은 그 마녀를 찾으러 떠나서 마녀 가까이에 접근했는데, 마녀는 그를 삼켜버렸다. 그녀는 그에게 입을 통해 나오라고 요구했으나 일마리넨은 거절한다. "나는 나만의 문을 만들 것이다!"라고 대답한다. 그리고는 마법으로 만든 대장장이의 기구로 늙은 마녀의 배를 부수고 나온다. 또 다른 이본에 의하면, 소녀가 일마리넨에게 부과한 조건은 커다란 물고기를 잡으라는 거였다. 그러나 물고기는 그를 삼켰다. 물고기의 배 속으로 내려간 일마리넨은 분주히 움직이기 시작하고, 물고기는 그에게 뒤로 나갈 것을 간청하지만, 대장장이는 다음과 같이 대답한다. "사람들이 나에게 붙일 별명 때문에 나는 이런 방법으로 나가길 원하지 않는다." 그러자 물고기는 그에게 입으로 나갈 것을 제안하지만, 일마리넨은 대답한다. "나는 그렇게 하지 않을 것이다. 왜냐하면 사람들이 나를 토한 것이라고 부를 테니까 말이다." 그리고 그는 물고기가

---

44 *Ibid.*, 124.

터질 때까지 계속 분주히 움직였다(Haavio, *op. cit.*, 114).

이야기의 판본은 다양하다. 루시앙 드 사모자트(Lucien de Samosate)는 『진정한 이야기』(*Histoires véritables*)에서 바다 괴물이 그의 선원과 함께 배 한 척 전체를 삼켰다고 이야기한다. 사람들은 괴물을 죽이기 위해 큰 불을 피우고, 거기에서 나오기 위해 막대기로 괴물의 입을 벌린다. 이와 유사한 이야기가 폴리네시아에서 유행한다. 고래가 영웅 느가나오아(Nganaoa)를 삼켰다. 그러나 영웅은 고래의 입을 벌려 놓기 위해 돛대를 고래의 입 안에 받쳐놓는다. 그리고서 그는 괴물의 배 속으로 내려가 아직도 살아 있는 그의 두 부모를 발견한다. 느가나오아는 불을 지펴서 고래를 죽이고 그의 입으로부터 나온다. 이러한 민속학적인 모티브는 오세아니아에서는 매우 널리 퍼져 있는 것이다.[45]

바다 괴물의 양면적인 역할에 주목하자. 요나와 다른 신화적 영웅들을 삼킨 물고기가 죽음을 상징한다는 것은 의심할 여지가 없다. 물고기의 배 속은 지옥을 상징한다. 중세의 관점에서 지옥은 아마도 거대한 성서의 레비아탄(해수, 바다 괴물)[46] 안에서 그 원형을

---

45 Cf. L. Rademacher, "Walfischmythen," *Archiv für Religions wissenschaft*, IX (1906), 246 이하; F. Graebner, *Das Weltbild der Primitiven* (München, 1924), 62 이하.

46 레비아탄은 히브리어 리워야단의 영어식 표기이다. 바다에 산다고 생각되던 거대한 동물인데, 고대인들은 신화 속 생물이라고 이해했다. 구약성서에 리워야단은 바다 괴물인 악어(욥기 41:1), 고래(시편 104:26), 일식을 일으키는 신화적인 동물인 용(욥기 3:8), 고래와 용(이사야 27:1; 시편 74:13), 뱀(창세기 3:1), 바다 괴물(욥기 7:12; 이사야 51:9), 바다를 의인화한 것(욥기 7:12) 등과 동격으로 쓰였다. 그러나 한글 성서 번역본에 따라 번역어는 좀 상이하다. 이사야 27장 1절에는 '리워야단'이라는 용어가 나온다. 서양 문학에서는 타락한 세상, 혼돈과 관련된 악마적 세력, 창조주 하나님의 적대 세력 등 부정적인 요소이고, 악마적인 요소를 지니고 있는 힘을 상징한다. (옮긴이 주)

가진, 거대한 바다 괴물의 형태 아래 자주 상상된다. 그러므로 삼켜진다는 것은 죽는다는 것, 지옥으로 침투한다는 것과 같다. 이로써 우리가 말했던 가입의 초기의 모든 의례가 매우 명확하게 이해되는 것 같다. 그러나 다른 한편으로 괴물의 배 속에 들어가는 것은 또한 태아의 미리 형성된 상태의 복귀를 의미하는 것이다. 우리는 이미 그것을 말했다. 괴물의 내부에 군림하는 심연은 우주의 밤, 창조 이전의 카오스에 해당된다. 달리 말해 우리는 이중의 상징을 알고 있다: 죽음의 상징, 즉 일시적 존재의 끝과 시간의 종말의 상징 그리고 모든 형태와 모든 일시적 존재 또한 선행하는 배아 형식의 상징. 우주적 측면에서 볼 때 이 이중적인 상징은 시작 기간(Urzeit)과 마침 시간(Endzeit)에 해당한다.

입문의례의 죽음에 관한 상징

우리는 괴물에 의해 삼켜지는 것이 영웅적 신화들과 죽음의 신화학 안에서와 마찬가지로 가입의 의례들[47] 안에서 역시 왜 그토록 중요한 역할을 했는지를 이해한다. 그것은 가장 힘든 입문의례 시험을 포함하는 신비에 관계된다. 마찬가지로 세속적인 기간, 달리 말해 역사적인 존재를 폐지하기 위해서 그리고 초기의 상황에 복귀하기 위해서 가능한 유일한 방법을 세우는 죽음의 시험이다. 분명 '시작'의 이 배아 상태로의 복귀는 역시 죽음과 동등하다. 결과적으

---

47 이 상징의 심리학적 해석을 위해서 Charles Baudoin, *Le Mythe du héros* (Paris, 1952).

로 우리는 시간에 의해 더럽혀지지 않은, 원죄로 더럽혀지지 않은 열린 존재로 복귀하기 위해서 세속적이고, 역사적이고, 이미 낡아빠진 그 자신의 존재를 '죽인다'.

이 모든 입문의례에서 보여주는 죽음은 일반적인 의미의 죽음이 아니라 세속적인 삶에서 실패이다. 사람들은 과거를 청산하고 다시 시작하기 위해 세속적인 모든 존재(현존)로서 실패한 현존(존재)에 종지부를 찍는다. 그러므로 가입의 죽음은 되풀이되며, 결코 끝이 아니다. 어떤 의례나 신화에서도 우리는 끝(fin)으로서의 가입의 죽음을 만나지 않는다. 그러나 또 다른 존재방식을 향한 통과의 필수불가결한 조건으로서의 죽음을 만날 것이다. 이것은 재생하기 위해, 다시 말해 새로운 삶을 시작하기 위해 필요불가결한 시험인 것이다. 배 속으로 회귀하는 상징이 항상 우주의 원자가를 가지고 있다는 사실을 강조하자. 다시 창조될 수 있기 위해서, 다시 말해 재생될 수 있기 위해 새로운 가입자와 함께 우주의 밤 속에 상징적으로 돌아오는 것은 세계 전체이다. 그리고 다른 곳에서 우리가 말했던 것처럼[48] 수많은 고대의 치료법은 우주 발생 신화의 의례적 암송에 있다. 달리 말하자면 환자를 치료하기 위해 한 번 더 태어나게 해야만 한다. 그러므로 탄생의 원형적인 모델은 우주발생론이다. 시간의 작품을 파괴하고 창조 전의 여명의 순간에 복귀해야만 한다. 인류의 측면에서 이것은 어느 것도 아직 더럽혀지지 않은, 어느 것도 아직 망쳐지지 않은 존재의 '흰 페이지'로, 절대적인 시작으로 복귀시켜야만 한다는 것을 의미하는 것이다.

---

48 이 책의 2장 참고.

괴물의 뱃속으로 침투하는 것은 우주의 밤으로 퇴행하는 것과 동등하며, 괴물로부터 나오는 것은 우주 발생과 동등하다. 이것은 카오스에서 창조로의 이행이다. 입문의례의 죽음은 우주 발생의 반복을 가능하게 하기 위해, 즉 새로운 탄생을 준비하기 위해 카오스 상태로 모범적인 회귀를 반복(되풀이)하는 것이다. 카오스로 퇴행하는 것은 때때로 문자 그대로 확인된다. 예를 들어 진정한 광기라고 평가된 미래의 샤먼들이 입문의례 때 앓는 병의 사례가 그것이다. 결과적으로 우리는 때때로 인격의 분열로 이끄는 전체적 위기를 겪는다.[49]

어떤 관점에서 보면 샤먼들이 입문의례 때 드러내는 '광기'는, 지옥에 내려가는 것이나 괴물의 뱃속에 침투하는 것과 마찬가지로, 숙련된 인격 분열로 볼 수 있다. 이러한 종류의 각각의 가입 모험은 항상 무엇인가를 창조하는 것으로, 세계나 새로운 존재방식을 세우는 것으로 끝난다. 우리는 영웅 마우이(Maui)가 그의 조모의 육체에 침투하면서 불멸을 찾았다는 것을 기억한다. 그것은 그가 그의 가입의 무공에 의해 신들의 조건과 유사한 새로운 인간 조건을 세울 수 있다고 믿었다는 것을 의미하는 것이다. 마찬가지로 우리는 거대한 불고기의 창자 속에서 3년 동안 영의 상태로 머물렀던 라플란드 지방의 샤먼 전설을 기억한다. 왜 그는 이 모험을 시도했을까? 핀란드의 옛 신화는 바이나모넨과의 관계에서 우리에게 아마도 대답을 줄 것이다. 바이나모넨은 주술에 의해, 다시 말해 노래하면서 배 한 척을 만들었다. 그러나 그는 그것을 완성할 수 없었다. 왜냐하

---

49 이 책의 5장 참고.

면 그에게 세 개의 주술 주문이 부족했기 때문이다. 그것들을 배우기 위해 안테로(Antero)라고 불리는 주술사를 찾아간다. 이 주술사는 한 그루의 나무가 그의 어깨로부터 솟아나고 새들이 그의 수염에 둥지를 지었음에도 그토록 오랜 기간을 영매 상태의 샤먼처럼 움직이지 않은 채 있는 거인이다. 바이나뫼넨은 거인의 입속에 떨어지고 곧 삼켜졌다. 일단 안테로의 배 속에 들어가자 그는 철로 옷을 만들어 입고 그토록 오랫동안 주술사를 위협했지만, 끝끝내 배를 완성하기 위한 세 개의 주술 주문을 얻지 못할 것이다.[50]

이러한 사례는 비밀의 지식을 얻기 위해 시도된 입문의례의 모험에 해당한다. 사람들은 지식, 지혜를 얻기 위해 괴물이나 거인의 배 속에 내려간다. 랩란드의 샤먼이 물고기의 배 속에 3년 동안 머물러 있는 것은 이러한 이유에서다: 자연의 비밀을 알기 위해, 생명의 수수께끼를 해독하기 위해 그리고 미래를 배우기 위해. 그러나 만일 괴물의 배 속에 침투하는 것이 지옥, 심연과 죽은 자 가운데 내려가는 것과 동등하다면, 다시 말해 만일 그 침투가 모든 인성이 분해되는 '광기'의 심연 속에서만큼 우주적 밤 속에서의 퇴행도 마찬가지로 상징한다면, 만일 우리가 죽음-우주의 밤-카오스, 광기, 퇴행 사이에서 태아의 조건에 모든 승인과 대응을 고려한다면 우리는 왜 죽음이 지혜인지를, 왜 죽은 자들이 전지하고(모든 것을 알고) 미래 또한 알고 있는지를, 왜 망상가들(환영을 보는 사람)과 시인들이 무덤 곁에서 영감을 찾는지를 이해할 수 있을 것이다. 그리고 다른 참고의 측면에서 마찬가지로 왜 미래의 샤먼이 현인이

---

50 M. Haavio, *Väinäminen*, 106 이하.

되기 전에 '광기'를 알고 심연 가운데로 내려가야만 하는지를, 왜 창조성이 항상 죽음과 심연의 상징과 연대적인 어떤 '광기'(folie)나 '주신제'(오르기아)와 관계가 있는지를 이해할 수 있을 것이다. 융(C. G. Jung)은 집단무의식과 접촉함으로 생기는 회복이라고 설명한다. 그러나 우리의 분야에 머무르기 위해 우리는 특히 왜 원시인들에게 가입이 항상 신성한 지식의, 지혜의 계시와 관계가 있는지를 이해해야 한다. 새로운 가입자들이 부족의 비밀스런 전통 속에서 교육되는 것은 분리 기간 동안, 즉 그들이 괴물의 배 속에 삼켜졌거나 지옥에 있다고 간주될 때이다. 진정한 지식은 신화들과 상징들에 의해 전해진 것으로, 가입의 죽음과 부활에 의해 실현된 영적인 재생의 과정 중 또는 과정 이후에만 접근될 수 있다.

지금 우리는 왜 고통, 죽음과 부활을 포함하는 똑같은 입문의례의 도식이 모든 신비에서, 즉 비밀 사회에 접근하게 하는 의례들에서와 마찬가지로 성년 의례 안에서 발견되는지를 이해할 수 있다. 그리고 왜 똑같은 시나리오가 신화적 소명을 선행하는 내적 충격적인 경험들 속에서 해독되는지를 이해할 수 있다. 무엇보다도 우리는 이것을 이해한다. 고대 사회의 인간은 결국 죽음이 정지로 나타나는 것을 멈추었고 통과의례가 되었다는 이러한 중요성을 이해하면서 죽음을 정복하려고 애쓴다. 달리 말하자면 원시인들에게서는 항상 본질적이지 않았던 무엇인가가 죽는다. 특히 세속적인 생명이 죽는 것이다. 간단히 말해 죽음은 최고의 입문의례처럼, 즉 새로운 영적 존재의 시작처럼 이해된다. 아직 더 중요한 요소가 있다. 발생, 죽음, 재생은 똑같은 신비의 세 순간처럼 이해된다. 그리고 고대 인간의 모든 영적 노력은 이 순간들 사이에 단절이 존재하지 않아야만 하는 것을 보여주기 위해 사용되었다. 우리는 이 세 순간의 하나에 멈출 수 없고 어딘가에, 예를 들어 죽음이나 발생에 정착할 수 없다. 운동, 재생은 항상 계속된다. 우리는 무엇인가를 잘 만든다고 확신하기 위해 우주 발생을 지치지 않고 다시 한다: 예를 들어 어린아이 집 또는 영적인 소명을 만드는 것. 이것이 바로 우리가 항상 입문의례의 우주 발생의 원자가를 가지고 있는 이유이다.

광의로 해석하면 지혜 그 자체는 모든 성스럽고 창조적인 지식, 입문의례의 열매, 즉 우주발생론과 동시에 산과학(조산술)의 결과라고 이해된다. 소크라테스가 이유 없이 산파와 비교된 것이 아니다. 그는 인간으로 하여금 자신에 대한 의식이 태어나도록 하는 것을 도왔다. 더 정확히 말하자면 바울은 디도서에서 신앙에 의해 낳은 '영적 아들'에 대해 말한다. 그리고 똑같은 상징이 불교의 전통 속에서 발견된다. 승려는 가족의 이름을 버리고 '붓다의 아들'(sa-kya-putto)이 된다. 왜냐하면 그는 '성인들 가운데서 태어났기'(ariya) 때문이다. 카사파(Kassapa)는 그 자신에 대해 이렇게 이야기했다. "그의 입으로부터 태어난, dhamma로부터 태어난, dhamma에 의해 만들어진 복자(성인, Bienheureux)의 자연적(타고난) 아들"(*Samyutta Nikâya*, II, 221)이다. 그러나 이 가입의 탄생은 세속적인 존재에게 죽음을 내포했다. 도식은 불교에서처럼 힌두이즘에서도 역시 보존되었다. 요가수행자는 다른 존재방식으로 재탄생하기 위해 '이생에서 죽었다'. 그것은 구원(해방)에 의해 구현되는 것이다. 붓다는 자유, 지복과 니르바나(열반)의 무제약으로 다시 태어나기 위해 세속적인 인간 조건, 즉, 노예 상태와 무지함에서 죽는 방법과 수단을 가르쳤다. 가입의 재탄생에 대한 인도의 용어학은 때때로 새로운 가입자가 획득하는 '새로운 육체'의 고대적인 상징을 떠올리게 한다. 붓다, 그 자신은 이것을 주장한다. "나는 내 제자들에게 이 육체를 떠나면서 (네 가지 요소로 이루어진) 초월할 수 있는 능력을 타고난, 그의 사지가 완비된 또 다른 육체를 창조할 수 있는 수단을 보여주었다"(abhinin-driyam).51

죽음의 고대적 가치 부여가 영적인 재생의 최고의 수단으로서 세계의 위대한 종교 안에까지 연장되고 기독교에 의해 마찬가지로 활용되었던 가입의 시나리오를 구성한다는 것을 이 모든 것이 입증하는 것 같다. 이것은 모든 새로운 종교적 경험에 의해 다시 포착되고, 다시 살고, 다시 가치를 부여받은 근본적인 신비이다. 그러나 이 신비의 궁극적인 결과를 좀 더 가까이에서 살펴보자. 만일 우리가 이미 이승에서 죽음을 알았다면(경험했다면), 만일 우리가 다른 것으로 다시 태어나기 위해 끊임없이 셀 수 없을 만큼 많이 죽었다면 그것은 인간이 이미 이승에서, 땅 위에서, 땅에 속하지 않는, 성(聖)에, 신성에 참여하는 무엇인가를 살았다는 결과가 되는 것이다. 말하자면 인간은 불멸의 시작을 살았다. 그는 점점 더 불멸에 흥미를 가진다. 따라서 불멸은 post mortem(죽음 이후의) 생존으로서 이해되어서는 안 되고 사람들이 계속적으로 창조되는 상황으로서 이해되어야만 한다. 거기에서 사람들은 준비하고, 심지어 이 세계에서부터 지금부터 참여하는 것이다. 그러므로 죽지 않음, 불멸은 제한된 상황, 즉 인간이 모든 그의 존재를 향하고, 계속적으로 죽으면서 그리고 부활하면서 정복하려고 애쓰는 이상적인 상황으로 이해되

---

51 *Majjhima-Nikàya*, II, 17; cf. M. Eliade, *Le Yoga, Immortalité et liberté*, 172 이하.

어야만 한다.

"Mystères et régénération spirituelle"(신비와 영적인 재생), *Eranos-Jahrbücher*, vol. XXIII

(Zurich, 1954.)

참고문헌

Aarne Antti. *Die magische Flucht. Eine Märchenstudie*. FFC, n° 92. Helsinki, 1930.

Abrahamsson Hans. "The Origin of Death." *Studies in African Mythology*. Uppsala, 1951.

Amadou R. *La Parapsychologie*. Paris, 1954.

Andersson E. *Les Kuta*, I.

_____. *Contribution à l'ethnographie des Kuta*, 1. Uppsala, 1953.

Avalon A. *The Serpent Power*. 2e édition. Madras, 1924.

Bächler Emil. *Das alpine Paläolithiikum der Schweiz*. Basel, 1940.

Barabudur Paul Mus. *Esquisse d'une histoire du bouddhisme*. Hanoï, 1935.

_____. *La Notion du temps réversible dans la mythologie bouddhique*. Melun, 1939.

Baudoin Charles, *Le Mythe du héros*. Paris, 1952.

Baumann Hermann. *Das doppelte Geschlecht*. Berlin, 1955.

Bertholet A. *Das Geschlecht der Gottheit*. Tübingen, 1934.

Bickermann E. "Die römische Kaiserapotheose." *Archiv für Religionswissenschaft*, 27, 1929.

Bogoraz Waldemar G. "The Chukchee." *The Jesup North Pacifie Expedition*, vol. VII, 1907. *Memoirs of the American Museum of Natural History*, vol. XI.

Brelich A. *Aspetti della morte nelle iscrizioni sepolcrali dell' Impero Romano*. Budapest, 1937.

Briem O. E. *Les Société secrètes de mystères*. trad. suédois par E. Guerre. Paris, 1941.

Briffault Robert. *The Mothers. A Study of the origine of sentiments and institutions*. London, 1927.

Budge E. A. Wallis, *From Fetish to God in Ancient Egypt*. Oxford, 1934.

Canney M. *The Skin of Rebirth*. Man, July 1939, n° 91.

Capell A. "The word 'Mana': a linguistic study." *Oceania*, vol. IX, 1938, 89-96.

Castagné J. "Magie et sxorcisme chez les Kazak-Kirghizes et autres peuples turcs orientaux." *Revue des études islamiques*, 1930.

Catlin Catlin Georges. *Annual Report of the Smithsonian Institution for 1885*. Washington, 1886.

_____. *O-Kee-Pa*. London, 1867.

Chinnery E. W. P. et Beaver W. N. "Notes on the Initiation Ceremony of the Koko Papua." *Journal of the Royal Anthropological Institute*, 45(1915), 69-78.

Cocchiara Giuseppe. *Il Mito del Buon Selvaggio. Introduzione alla storia delle teorie etnologiche*. Messina, 1948.

Codrington R. H. *The Melanesians*. Oxford, 1891.

Coomaraswamy Ananda K. "Symbolisme of the Dome." *Indian Historical Quarterly*, 14(1938), 1-56.

_____. *Figures of Speech or Figures of Thought*. London, 1956.

Cornfor F. M. *Principium Sapientiae*. Cambridge, 1952.

Cushing F. H. "Origine Myth from Oraibi." *Journal of American Folk-Lore*, vol. 36(1923).

_____. "Outlines of Zuñi Creation Myths." *Annual Report of the Bureau of American Ethnology* XIII. Washington, 1896, 325-462.

_____. *Zuñi Folk Tales*. New York, 1901.

Daniélou Jean, *Bible et liturgie*. Paris, 1951.

_____. *Sacramentum futuri*. Paris, 1950.

David-Néel Alexandra. *Mystiques et magiciens du Thibet*. Paris, 1929.

de Martino Ernesto. "Percezione extrasensoriale e Magismo etnologico." *Studi e Materiali di Storia delle Religioni* 18 (1942).

_____. *Il Mondo magico. Prolegomeni a una Storia del Magismo*. Torino, 1948.

de Sahagun B. *Histoire generale des choses de la Nouvelles-Espagne*. trans. D. Jourdanet & R. Simeon. Paris, 1880.

_____. *The Worship of the Nature.* trans. Frazer.

Desoille R. *Le Rêve éveillé en psychothérapie.* Paris, 1945.

Dhammapada Atthakathâ III.

Dieterich A. *Mutter Erde, ein Versuch über Volksreligion.* Leipzig-Berlin, 1905.

Dighanikâya, I.

Dodds E. R. *The Greeks and the Irrational.* Berkeley, 1951.

Dumézil Georges. *Horaces et les Curiaces.* Paris, 1942.

_____. *Légendes sur les Nartes.* Paris, 1930.

_____. *Mythes et dieux des Germains.* Paris, 1939.

_____. *Naissance d'archanges.* Paris, 1945.

_____. *Ouranos-Varuna.* Paris, 1934.

Eliade Mircea. "La mandragore et les mythes de la 'naissance miraculeuse'."
   Zalmoxis III. Bucarest, 1942.

_____. *Forgerons et alchimistes.* 1956.

_____. *Images et symboles. Essais sur le symbolisme magico religieux.*
   Gallimard, 1952.

_____. *Le Chamanisme et les techniques archaïques de l'extase.* Paris, 1951.

_____. *Le mythe de l'éternel retour.* Paris, 1949.

_____. *Le Yoga, Immortalité et liberté.* Payont, 1954.

_____. *Mythe de l'éternel retour.* 1949.

_____. *Traité d'histoire des religions.* Paris, 1949.

Emsheimer E. *Schamanentrommel und Trommelbaum.* Ethnos, 1946.

Fischer H. Th. "Indonesische Paradiesmythen." *Zeitschrift für Ethnologie,* LXIV,
   1932.

Foucher A. *L'Art gréco-bouddhique du Gandhâra.* Paris, 1905-1922.

Frazer James George. *Spirits of the Corn,* I.

_____. *Tabu and the Perils of the Soul.*

_____. *The Golden Bough. édition abrégée.*

_____. *The Magic Art and the Evolution of Kings,* vol. I.

_____. *The Worship of Nature.* London, 1926.

_____. *Totemism and Exogamy*, III. 1910.

Friedrich Adolf. *Afrikanische Priestertumer.* Stuttart, 1939.

Frobenius L. *Das Zeitalter des Sonnengottes.* Berlin, 1904.

Gahs A. "Kopf-, Schädel- und Langknochenopfer bei Rentiervölkern." *Festschrift Wilhelm Schmidt.* Wien, 1928.

Gasparini Evel. *Nozze, società e abitazione degli antichi Stavi.* Venezia, 1954.

Graebner F. *Das Weltbild der Primitiven.* München, 1924.

Granet Marcel. "Le Dépot de l'enfant sur le sol. Rites anciens et ordalies mythiques." *Revue archéologique*, 1922. (이 글은 다시 다음의 단행본에 실렸다. *Etudes sociologiques sur la Chine*, Paris, 1953, 159-202.)

_____. "Le T'ai Chan, Essai de monographie d'un culte chinois." *Annales du Musée Guimet, bibliothèque d'études, spécialement.* Paris, 1910, 520-525.

_____. *La Civilisation chinoise.* Paris, 1929.

Greenwood Rhine. *Extra-Sensory Perception after sixty years.* New York, 1940.

Gudgeon W. E. "The Umu-Ti, or Fire-walking Ceremony." *The Journal of the Polynesian Society*, VIII(1899).

Gumilla J. "Mythes des Salivas, tribu de l'Orénoque." 1758.

Gusinde M. *Die Feuerland Indianern*, Band. 1, Die Selk'nam, Modling bei Wien, 1937.

Haavio Marti. "Väinäminen, Eternal Sage." *F. F. Communications.* n° 144. Helsinki, 1952.

Haekel Josef. "Zum Problem des Mutterrechtes." *Paideuma*, Bd. V.H.6, Juni, 1953, 298-322.

Harva Uno. *Die religiösen Vorstellungen der Mordwinen.* Helsinki, 1952.

Hatt Gudmund. "The Corn Mothe in America and Indonesia." *Anthropos* XLVI, 1951, 853-914.

_____. *Asiatic influences in American Folklore.* Kobenhavn, 1949.

Heckel R. P. *Miscellanea. Anthropos*, XXX, 1935.

Heine-geldern R. *Südostasien* (G. Bushan. *Illustrierte Völkerkunde* II). Stuttgart, 1923.

Hentze Carl. *Bronzegerät, Kultbauten, Religion im ältesten China der Shangzeit.* Anvers, 1951.

Hentze Carl. *Sakralbronzen und ihre Bedeutung in den frühchinesischen Kulturen.* Antwerpen, 1941.

Hermann Baumann. *Schöpfung und Urzeit des Menschen im Mythos afrikanischer Völker.* Berlin, 1936.

Hobley C. W. *Bantu Beliefs and Magic.* London, 1922.

Hocart A. M. "Flying through the air." *Indian Antiquary.* 1923.

_____. *The Life-giving myth.* London, 1952.

Hoens D. J. *Sânti, A contribution to ancient Indian religious terminology.* Gravenhage, 1951.

Hoffmann Helmut. *Quellen zur Geschichte der tibetischen Bon-Religion.* Wiesbaden, 1950.

Hogbin H. Ian. "Mana." *Oceania*, vol. VI(1936), 241-274.

Hörmann Konrad. *Die Petershöhle bei Velden in Mittelfranken.* Abhandlungen der Naturhistorischen Gesellshaft zu Nürnberg, 1923.

Hultkrantz Ake. *Conceptions of soul among North American Indians.* Stockholm, 1953.

Humphrey Betty M. "Paranormal occurrences among preliterate peoples." *Journal of Parapsychology*, VIII(1944), 214-229.

Jâtaka, III.

Jensen A. E. "Gab es eine mutterrechtliche Kultur?" *Studium Generale.* Jg. 3. Heft 8(1950), 418-433.

_____. *Beschneidung und Reifezeremonien bei Naturvölkern.* Stuttgart, 1932.

_____. *Das religiöse Weltbild einer frühen Kultur.* Stuttgart, 1948.

_____. *Hainuwele.* Frankfurt a. M., 1939.

Jung C. G. *Psychologie and Alchemie.* Zürich, 1944.

Karsten Raphael. *The Civilisation of the South American Indians.* London, 1926.

Kevaddha Sutta.

Kirchner Horst. "Ein archäologischer Beitrag zur Urgeschichte des Schamanismus."

Anthropos, 47, 1952.

Knight W. F. Jackson. *Cumaean Gates. A reference of the sixth Aeneid to Initiation Pattern.* Oxford, 1936.

Krappe A. H. "The Birth of Eve." *Gaster Anniversary Volume.* 1936, 312-322.

Ksenofontov G. W. *Legendy i raskazy o shamanch u jakutov, burjat i tungusov.* 2e 2e éd., Moscou, 1930.

Kühn Herbert. "Das Problem des Urmonothismus." *Akademie der Wissenschaften und der Literatur, Abh. d. Geistes-und Sozialwissenschaftlichen Klasse.* 1950, n° 22, Wiesbaden, 1951, 1639-1672, fig. 12번, 1660 이하.

Lama Kasi Dawa Samdup et W. Y. Evans-Wentz. *Le Yoga tibéain et le doctrines secrètes.* trad. française, Paris, 1938.

Lamotte Etienne. *Le Traité de la grande vertu de sagesse, de Nâgârjuna,* t. I. Louvain, 1944.

Lang A. *The making of religion.* 2e éd. London, 1909.

Laufer B. *The Prehistory of Aviation.* Chicago, 1928.

Lehtisalo T. "Beobachtungen über die Jodler." *Journal de la Société finno-ougrienne,* XLVIII(1936-1937), 2, 1-34.

Leroy O. *La Raison primitive.* Paris, 1927.

Leroy Olivier. *Les Hommes salamandres. Sur l'incombustibilité du corps humain.* Paris, 1931.

Leslie D. *Among the Zulu and Amatongos.* 2e éd. Edinburgh, 1875.

Li Ki, ou Mémoires sur les bienséances et les cérémonies. 2. éd. trad. by Séraphin Couvreur, Paris, Imprimerie de la Mission catholique, 1913.

Little K. L. "The Poro Society as an arbiter of Culture." *African Studies* VII(1948), 1-15.

Loeb E. M. *Tribal Initiation and Secret Societies.* Univ. of California Publications in American Archaeology and Ethnology, vol. 25 III(1929), 249-288.

Lovejoy Arthur O. et Boas G. *History of Primitivism and related ideas in Antiquity,* vol. I(1935).

Macdonald A. W. "A propos de Prajâpati." *Journal asiatique,* t. CCXL(1952),

323-338.

Majjhima-Nikàya, II.

Maspero H. "La religion taoïste ancienne." *Journal asiatique*, avril-juin, juillet-
septembre, 1937, 177-252, 353-430.

_____. "Les procédés de 'nourrir le principe vital'." *La religion taoïste an-
cienne* (Journal asiatique, avril-juin, juillet-septembre, 1937, 177-252,
353-430).

Matthews Washington. "Mythes of gestation and parturition." *American
Anthropologist*, N. S., IV(1902).

Menghin Oswald. "Der Nachweis des Opfers im Altpaläolithikum." *Wiener
Prähistorische Zeitschfift*, XIII(1926).

Meuli Karl. "Griechische Opferbräuche." *Phytlobolia für Peter von der Mühll*.
Basel, 1946, 185-288.

Mooney James. "The Ghost-Dance religion and the sioux outbreak of 1890."
Annual Report of the Bureau of American Ethnology XIV. 2. Washington
1896.

Mühlmann W. E. *Arioi une Mamaia*. Wiesbaden, 1955.

Mus Paul. Barabudur. *Esquisse d'une histoire du bouddhisme fondée sur la cri-
tique archéologique des textes*. Hanoï, 1935.

_____. "La notion de temps réversible dans la mythologie bouddhique."
Annuaires de l'École pratique des hautes études, 47(1937), 5-38.

Nevermann Hans. *Masken und Geheimbünde Melanesien*. Leipzig, 1933.

Numarawa Franz Kiichi. *Die Weltanfänge in der japonischen Mythologie*.
Paris-Luzern, 1946.

Nyberg Bertel. *Kind und Erde, Ethnologische Studien zur Urgeschichte der
Elternschft und de Kinderschutzes*. Helsinki, 1931.

Nyberg. *Kind une Erde*.

Ohlmarks Ake. *studien zum Problem des Schamanismus*. Lund-Kopenhagen,
1939.

Otto Rudolf. *Aufsätze, das Numinose betreffend*. Gotha, 1923.

_____. *Das Heilige*. Breslau, 1917.

Pancritius Dr. Marie. "Die magische Flucht, ein Nachhal uralter Jenseits-vorstellungen." *Anthropos*, 8, 1913.

Parson Elsie C. *Pueblo Indian Religion*. Chicago, 1939.

Pestalozza Uberto. *Religione mediterranea*. Milano, 1951.

Petrullo Vicento. "The Yaruros of the Capanaparo River, Venezuela." *Anthropological Papers*, n° 11(1939), 167-289. (Smithsonian Institutions, Bureau of American Ethnology, Bulletin 123.)

Pettazzoni Raffaele. "Mythes des origines et mythes de la création." *Proceedings of the VIIth Congress for the History of Religions*. Amsterdam, 1951, 67-78.

_____. *Dio*, I. Roma, 1922.

_____. *L'Onniscienzia di Dio*. Torino, 1955.

_____. *Miti e Leggende, III: America Settentrionale*. Torino, 1953.

_____. *Mythes des origines et mythes de la création*.

Peuckert W. E. *Geheimkulte*. Heidelberg, 1951.

Phèdre, 251 *a*, etc.

Piddington R. *Introduction to Social Anthropology*.

_____. *An Introduction to Social Anthropology*. Edinburgh-London, 1950.

_____. *Karadjeri Initiation*. Oceania, III(1932-1933), 46-87.

Ploss H. et Bartels M. *Das Weib in der Natur-und Völkerkunde* I. Leipzig, 1908.

Rademacher L. "Walfischmythen." *Archiv für Religions wissenschaft*, IX, 1906.

Radin Paul. "Religon of the North American Indians." *Journal of American Folklore*, vol. 28(1914), 335-373.

_____. *Die religiöse Erfahrung der Naturvölker*. Rhein-Verlag, Zürich, 1951.

_____. *The Road of Life and Death*. New York, 1945.

Rasmussen Knud. *Intellectual Culture of the Copper Eskimos*. Report of the Fifth thule Expedition, 1921-1924, IX, Kopenhagen, 1932.

Romaios C. A. *Cultes populaires de la Thrace*. Athènes, 84 이하, 1945.

_____. *Revue métapsychique*, n° 23, mai-juin 1953, 9-19 이하.

Romilly. *The Western Pacific and New Guinea*.

Ronnow Kasten. *Ved. kratu, eine wortgeschichiliche Untersuchung.* Le Monde oriental, vol. 26(1932), 1-90.

Samañña Phalla Sutta.

Samter Ernst. *Geburt. Hochzeit und Tod, Beiträe zur vergleichenden Volkskunde.* Leipzig-Berlin, 1911.

Sapa Hehaka. *Les Rites secrets des Indiens Sioux.* trad. française, Paris, 1953.

Schärer Hans. *Die Gottesidee der Ngadju Dajak in Süd-Borneo.* Leiden, 1946.

Schmidt Wilhelm et Koppers W. *Völker und Kulturen,* I. Regensburg, 1924.

Schmidt Wilhelm. "Die Primizialopfer in den Urkulturen." *Corona Amicorum, Festschrift für E. Bähbler.* St. Gallen, 1948, 81-92.

_____. *Das Mutterrecht.* Wien-Modling, 1955.

_____. *Der Ursprung der Gottesidee,* vol. I. Münster in Westfalen, 1912.

_____. *Rassen und Völker in Vorgeschichte und Geschichte des Abendlandes.* Luzern, 1946.

Schurtz Heinrich. *Altersklassen und Männerbünde.* Berlin, 1902.

Seligman C. G. *The Melanesians of British New Guinea.* Cambridge, 1910.

Shieroszewski W. "Du chanamisme d'après les croyances des Yacoutes." *Revue de l'histoire des religions,* XLVI(1902), 204-235, 299-335.

Skinner Alanson. "Traditions of the Iowa Indians." *Journal of American Folk-Lore,* vol. 38(1925).

Spencer B. et Gillen F. G. *Native Tribes of Central Australia.* London, 1899.

_____. *Northern Tribes of Central Australia.* London, 1904.

Staudacher W. *Die Trennung von Himmel und Erde. Ein vorgriechischer Schöpfungsmythus bei Hesiod und den Orphikern.* Tübingen, 1942.

Stephen A. M. "Navajo Origin Legend." *Journal of American Folk-Lore,* vol. 43 (1930), 88-104.

Stevenson S. *The Rites of the Twice-Born.* London, 1920.

Stimson J. F. *The Legends of Maui and Tahaki.* Honolulu, 1937.

Stolz Dom Anselm. *Théologie de la mystique.* trad. franç, 2e éd., éditions des Bénédictins d'Amay, Chevetogne, 1947.

Tâin bô Cuâlnge.

Tantratattva de Siva-candra Vidyarnava Bhattacārya, vol. II. translation A. Avalon. London-Madras, 1914.

Thurnwald, Richard, "Primitive Initiations- und Wiedergeburtsriten." *Eranos-Jahrbuch* VII(1939), 321–398. (이 글은 다음 책에 실렸다: *Vorträge über die Symbolik der Wiedergeburt in der religiösen.* Zürich, Rhein-Verlag, 1940.)

Trilles R. G. *Les Pygmées de la forêt équatoriale.* Paris, 1954.

Volhardt E. *Kannibalismus.* Stuttgart, 1939.

Volkov Th. *Rites et usages nuptiaux en Ukraine. L'Anthropologie.* 1891-1892.

Waley A. *Nine Chinese Songs.* London, 1954.

Webster Hutton. *Magic: A sociological study.* Stanford, 1948.

_____. *Primitive Secret Societies.* New York, 1908; trad. italienne, Bologna, 1922.

Wedgwood C. H. "Girls' Puberty Rites in Manam Island, New Guinea." *Oceania*, IV. 2(1933), 132-155.

_____. "The Nature and Function of Secret Societies." *Oceania*, I. 2(1930), 129-151.

Westervelt W. D. *Legends of Ma-ul the Demi-god.* Honolulu, 1910.

Wheelwright Mary C. *Navajo Creation Myth. The Story of the Emmergeance.* Museum of Navajo Ceremonial Art, Santa Fe, New Mexico, 1942.

Widengren Geo. "Stand und Aufgaben der iranischen Religionsgeschichte." *Numen*, 2, 1955.

_____. *Muhammad, the Apostle of God, and his Ascension.* Uppsala-Wiesbaden, 1955.

_____. *The Ascension of the Apostle of God and the Heavenly Book.* Uppsala-Leipzig, 1950.

Wilken G. A. *Het Shamanisme bij de volkenvan dem Indischen Archipel.* Gravenhage, 1887.

Williams F. E. "The Pairama Ceremony in the Purari Delta, Papua." *Journal of*

Royal Anthropological Institute, 53(1923), 361-382.

Williamson R. W. et Piddington R. *Essays in Ploynesian Ethnology.* Cambridge, 1939.

Wirz P. *Die Marind-anim von Holländisch-süd-Neu-Guinea.* Hambourg, 1922.

Wolfram Richard. *Weiberbüdde. Zeitschrift für Volkskunde*, 42, 1933.

Zelenin D. *Russische. ostslawische. Volkskunde.* Berlin, 1927.

Zimmer Heinrich. *Myths and Symbols in Indian Art and Civilization.* New York, 1946. (이 책의 불어본은 M. S. Renou가 번역함. Paris, Payot, 1951.)

찾아보기